Robert H. Schuller

Aus Tränen werden Edelsteine

Leid und Schmerz überwinden

Über den Autor

Robert H. Schuller ist der Verfasser von über 30 Büchern und seit 1950 ordinierter Pfarrer in den USA. 1955 bekam er den Auftrag, in Kalifornien eine neue Gemeinde zu gründen. Seinen ersten Gottesdienst hielt er dort auf dem Dach eines Open-Air-Kinos vor etwa 100 Autofahrern. Aus diesen Anfängen heraus entstand schließlich die *Crystal Cathedral,* eine Kirche mit mittlerweile wöchentlich 10.000 Gottesdienstbesuchern. Bekannt wurde Robert H. Schuller unter anderem durch den Fernseh-Gottesdienst *Hour of Power,* der jeden Sonntag weltweit von etwa 10 Millionen Zuschauern verfolgt wird. Mit seiner Frau Arvella hat er fünf erwachsene Kinder und zahlreiche Enkel und lebt in Kalifornien.

Robert H. Schuller

Aus Tränen werden Edelsteine

Leid und Schmerz überwinden

GerthMedien

Originaltitel:
Turning Hurts Into Halos And Scars Into Stars
© 1999 by Robert H. Schuller
Published by Thomas Nelson, Inc., Nashville, Tennessee

© 2003 der deutschen Ausgabe
by Gerth Medien, Asslar
5. Auflage Mai 2006
6. Auflage November 2006

ISBN-10: 3-86591-133-1
ISBN-13: 978-3-86591-133-9

Die Bibelstellen wurden, soweit nicht anders angegeben,
der Einheitsübersetzung entnommen.

Übersetzung: Rosina Erb
Umschlaggestaltung: Ursula Stephan
Satz: Die Feder GmbH, Wetzlar
Druck: Schönbach Druck, Erzhausen

Für meine Familie und alle meine Freunde,
die mich dazu inspirierten, das Leben zu feiern,
durch ihr Kommen und ihr Gehen,
durch ihre Arbeit und ihre Freizeit,
durch ihr Lachen und auch durch ihr Weinen.

Inhalt

Dank

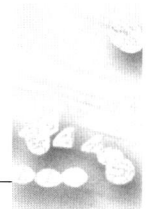

An Jeanne Schuller Dunn, die mich fachmännisch dabei unterstützte, das Material zu sichten und zu ordnen, Interviews zu führen und die Geschichten mit Herz und Seele aufzuschreiben.

An Barbara Evans, die über 300 handgeschriebene Seiten in ihren Computer eintippte.

An Janet Hoover Thoma, Vorstandsmitglied bei Nelson Publishers. Man hat mir die beste Lektorin zugeteilt, und wir wurden Freunde.

An meine Frau Arvella, die über 40 Jahre lang jede Woche meine Predigt überarbeitete. Als dieses Buch in ihre Hände gelangte, war es ein gutes Buch. Als sie damit fertig war, war es jedoch großartig.

Und nicht zuletzt an alle diese stillen, starken, leidenden Menschen, deren Geschichten so offen in diesem Buch erzählt werden. Sie wollen uns alle inspirieren und aufrichten und uns dazu ermutigen, ihrem Beispiel zu folgen, das Leid zu verwandeln und Wunden zu leuchtenden Sternen zu machen.

Einleitung

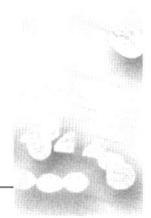

Dies ist mein 32. Buch, und es richtet sich an Menschen, die an etwas leiden – emotional, physisch, sozial, geistlich oder finanziell. Ich möchte diese Menschen gerne ein Stück auf ihrem Weg begleiten und ihnen helfen, die positiven Möglichkeiten in ihren Nöten zu entdecken.

Aber dieses Buch richtet sich auch an alle, denen es momentan gerade gut geht. Mensch zu sein bedeutet zwangsläufig, mit unvorhersehbaren Leiden rechnen zu müssen, die unvermeidlich sind. Diese Realität heißt Vergänglichkeit!

Es ist weise, sich auf Schwierigkeiten vorzubereiten, bevor sie uns treffen. Jeder Befürworter körperlicher Fitness wird sich beispielsweise bestimmten Übungen und einer vernünftigen Diät unterwerfen. Er wird seinen Körper trainieren, um die Muskeln zu stärken und Krankheiten vorzubeugen.

Mit der Lektüre dieses Buches werden Sie sich einem geistlichen Fitnesstraining unterziehen. Sie werden dann bereit sein, den unvermeidlichen Herausforderungen des Lebens zu begegnen, wenn diese Ihren Weg kreuzen. Wenn der Schmerz dann unerwartet zuschlägt, sind Sie darauf vorbereitet, seine negativen Auswirkungen möglichst gering zu halten. Andererseits können Sie auch Ihre Fähigkeiten verbessern, die hinter jedem Schmerz liegenden positiven Möglichkeiten zu sehen und zu ergreifen.

Und während wir lachen, glücklich sind und uns am Leben erfreuen, werden wir vor unserer größten Versuchung bewahrt: zu vergessen, dass es andere gibt, die es bitter nötig haben, von uns getröstet und ermutigt zu werden. Irgendjemand braucht immer irgendwo Hilfe in seinem Leid. Vielleicht sind Sie der Einzige, der einem leidenden Menschen etwas zu sagen hat, das ihn wieder aufrichtet. Verschließen Sie darum die Ohren nicht vor der Not anderer, sonst könnten Sie eines der besten Dinge im Leben versäumen. Sie werden nie mehr vergessen, wie es ist, wenn Sie jemandem in die Augen blicken, der durch Ihr Mitgefühl berührt ist, und ein leises »Danke!« hören.

Ich kann Ihnen versprechen, dass in jedem Leid und jedem Schmerz auch ein Gewinn liegt. Jeder Schmerz kann Sie einen
Schritt weiterbringen. Jedes Leid kann in etwas Gutes verwandelt
werden.

Auf den folgenden Seiten werde ich Ihnen einige Geschichten von Menschen erzählen, die es verstanden haben, mit ihrem
Leid auf positive Art umzugehen. Achten Sie darauf, wie diese
Menschen Zorn, Selbstmitleid und Realitätsverleugnung vermeiden. Die Haltung, sich als unschuldiges Opfer zu fühlen, mag zwar
der Wahrheit entsprechen, aber sie ist keine kluge oder weise
Reaktion.

Als ich einmal Opfer einer schreienden Ungerechtigkeit wurde,
fragte mich Larry King, ob ich mich als Opfer fühlte.
Ich antwortete sofort: »Nein. Was mir zugestoßen ist, ist nicht fair.
Aber ich lehne es ab, mich als Opfer zu fühlen. Wenn ich diesem
Denken erlaube, von mir Besitz zu ergreifen, würde ich die Chance
versäumen, auf kreative, heilsame und positive Art zu denken. Ich
würde viel mehr an Rache denken, anstatt darüber nachzudenken,
wie es mich zu einem besseren Menschen machen kann.«

Die letzte Lösung für das Leid liegt im Glauben, und der Glaube
ist etwas, für das man sich entscheiden muss. Ich glaube an einen
Gott, der mich liebt und nach oben ziehen möchte. Vielleicht sind
Sie kein gläubiger Mensch. Dann möchte ich Sie auffordern, zu
einem Möglichkeitsdenker zu werden. Das bedeutet, Ihr Herz und
Ihren Verstand einen Spalt weit für die Möglichkeit zu öffnen, dass
an der Sache mit Gott vielleicht doch etwas dran sein könnte, und
er kein reines Produkt unserer Phantasie ist.

Auch ich kenne nicht alle Antworten. Aber das wenige, das ich
weiß und an das ich mich halte, verändert die Welt, in der ich lebe,
vollkommen.

Ja, es ist möglich, eine Tragödie in einen Triumph zu verwandeln.
Wenn Sie im Negativen das Positive entdecken, dann kann es sein,
dass Sie ...

■ das Leben nicht nur ertragen, sondern vielleicht sogar wieder
   lieben lernen.

■ davor bewahrt werden, sich immer nur zu beklagen. Sie könnten
   zu einem Menschen werden, der auch anderen zeigt, wie man
   Leiden erfolgreich meistern kann.

■ für andere zur Inspiration werden. Das bedeutet, unseren
   Schmerz mit einem heiligen Schein zu umgeben!

Lesen Sie dieses Buch als Ganzes und nicht nur auszugsweise. Vielleicht sind Sie versucht, das Inhaltsverzeichnis durchzugehen und sich die Kapitel herauszupicken, die einen Bezug zu Ihrer momentanen Situation haben: zu Scheidung, Niederlage, Tod oder Sterben. Das reicht aus, um damit zu beginnen.

Aber ich bitte Sie, auch die Kapitel zu lesen, die in keiner Beziehung zu Ihrer momentanen Situation zu stehen scheinen. Es ist erstaunlich, wie oft bestimmte Schwierigkeiten mit anderen zusammenhängen. Vielleicht entdecken Sie dabei, dass Sie, auch wenn Sie meinen, einen durch Tod oder Scheidung verursachten Schmerz bereits überwunden zu haben, immer noch an etwas leiden, das mit Einsamkeit oder Versagen oder Depression zu tun hat.

Lesen Sie das ganze Buch. Vielleicht stoßen Sie dabei zu Ihrer eigenen Überraschung schon im nächsten Kapitel auf unerwartete Hilfe und Hoffnung.

Wo sollen wir also beginnen?

Es war mir immer eine große Hilfe, zu fragen: »Was ist das Schlimmste, das mir passieren kann? Ist es möglich, das in den Griff zu bekommen?« Wenn ja, dann kann ich auch alles andere schaffen. Darum werden wir uns also gleich zu Beginn dem Schlimmsten stellen.

Sie begeben sich damit auf eine Reise, die zu einem wirklichen Abenteuer werden kann. Vielleicht werden Sie das Buch schließen und mit Tränen in den Augen sagen: Ja, es stimmt wirklich, was Jesus sagte: »Wenn euer Vertrauen auch nur so groß ist wie ein Senfkorn, dann könnt ihr zu dem Berg da sagen: ›Geh von hier nach dort‹, und er wird es tun. Dann wird euch nichts mehr unmöglich sein« (Matthäus 17,20; Gute Nachricht). Oder Sie könnten wie Ijob sagen: »Wenn er mich prüft, dann bin ich rein wie Gold« (Ijob 23,10; Gute Nachricht).

Kapitel 1

Herzlich willkommen
im Menschsein!

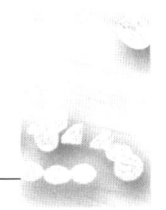

Quält Sie irgendein Leid? Dann herzlich willkommen auf der Erde! Leid und Schmerzen sind natürlich und normal – sie sind zu erwarten.

Beim Begräbnis von Mutter Teresa gehörte ich zu der 15-köpfigen Delegation, die in Vertretung der Vereinigten Staaten nach Kalkutta reiste. Angeführt von Hillary Clinton besuchten wir auch Mutter Teresas Waisenhaus.

Eine der Schwestern sagte: »Dr. Schuller, sehen Sie, was Mutter Teresa hier in der Eingangshalle aufgehängt hat.« Es war ein von Mutter Teresa erweitertes und eingerahmtes Gedicht, das folgendermaßen lautete:

Dennoch

Menschen sind unvernünftig, unlogisch und selbstbezogen –
liebe sie dennoch!
Wenn du Gutes tust, wird man dir versteckte selbstsüchtige
Motive unterstellen – tu dieses Gute dennoch!
Wenn du erfolgreich bist, wirst du falsche Freunde und
wirkliche Feinde haben – suche den Erfolg dennoch!
Das Gute, das du heute tust, wird morgen vielleicht schon
vergessen sein – tu es dennoch!
Wenn du ehrlich und offen bist, wirst du verletzlich sein –
sei es dennoch!
Menschen lieben Außenseiter, aber sie folgen den Erfolgreichen
– folge diesem einen Außenseiter dennoch!
Was du in Jahren aufgebaut hast, kann über Nacht zu Grunde
gehen – baue dennoch auf!
Menschen brauchen Hilfe, aber sie können über dich herfallen,
wenn du ihnen zu helfen versuchst – hilf ihnen dennoch!
Wenn du der Welt dein Bestes gibst, wird man dir vielleicht
einen Fußtritt dafür geben – gib es dennoch!

Beleidigungen, Demütigungen, Vorurteile und Angriffe greifen in unserer menschlichen Gesellschaft wie Seuchen um sich. Das Ergebnis? Menschen wird Schmerz zugefügt, den sie wirklich nicht verdienen. Nicht einmal Mutter Teresa blieb davon verschont. Ich weiß, wie sie sich gefühlt haben muss. Denn auch ich erlebte diesen tiefen Schmerz, als ich unterwegs war, um bei Betty Shabazz's Begräbnis eine Rede zu halten.

Ein unvergessliches Ereignis

Ganz Amerika war entsetzt, als Betty Shabazz, die Witwe von Malcolm X, durch ein Feuer ums Leben kam, das ihr psychisch kranker Enkel gelegt hatte. Sie lebte noch einige Wochen in schrecklichen Schmerzen, bevor sie starb.

Ich fühlte mich geehrt, als mich ihre Familie darum bat, bei ihrem Gedenkgottesdienst in der Riverside Church in New York zu sprechen.

Betty Shabazz war für mich eine Heldin. Ich hatte gesehen, wie sie auf die Ermordung ihres Ehemannes, Malcolm X, reagiert hatte. Sie zog ihre vier Töchter allein auf, die alle zu wunderbaren Menschen wurden. Sie ging zurück an die Universität und erwarb einen Doktortitel, um sich auf bewundernswerte Weise im sozialen Dienst einzusetzen.

Kurz bevor ich von Los Angeles nach New York fliegen sollte, rief Betty Shabazz Familie noch einmal an und bat mich darum, doch meinen Talar mitzubringen und beim Gottesdienst zu tragen.

Als meine Frau den Talar in eine Plastikhülle steckte, ermahnte sie mich, darauf zu achten, dass er nicht zerknittert werde. »Es ist kein Problem, im Hotel deine Hose zu bügeln, aber der Talar mit seinen Samtbesätzen müsste zum Bügeln weggeschickt werden, wofür aber zu wenig Zeit ist! Denn du kommst spät abends an und musst frühmorgens wieder weg.«

Als ich an Bord der Maschine ging, hängte ich also meinen Talar auf dem Haken hinter meinem Sitz auf.

Der männliche Flugbegleiter kritisierte das: »Sie dürfen hier nichts aufhängen. Die Vorschriften unserer Fluggesellschaft erlauben nicht, dass hier Kleidersäcke aufgehängt werden.« Eine weibliche Stewardess streckte die Hand aus. »Ich werde ihn nach vorne in die Garderobe bringen«, sagte sie in dem gleichen unfreundlichen, herablassenden Ton.

Aus Sorge, mein Talar könnte in dem überfüllten Schrank zerknautscht und zerknittert werden, hielt ich ihn jedoch fest und wiederholte meinen Wunsch, ihn hinter mir aufzuhängen. Außerdem, so erklärte ich, sei der Abstand vom Haken zum Boden die ideale Länge!

»Hier sind keine Kleidersäcke erlaubt«, wurde ich vom männlichen Flugbegleiter erneut unterbrochen.

»Aber das ist kein Kleidersack«, erklärte ich, »das ist nur eine Plastikhülle, um den Talar zu schützen. Ich kann ihn ja herausnehmen.« Was ich auch tat.

Der Ärger des Flugbegleiters fing nun an, sich in seiner Stimme und in seinem Gesicht abzuzeichnen. Er machte kehrt, verließ das Flugzeug und kam mit einem leitenden Beamten der Fluggesellschaft wieder. Dieser lächelte und sagte: »Kein Problem, Sir. Sie können Ihren Talar hier hängen lassen.« Ich war sehr erleichtert.

Der Flugbegleiter jedoch nicht. Er war vor allen Passagieren öffentlich gedemütigt worden.

Mein Talar hing den ganzen Weg von Los Angeles nach New York hinter mir. Der Flugbegleiter konnte ihn nicht übersehen. Sein Ärger schwoll immer mehr an.

Als er mir das Dessert anbot – ein Teller mit Käse und Weintrauben – bat ich: »Kann ich bitte nur die Trauben haben – ohne Käse?« Und zur Erklärung fügte ich hinzu: »Ich darf nämlich keinen Käse essen. Es würde mir sehr helfen, nicht in Versuchung zu kommen.« Ich lächelte ihn an. Er tat es nicht.

»Entweder so oder gar nicht«, sagte er. »Wenn Sie kein Dessert wollen, dann nehme ich es eben wieder mit.« Noch ehe ich etwas erwidern konnte, schnappte er den Teller und verschwand.

Ich ging nach vorne zur Küche und fragte eine weibliche Angestellte: »Könnte ich nur ein paar Trauben bekommen, ohne Käse?« Sie nickte und tat mir den Gefallen.

Die Tatsache, dass ich von jemand anderem bekam, was er mir verweigert hatte, brachte den männlichen Flugbegleiter schnell in die Küche. Er trat mir entgegen und fragte zornig: »Was machen Sie denn hier?!«

Ich streckte meine Hand aus, um ihm besänftigend auf die Schulter zu klopfen – mit offenen Handflächen –, als er einen Satz nach hinten machte und brüllte: »Wenn Sie mich noch einmal berühren, werde ich den Piloten auffordern, die Polizei zu rufen, wenn wir landen!«

Ich entschuldigte mich und zog mich zurück an meinem Platz. Das junge Paar, das eine Reihe vor mir saß, sah und hörte alles. Sie zogen die Augenbrauen hoch, sahen mich an, und wir lächelten einander zu. Wortlos ging ich auf meinen Platz zurück.

Ich dachte nicht weiter an die ganze Sache. Als wir auf dem John F. Kennedy Flughafen landeten, durfte niemand das Flugzeug verlassen, bis ein Herr in Zivilkleidung das Flugzeug betreten hatte, gefolgt von drei uniformierten New Yorker Polizisten. Nachdem er mit dem männlichen Flugbegleiter ein paar Worte gewechselt hatte, ging er auf mich zu. Er stellte sich höflich als Beamter des Amerikanischen Bundeskriminalamts vor und bat mich, ihm zu folgen. Er führte mich inmitten der uniformierten Polizisten aus dem Flugzeug heraus. Wir betraten einen Raum nahe dem Flugsteig, wo ich in der Gesellschaft von drei Beamten zurückgelassen wurde.

Der FBI-Beamte informierte mich über ein neues Gesetz, das besagte, dass jeder Flugbegleiter, der sich von einem Passagier durch Worte oder Handlungen bedroht fühlte, das Recht habe, die Polizei zu rufen, um den Passagier aus dem Flugzeug zu entfernen. Alle übrigen Angestellten waren verpflichtet, jeder Anklage zuzustimmen, die gegen einen Passagier vorgebracht wurde. Ich hatte nun zum ersten Mal Gelegenheit, als unschuldiges Opfer mit einer demütigenden, schmerzlichen Ungerechtigkeit Bekanntschaft zu machen.

Ich wurde fünf Stunden lang von dem FBI-Beamten verhört, weil der Flugbegleiter die Anklage erhoben hatte, ich sei handgreiflich geworden und hätte ihn angegriffen.

Der FBI-Agent befragte die Flugbegleiterinnen und die anderen Passagiere – alle mit Ausnahme des jungen Paares, das gerade aus seinen Flitterwochen zurückkam und es vorgezogen hatte, nicht in die Sache hineingezogen zu werden.

Um Mitternacht fasste der Beamte die Anklage zusammen: »Der Flugbegleiter beschuldigt Sie, ihn angegriffen zu haben. Leider haben Sie das Pech, dass die eine Flugbegleiterin diese Behauptung unterstützt. Sie sagt, dass sie gesehen hätte, wie Sie Ihre Arme ausstreckten und er von Ihnen zurückgestoßen wurde.«

»Aber ich habe ihn nicht gestoßen. Er ist zurückgesprungen!«, protestierte ich.

»Es tut mir leid, Dr. Schuller«, sagte der Beamte, »aber da der Flugbegleiter eine Zeugin hat, die seine Aussage unterstützt, und

Ihr Wort allein gegen diese beiden Aussagen steht, kann ich das Verfahren nicht einfach einstellen. Ich muss den Bericht an den Staatsanwalt weitergeben, um zu sehen, ob es seiner Einschätzung nach Gründe gibt, Sie wegen eines kriminellen Vergehens anzuklagen. Wo sind Sie zu erreichen, wenn er mit Ihnen Kontakt aufnehmen will?«

Ich nannte mein Hotel.

»Dann lasse ich Sie jetzt gehen«, sagte er.

Wie oft musste ich danach an die Zeilen Shakespeares denken, die ich in der Schule auswendig gelernt hatte: »Wer meine Geldbörse stiehlt, klaut wertlosen Kram ... wer aber meinen guten Namen stiehlt, raubt etwas, das ihn nicht bereichert, mich aber ärmer macht.«

Ich nahm ein Taxi, fuhr zum Hotel und ging um ein Uhr nachts zu Bett.

Zeit zum Beten.

Da passierte es! Ich machte die Erfahrung eines Friedens, der tiefer und reiner war als alles, was ich bisher in meinem Leben erfahren hatte. Es gab keinen Schmerz, keinen Ärger, keine Angst, kein Schamgefühl, keine Sorgen! Ich kann nur sagen, dass ich mich von einem heiligen Frieden umfangen fühlte. Die Botschaft, die ich spürte, bestand darin, dass ich von meinem höchsten Richter einen Freispruch zugesprochen bekam.

Gott hatte eine kostbare Botschaft für mich: »Bob, du bist unschuldig. Schlaf ruhig und in Frieden. Sprich morgen bei der Gedenkfeier in der Riverside Church tröstende Worte. Alles wird gut werden.«

Ich schlief friedlich. Als ich aufwachte, bereitete ich mich auf den Gottesdienst vor und ging in meinem makellosen Talar, ganz ohne Falten, zur Kirche.

Die Ereignisse des vergangenen Abends verblassten in der Gegenwart von Coretta Scott King und Myrlie Evers-Williams (der Witwe von Medgar Evers), deren Ehemänner ermordet worden waren.

Als ich ins Hotel zurückkam, fühlte ich mich dazu gedrängt, Terry Giles anzurufen, einen guten Freund, der auch Rechtsanwalt ist. Er gab mir den Rat, den erstbesten Flug nach Hause zu nehmen. »Flieg sofort. Denn der Staatsanwalt kann dich jederzeit anrufen. Wenn er es tut, musst du hingehen und dich zusammen mit Prostituierten und Schlägertypen in eine Reihe stellen. Es kann sein, dass du in einem der härtesten Polizeidistrikte Amerikas registriert wirst und Fingerabdrücke abgenommen bekommst.«

»Aber könnte man mir nicht vorwerfen, mich meiner Verhaftung entziehen zu wollen?«, fragte ich.

»Keinesfalls. Du hast bis jetzt noch keine Vorladung bekommen.«

Eine Stunde später war ich auf einem Nonstop-Flug nach Hause. Als ich ankam, war es schon spät. Arvella umarmte und küsste mich. Wir gingen zu Bett, und dann passierte es wieder – dieser sanfte, stille, reine Friede, den ich nur als Gegenwart Jesu bezeichnen kann. Gott war mit mir und erfüllte mich mit dem hellen Licht seines Friedens, seiner Reinheit und heiligen Gegenwart.

Von da an lag mein Fall in den Händen meines Rechtsanwalts. Terry Giles berichtete mir von seiner Unterredung mit dem Bundesstaatsanwalt: »Der Staatsanwalt befindet sich in einer heiklen Position. Der John F. Kennedy Flughafen liegt in seinem Verwaltungsbezirk. Wenn er den Fall einfach fallen lässt, obwohl zwei Zeugen gegen dich aussagten, könnte man ihm vorwerfen, dass er das Flughafenpersonal, von dem sein Bezirk so dicht bevölkert wird, nicht unterstützt. Wir stimmen darin überein, dass er die Anklage von einem Schwerverbrechen zu einem Bagatelldelikt herunterstufen sollte. Du könntest vor Gericht erscheinen, für nicht schuldig plädieren, selbst für das Bagatelldelikt, und dich auf dein Recht berufen, dich für alles zu entschuldigen, was du gesagt oder getan haben könntest, um den Angestellten zu provozieren. Man wird dich bitten, die Kosten zu übernehmen, die beim FBI für die Stunden des Verhörs anfallen. Du musst nur versprechen, in den nächsten sechs Monaten kein weiteres Verbrechen zu begehen. Damit wäre der Fall erledigt.«

Ich willigte in alle Vorschläge Terrys ein.

»Das juristische Verfahren verlangt, dass du nach New York zurückkommst. Der Bundesstaatsanwalt muss dich polizeilich registrieren lassen (nicht öffentlich, wie er mir versicherte). Man wird deine Fingerabdrücke abnehmen, dich fotografieren und dem Richter vorführen. In nur wenigen Minuten wird alles vorüber sein.«

Dieser Plan wurde genau ausgeführt. Ich flog nach New York zurück. Unter der respektvollen Aufsicht von FBI-Beamten wurde ich in einem Privatauto zum Gerichtsgebäude gefahren und durch den Hintereingang geführt. Ich musste alle zehn Finger (zweimal!) auf das Tintenkissen pressen, und dann gingen wir hinauf zum Verbrecherfoto für die Polizeiakte.

Und da passierte es wieder: Friede! Das Licht seiner Gegenwart umgab mich und tat mir so wohl!

Ich lächelte, als die Kamera aufblitzte. Der FBI-Beamte sagte: »Das ist das erste Mal, dass ich jemanden bei diesem Foto lächeln sehe.«

Er begleitete mich zum Büro des Richters.

»Wo sind die Handschellen?«, fragte der Gerichtsdiener, der den Aufzug bewachte.

»Alles in Ordnung«, sagte der FBI-Beamte. »Die werden hier nicht gebraucht.«

»Niemand betritt diesen Aufzug ohne Handschellen!« forderte der Gerichtsdiener. Ein Polizist, der uns begleitete, legte mir Handschellen an. Der FBI-Beamte konnte nichts dagegen machen. Acht Schritte später erreichten wir den Fahrstuhl, fuhren nach oben, und der FBI-Beamte sagte zu dem Polizisten: »Nehmen Sie ihm diese Dinger wieder ab!«

Der Begleitpolizist tat es bereitwillig. So kam ich zu der Erfahrung, für kurze Zeit in Handschellen gewesen zu sein. Für weniger als eine Minute erfuhr ich eine Demütigung, wie ich sie nie zuvor erlebt hatte.

Der Richter hörte sich an, was mein Anwalt vorzubringen hatte. Er vergaß danach zu fragen, wie ich plädierte. Mein Anwalt erinnerte ihn daran, und ich plädierte dafür, nicht schuldig zu sein.

Der Gerichtssaal war leer, mit Ausnahme eines Reporters, der seinen Knüller bekam. Die Gebühr betrug 1.100 Dollar. Ich schrieb einen Scheck aus und konnte mich danach wieder als freier Mann fühlen.

Als der Flugbegleiter von der Sache hörte, verhielt er sich so, wie wir alle erwartet hatten. Die Geschichte wurde in den New Yorker Tageszeitungen unter der Überschrift veröffentlicht: »Flugbegleiter fordert von Dr. Schuller 5 Millionen Schadensersatz«.

Auch das junge Paar, das mit mir an Bord des Flugzeugs gewesen war, las die Geschichte. Sie trauten ihren Augen nicht. Sie beschlossen, zu meinen Gunsten auszusagen, da sie ja alles gesehen und gehört hatten, was wirklich geschehen war. Tags darauf riefen sie in der »Crystal Cathedral« an und wurden mit meinem Anwalt verbunden.

Kara und Dual MacIntyre unterzeichneten dann eine schriftliche Zeugenaussage, bei der sie bestätigten, dass sie Zeugen dieses Vorfalls waren. »Pastor Schuller hat den Flugbegleiter weder gestoßen noch auf irgendeine Weise geschlagen. Er versuchte eher, auf den offensichtlich überreizten Flugbegleiter beruhigend einzuwirken.« Außerdem bestätigten sie, dass der Flugbegleiter unversehrt geblieben war und seine Serviceeinstellung die schlechteste sei, die sie je erlebt hatten. Sie gaben auch eine eidesstattliche Erklärung ab, dass sie weder mich noch meinen Dienst kannten. (Danke, Herr!)

Da wir nun den Kriminalfall hinter uns hatten, übernahm es meine Versicherungsgesellschaft, den Zivilprozess zu führen. Verschiedene Aussagen wurden zu Protokoll genommen. Unser Verteidiger ließ den Flughafenarzt unter Eid aussagen, dass er den Flugbegleiter unmittelbar nach dem angeblichen Zwischenfall untersucht hatte. In seinem Bericht wird gesagt, dass er nichts finden konnte, was auf eine Verletzung oder einen Angriff schließen ließ. Er kam zu dem Schluss, dass der Flugbegleiter vollkommen gesund sei und zur Arbeit gehen könne. Stattdessen hatte sich der Mann für die nächsten 12 Monate krank gemeldet, forderte Schadensersatz und nahm unnötige medizinische Behandlungen in Anspruch.

Mein Anwalt versicherte mir, das wir einen vollen Freispruch erzielen würden, wenn der Fall vor Gericht käme. Doch dann überschlug meine Versicherungsgesellschaft, was es kosten würde, den Prozess bis ans Ende zu führen. Um Geld zu sparen, machten sie den Vorschlag, sich auf eine viel geringere Summe zu einigen. Der Flugbegleiter hatte keine andere Chance, als sich mit dem Wenigen zu begnügen, auf das sich seine Anwälte und meine Versicherungsgesellschaft geeinigt hatten. Damit war der Fall geschlossen.

Wie kann ich den vielen Menschen danken, die weiter an mich glaubten, nachdem sie die bösen Gerüchte gehört hatten, die man über mich in Umlauf setzte? Wie kann ich Freunden wie Paul Harvey und Dr. Laura Schlessinger dafür danken, die ihrem großen Radiopublikum sofort sagten, dass der Vorwurf, ich hätte einen Flugbegleiter tätlich angegriffen, absolut absurd sei? Wie kann ich Billy Graham, mit dem ich seit über 50 Jahren befreundet bin, dafür danken, dass er mich anrief, um mir zu sagen, er wüsste genau, was es bedeutet, von bösen Mächten angegriffen zu werden? Wie kann ich Jesus Christus für seine Gegenwart und seinen Frieden danken?

Die Antwort darauf kam während einer Gebetszeit. Ich hatte den starken Eindruck, dass Gott zu mir sagte: »Bob, man hat dir weh getan. Lass zu, dass etwas Gutes daraus wird. Schreib jetzt dieses Buch, das du schon so viele Jahre auf deinem Herzen hast.«

Herzlich willkommen im Menschsein!

Im selben Augenblick, in dem wir geboren werden, wird unsere Parkuhr gestellt. Und irgendwann einmal, in einem Augenblick, den wir weder erwarten noch im Voraus berechnen können, werden wir zur Kasse gebeten und müssen den Preis dafür zahlen, als Mensch leben zu dürfen. Es gibt keinen Menschen, der allem Leid entfliehen kann, unabhängig davon, ob er es verdient oder nicht. Jeder von uns erfährt irgendwann und irgendwo in seinem Leben Leid.

Ich bin seit mehr als 50 Jahren Pastor, der sich um leidende Menschen rund um die Welt kümmert. Es gibt nur wenige Berufe, die mehr mit Leid zu tun haben. Ich bin ihm im Laufe meines Lebens immer wieder begegnet – in Krankenhäusern, in Leichenhallen, in Umkleidekabinen oder in Gerichtssälen.

Glauben Sie mir, ich war da. Ich habe mich um Menschen gekümmert, die da sind, wo Sie jetzt sind. Und mein Motto lautete immer: »Wenn du einem Schmerz begegnest, dann heile ihn! Wenn du auf ein Problem stößt, dann löse es! Wenn du einen Mangel siehst, dann fülle ihn aus!« Die Sätze formten mich und gaben bei meinen Predigten und beruflichen Vorhaben den Ton an.

Ich konnte immer wieder Menschen beobachten, die Schreckliches durchlitten haben und zu inspirierenden Helden wurden. Das sind die Momente, in denen ein helles Licht um sie aufstrahlt.

Scheidung, Tod eines Angehörigen, finanzieller Zusammenbruch, Verlust unseres guten Rufs … ja, wir alle begegnen irgendwo, irgendwann und irgendwie Leid und Schmerz in unserem Leben. Herzlich willkommen auf der Erde! Die Frage heißt nicht, *ob* Leid auf uns zukommen wird (denn das wird es!), sondern *wie* wir mit ihm umgehen.

Die Tragödien, von denen in diesem Buch die Rede ist, sind etwas anderes als Laufmaschen oder eine Delle an der Tür eines neuen Autos. Dieses Buch handelt von wirklichem Leid. Es handelt von Nöten, die einer Katastrophe gleichkommen. Es ist ein Buch über das Kreuz.

Einer meiner Kritiker sagte einmal zu mir: »Ich mag Ihre Bücher nicht lesen und Ihre Sendungen nicht hören, Dr. Schuller. Sie spielen immer nur den Glücklichen. Beschäftigen Sie sich doch einmal mit Tragödien und nicht nur mit Triumphen. Wenn Sie eines Tages ein Buch über Leid schreiben sollten, dann werde ich es lesen.«

Hier ist dieses Buch. Aber ich kann jenem Kritiker versprechen: Es gibt kein Kreuz, das nicht auch in eine Krone verwandelt werden könnte. Irgendwie schaffen es positiv denkende Menschen, selbst Leiden zu überstehen, vor denen uns schaudert. Woher kommt diese überragende Fähigkeit? Es versetzt uns in Staunen, wenn wir sehen, wie sie zerbrochen und blutend wieder auf ihre schwankenden Füße kommen und weiter gehen. Ihre beeindruckende Einstellung ist für alle anderen von uns ein Beispiel, das uns dazu zwingt, die Enttäuschungen und Katastrophen in unserem eigenen Leben weniger wichtig zu nehmen und das Beste aus jeder misslichen Lage zu machen.

Es ist Zeit, realistisch zu denken!

Die Offenheit und Ehrlichkeit, mit der die Nachfolger Jesu Christi die Realität menschlichen Leidens anerkennen, ohne es rational begründen zu können, gehört zum Schockierenden am Christentum.

Vor 2.000 Jahren hat sich die Christenheit das Kreuz zu ihrem Symbol erwählt, das es angesichts einer leidenden und gequälten Menschheit stolz als seine Glaubensfahne hochhält. Der jüdisch-christliche Glaube spricht in aller Offenheit von der Realität der Ungerechtigkeit und der Unterdrückung, der Sünde und des Bösen, der Krankheit und des Leids. Die Jünger dieses 33 Jahre alten Juden aus Nazareth waren so inspiriert durch den Glauben dieses jungen Mannes, der unschuldig ans Kreuz genagelt wurde und einen schmachvollen Tod starb, dass sie eine Kirche ins Leben riefen, die überall auf der Welt das Kreuz auf die Spitzen ihrer Kirchtürme setzen sollte.

Das Kreuz ist als das kühnste und wunderbarste positive Vorzeichen der gesamten Geschichte zu sehen. Von diesem überwältigenden Symbol strahlt Hoffnung auf Erlösung aus. Ein grauenvolles Minus ist zu einem strahlenden Plus geworden! Das ist die Hoffnung, die vom Kreuz ausgeht! Am Fuße dieses Kreuzes kann jeder Schmerz verwandelt werden.

Die Welt braucht auch heute noch, was sie schon vor 2 000 Jahren brauchte – einen kühnen Glauben, der sich dem Problem des Leidens, der Sünde und des Todes stellt. Es ist dem christlichen Glauben hoch anzurechnen, dass er sich keinen Trugbildern hingibt, sondern dem menschlichen Leid in seiner ganzen ungeschminkten Realität ins Auge blickt. Das hat mit dazu beigetragen, warum er trotz Hungersnöten, Seuchen und Holocaust überlebte.

Warum lässt Gott Leid und Schmerz zu?

Christen stimmen darin überein, dass es keine Antwort auf das Warum gibt. Christen sind Realisten. Realistisches Denken beruft sich darauf, dass es im Leben Tatsachen und Geheimnisse gibt. Es ist eine Tatsache, dass die meisten Leiden der Menschheit auf ihre Sünden zurückzuführen sind.

Die Bibel malt uns keine Bilder von Menschen vor Augen, die untadelig sind. Sie erzählt ihre Geschichte ehrlich, so wie sie ist. Ein liebender Gott schuf ein grandioses Universum und krönte diese wunderbare Schöpfung damit, dass er zwei Lebewesen schuf, die er Adam und Eva nannte.

Aus dieser Schöpfungsszene hat sich ein unvergleichliches göttliches Dilemma ergeben. Wir Menschen wurden mit einem Geist geschaffen, der sich emporschwingen kann, mit einer Seele, die lieben kann, und mit einem kreativen Verstand, der sich positive Möglichkeiten vorstellen kann. Wir wurden als Geistwesen geschaffen, die auf einer menschlichen Reise sind.

Wir Menschen wurden als Individuen geschaffen, und nicht als Marionetten, die von einem allmächtigen Gott manipuliert werden. Er hat uns Entscheidungsfreiheit gegeben – die Möglichkeit, göttliche Impulse anzunehmen oder abzulehnen. Er konnte und wollte uns Menschen nicht als eine Art Computer erschaffen, die perfekt vorprogrammiert und damit unfähig zur Sünde sind. Nein, wir Menschen sollten in der Lage sein, frei zu wählen – das Gute wie das Böse.

Das Ziel, das Gott damit verbindet, liegt darin, dass er Menschen schaffen wollte, die ihm wirklich die Ehre geben. Eine Tugend ist keine Tugend, wenn man keine andere Wahl hat. Liebe ist keine Liebe, wenn man sich nicht frei dafür entscheiden kann.

Der Schöpfer sah sich folgendem Dilemma gegenüber: Wenn er die Menschen mit Entscheidungsfreiheit ausstattet, wird er, Gott, das eigentliche Risiko der Schöpfung auf sich nehmen müssen. Das Risiko liegt darin, dass sich diese menschlichen Wesen dafür entscheiden können, selbstsüchtig zu sein und zu sündigen. Sie würden sich auch böse und ungerecht verhalten können. Das öffnete die Tür zu Leid und Schmerz, zur Ablehnung und zum Tod.

Was ist die Antwort auf die grundlegende Frage: Warum lässt Gott Leid und Schmerz zu? Die Antwort ist ein Geheimnis und kann nicht erklärt werden. Aber wir wissen, dass Gott es eher zulässt, dass Menschen Leid erfahren, als in patriarchalischer Machtentfaltung die Persönlichkeit der Menschen auszulöschen, indem er ihren freien Willen beseitigt.

Das Warum bleibt ein dunkles Geheimnis. Die eigentliche Frage bezieht sich nun auf das Was. Was wird Gott mit der Sünde machen? Mit dem Leiden? Mit der Selbstsucht? Mit der Krankheit? Mit dem Tod? Wie geht er damit um? Er hat allen Menschen die Freiheit gegeben, sich dafür zu entscheiden, ihr Kreuz in eine Krone und ihr Leid in einen Triumph zu verwandeln. Mit einem intakten freien Willen können wir uns für eine Reaktion entscheiden, die quälende negative Erfahrungen in strahlende positive verwandelt, mit denen wir Gott ehren und ihn verherrlichen!

> **Realistisch denkende Menschen fragen nicht: »Warum gerade ich?«**
> **Sie fragen: »Was soll daraus werden?«**

Darum ist die entscheidende Frage nicht die Frage, die wir Gott stellen. Die entscheidende Frage ist diejenige, die Gott *uns* stellt: »Was wirst du mit dem Leid machen, das dich heute getroffen hat, beziehungsweise was werden wir beide daraus machen?« Auf diese Weise kann unser realistisches Denken zum Möglichkeitsdenken werden.

Wir Menschen wurden von Gott geschaffen, um hier auf dieser Erde, wo das Leiden eine Tatsache ist, zu seinen Boten zu werden. Es fällt in seine Zuständigkeit, Menschen mit einem Heiligenschein zu umgeben. Gott ist in der Lage, jedes Leid und jeden Schmerz – selbst den, der durch unsere eigene Selbstsucht und Sünde verursacht wurde – mit einem solchen Heiligenschein zu umgeben!

Ich weiß nicht, woran Sie heute leiden. Ich weiß nicht, warum Sie heute leiden. Aber ich weiß, dass jeder Schmerz, der Ihnen heute oder irgendwann einmal begegnen wird, zu einem Heiligenschein werden kann.

Das ist jedoch nichts, das man durch eigene Anstrengungen erwerben könnte. Nein, es ist ein Geschenk Gottes. Sie können sich entscheiden, dieses Geschenk anzunehmen. Sie können sich entscheiden, Gottes Möglichkeiten sehen zu lernen, auch angesichts von ausweglosem Leid. Es ist eine Chance, die Hoffnung niemals aufzugeben.

Geben Sie die Hoffnung niemals auf!

Vergangenen Sommer verfolgte ich intensiv eine tragische und erschreckende Berichterstattung unseres lokalen südkalifornischen Fernsehsenders. Ein elfjähriges Mädchen hatte mit seinem Hund in der Nachbarschaft einen Spaziergang gemacht. Der Hund kam rätselhafter Weise allein nach Hause zurück. Wo war das Mädchen geblieben? Es ist anzunehmen, dass es entführt wurde oder noch Schlimmeres.

Die Fernsehreporter, die darüber berichteten, interviewten auch den Vater von Polly Klaas, einem jungen Mädchen, das zwei Jahre zuvor in Pentaluma, Kalifornien entführt und später ermordet aufgefunden worden war. Marc Klaas, der mit dem Schmerz und Leid wohl vertraut war, den die Familie jenes Mädchens gerade durchlitt, gab ihnen den einfachen, aber tiefen Rat: »Geben Sie die Hoffnung niemals auf«, sagte er. Marc Klaas hat vielleicht die schlimmste Tragödie durchlitten, die einem Menschen zustoßen kann – die Ermordung seines Kindes – und ist nun dabei, seinen extremen Schmerz in etwas Gutes zu verwandeln.

Auch meine Familie musste in diesem Jahr Bekanntschaft mit dem Leid machen. Meine Schwiegermutter ist nach einem dynamischen und erfüllten Leben im Alter von 98 Jahren gestorben. Ihr Begräbnis, bei dem ihre 7 Kinder, 27 Enkel, 71 Großenkel und 3 Urgroßenkel zusammen kamen, wurde zu einer Feier des Lebens. Aber bei diesem Trauergottesdienst, als so viele anwesend waren, kam ein neuer Schmerz ans Licht.

Mein Neffe und meine Nichte, der Sohn und die Schwiegertochter des Bruders meiner Frau, saßen bei dieser Feier in der Kirche und trauerten um den plötzlichen Verlust ihres zu früh geborenen Babys. Erst vor wenigen Wochen hatte ihr winziges Neugeborenes seine schwachen Versuche aufgegeben, am Leben zu bleiben. Eine Solistin sang das Lied »Because He Lives« (Weil er lebt)[1]. Als sie an die Stelle kam: »Wie lieblich ist es, ein Neugeborenes in den Armen zu halten«, verlor unsere Nichte die Fassung.

Wie wird sie ihren Schmerz meistern? Wie wird der Vater des vermissten Kindes mit seinem Schmerz umgehen? Welchen Schmerz müssen Sie heute bewältigen? Ich kenne die Geschichte nicht, die Sie zu erzählen haben. Ich weiß nicht, wie die letzten Kapitel dieser beiden Geschichten und Ihrer Geschichte aussehen werden. Aber die Geschichten, die ich Ihnen in diesem Buch erzähle, beweisen alle: Jeder Schmerz kann von einem solchen hellen Schein umstrahlt werden.

Wie das? In den kommenden Kapiteln werde ich Ihnen erzählen, was ich von Hunderten von Menschen lernen durfte, die mit jedem erdenklichen Schmerz zu mir kamen.

Lassen Sie uns zusammen nach dem Guten suchen, das sich auch hinter Ihrem Schmerz versteckt. Es ist wirklich da! Sie werden es erleben. Aber ich brauche Ihre Hilfe dabei. Es ist wichtig, dass Sie offen zuhören und ehrlich sind. Erwarten Sie nicht, dass ich Sie ändern kann. Das kann ich nicht. Nur Sie selbst können sich ändern. Nur Sie allein können Einfluss darauf nehmen, wie Sie auf bestimmte Umstände reagieren.

Aber ich werde Ihnen folgende Dinge zeigen:

- wie Sie Ihren Schmerz unterbrechen können
- wie Sie Ihren Schmerz daran hindern können, Sie in ein schwarzes Loch fallen zu lassen (und welche zehn »Gebote« dabei hilfreich sind)
- wie Sie in Erfahrung bringen können, ob Sie sich nur schwer von anderen helfen lassen
- wie Schwachheit zu Stärke wird, wenn Sie den vier Regeln folgen, Ihre alten Wunden in leuchtende Sterne zu verwandeln.

Unterwegs werden wir viele Menschen treffen, die Ihren Schmerz mit einem Heiligenschein umgeben haben. Kommen Sie mit mir auf diese Reise. Es wird nicht leicht sein. Es wird nicht lustig sein. Es kann sogar weh tun. Es ist möglich, dass Sie einem alten Schmerz begegnen, den Sie schon lange begraben glaubten. Aber es wird etwas bewirken. Sie werden wirklichen Trost finden.

Herzlich willkommen im Menschsein! Lassen Sie sich mitnehmen ins Leben. Lassen Sie uns miteinander entdecken, wie Schmerz und Leid verwandelt werden können.

Die meisten Menschen messen ihr Glück an körperlichem Vergnügen
oder Besitz. Wenn man das Glück so misst, dann hätte ich,
da ich weder sehen noch hören kann, allen Grund,
untätig in einer Ecke zu sitzen und zu weinen.
Doch so wie Sünder manchmal in einer Versammlung aufstehen
und Gottes Güte bezeugen, kann auch jemand, den man als Leidenden
bezeichnet, voller Freude aufstehen und Gottes große Güte bezeugen.

Das Schwere im Leben erweist sich oft als unser größter Segen.
Es macht uns geduldig, mitfühlend und Gott ähnlicher. Es lehrt uns,
dass das Leben zwar voller Leiden, aber auch voller Siege ist.[2]

Helen Keller (1880-1968), weltberühmte Autorin

Kapitel 2

Wie schwer wiegt mein Schmerz?

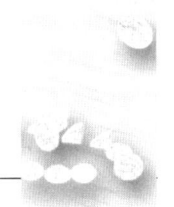

Als ich dieses Buch vorbereitete, machte ich gerade eine Reise nach Asien, von Kalkutta bis Hongkong, um die Städte zu besuchen, in denen »Hour of Power« (Stunde der Kraft), mein wöchentlicher Fernsehgottesdienst, ausgestrahlt wird. Die erste Nacht verbrachte ich in Honolulu. Die Sonne ging eben in atemberaubender Schönheit am östlichen Himmel auf, als ich allein über den friedlichen, unberührten Strand ging und über dieses Buch nachdachte. Dabei begegnete ich einer Frau, die eine kecke Golfmütze auf ihrem schon ziemlich ergrauten Haar trug. Sie machte ihren Morgenspaziergang.

»Dr. Schuller«, begrüßte sie mich, »was machen Sie hier auf Hawaii?«

Ich erklärte es ihr und fügte hinzu, dass ich an einem neuen Buch arbeite. Bevor sie weitere Fragen stellen konnte, fragte ich, ob sie hier Urlaub mache.

»O nein«, antwortete sie, »ich bin hier geboren. Meine Eltern sind 1938 von New York hierher gezogen. Ich habe mein ganzes Leben hier verbracht!« Sie war temperamentvoll und begeistert. »Ist es hier nicht himmlisch? Wie schön, wie friedlich und wie ruhig es hier ist!« Mit dem einen Arm zeigte sie nach Westen, wo der Vollmond immer noch sichtbar war. Und den anderen schwenkte sie nach Osten, wo der Horizont hinter dem vollkommen stillen Ozean in den orangefarbenen Tönen der aufgehenden Sonne erglühte.

»Ich habe manchmal fast Schuldgefühle, weil ich mein ganzes Leben an diesem wunderschönen Ort verbrachte! Was für ein großartiges Leben ich doch hatte!« Dann wandte sie mir unvermittelt ihr hübsches, glückliches Gesicht zu, sah mir in die Augen und fragte: »Wie heißt der Titel Ihres neuen Buches?«

Ich nannte ihr den Titel. Rasch versuchte ich ihre Persönlichkeit einzuschätzen. Die zarten Falten rund um ihre Augen waren vermutlich Lachfalten. Ich war schockiert, als sie spontan sagte: »Das muss ich haben!«

Ich konnte ihre Reaktion nicht verstehen. »Aber Sie hatten doch ein so großartiges Leben. Gab es denn auch Leid?«

»Aber natürlich«, sagte sie. »Auch ich hatte meinen Anteil daran.«

»Entschuldigen Sie, ich möchte nicht unverschämt oder aufdringlich sein«, sagte ich, »aber ich arbeite gerade an diesem Buch. Darum muss ich wissen, wo Menschen stehen. Was war oder ist Ihr tiefster Schmerz?«

»Das war meine Scheidung«, sagte sie. »Sie liegt 15 Jahre zurück. Er war Alkoholiker. Er lehnte es ab, Hilfe zu suchen. Er lebte und lebt immer noch in einer verhängnisvollen Verleugnung.« Dann sagte sie etwas sehr Tiefsinniges: »Was mich am meisten schmerzte, war weniger, was er mir angetan hat, als zu sehen, was er sich selbst antat.« Sie schloss mit der scharfsinnigen Beobachtung: »Es tut so weh zu sehen, dass jemand, den man liebt, sich selbst weh tut und alle Bemühungen von sich weist, von einem Weg abgebracht zu werden, der nur in Schande und Verderben führt.«

Bevor ich Hawaii wieder verließ, nahm ich Kontakt mit einem Freund auf, der vielen unter dem Namen »Famous Amos« (der berühmte Amos) bekannt ist. Dieser Mann träumte davon, die besten Plätzchen der Welt zu backen und zu verkaufen! Er gründete die »Famous Amos Cookies« und wurde als Begründer der Feinschmeckerplätzchen-Branche bekannt. Doch leider sah er sich durch finanzielle Umstände gezwungen, die Firma zu verkaufen. Hier beschreibt er selbst, welche Leiden er über sich ergehen lassen musste: »Der finanzielle Zusammenbruch tat wirklich weh. Ich hatte nichts mehr, aber das kannte ich schon von früher und konnte damit umgehen. Doch jemand, den ich gar nicht kannte, erwarb den Markennamen meiner Plätzchen, und man sagte mir, dass ich diesen Namen nie wieder benutzen könnte, nie mehr. Seinen Namen zu verlieren ist noch mal etwas anderes. Ich beschloss jedoch, meine positive Einstellung nicht aufzugeben, denn das wirkte sich immer zu meinen Gunsten aus. Darum fing ich eben an, eine neue Sorte von Plätzchen zu backen, die ich ›Noname Cookies‹ (Plätzchen ohne Namen) nannte.«

Mein Freund hat seine unglücklichen Umstände in neue Möglichkeiten verwandelt. Er fing einfach ein neues Plätzchen-Unternehmen an, »The Uncle Noname Cookie Company«, die Plätzchen-Firma des Onkels ohne Namen. Danach schrieb er mehrere inspirierende Bücher und wurde zu einem der beliebtesten Motivationstrainer Amerikas.

Sowohl die Frau, der ich am Strand begegnete, als auch mein Freund, der Unternehmer, sind großartige Persönlichkeiten. Ich konnte bei beiden den hellen Schein sehen, der ihren Geist krönt. Sie bemühen sich darum, ihren Schmerz und ihre Verletzung aus der richtigen Perspektive zu sehen. Genau darum bemühe auch ich mich, seit ich 1950 als Pastor ordiniert wurde. Nach etwa einem halben Jahrhundert in diesem Amt habe ich den Eindruck, dass mir nichts mehr fremd ist, was menschliches Leiden betrifft.

Die richtige Perspektive

Ja, sogar was Kriege betrifft. Ich war im Krankenhaus von Tachikawa, Japan, in das man die Verwundeten aus Vietnam einlieferte. Davor ging ich über die kahlen, übel zugerichteten Hügel Koreas, wo es keinen einzigen lebenden Baum mehr gibt. Das hungernde Volk hatte alle Blätter aufgegessen. Man hatte die gesamte Rinde der Bäume entfernt und in Wasser gekocht, um daraus Suppe zu machen.

Nun ist es endlich so weit, dass ich meine Einsichten, Erfahrungen und Eindrücke aufschreibe, wie man selbst mit wirklich schlimmem Schmerz und Leid umgehen kann.

Mein erster und wichtigster Rat besteht darin: Versuchen Sie Ihr Leid und Ihren Schmerz aus der richtigen Perspektive zu sehen. Das ist ein Punkt, an dem jeder Mensch – ohne Ausnahme – Hilfe braucht.

Wer es lernen möchte, sein Leid aus der richtigen Perspektive zu sehen, sollte sich drei Fragen stellen:

1. Wie schwer wiegt mein Leid gemessen an der Skala menschlicher Leiden?
2. Wie langlebig ist mein Leid? Wie lange wird es andauern?
3. Wie gesund ist mein Leid? (Es könnte ein gesundes Leid sein, das mich im geistlichen Sinne sogar weiterbringt. Oder es könnte ziemlich schädlich, aber nicht unheilbar sein.)

Wie schwer wiegt mein Leid?

Es gibt kaum jemanden, der im 20. Jahrhundert von den Medien Chicagos mehr gefeiert wurde als ein Mann, der allgemein als »Kup« bekannt ist. Ich bin im Laufe meines Lebens in Hunderten von Radio- und Fernsehsendungen aufgetreten, aber die eine Sendung, die ich nie vergessen werde, ist Kups Fernsehshow. Ich kann mich deshalb so gut an sie erinnern, weil es mir in diesem Fall nicht glückte, jemandem zu helfen, der wirklich schwer litt. Es trug sich folgendes zu:

Produzentin dieser Sendung war Kups Frau. Ich begrüßte sie freundlich, doch sie blieb reserviert. Es dauerte aber nicht lange, bis sie ihr Geheimnis preisgab. Sie war zornig. Sie litt entsetzlich. Sie war, nach ihren eigenen Worten, »eine zornige Atheistin«. Ihre hübsche Tochter war in Hollywood grausam und sinnlos ermordet worden. Ihre Augen blitzen auf, als sie sagte: »Der schlimmste Schmerz im Leben liegt darin, ein Kind zu verlieren, Dr. Schuller. Kein Kind dürfte vor seinen Eltern sterben.«

Ich versuchte mir ins Gedächtnis zu rufen, wie viele Freunde und Bekannte ich kenne, die ein Kind in jungen Jahren verloren haben. Art Linkletter gehört dazu – Sie werden seine Geschichte in diesem Buch lesen. Gregory Peck. Tommy Lasorda. Auch Entertainer sind nicht davon ausgenommen. Wir alle weinten, als Bill Cosbys Sohn ermordet wurde. Firmenbosse haben trotz all ihren Reichtums ihre Kinder verloren. Der Sohn von J. B. Fuqua, Mitglied meines Kirchenvorstands, ist bei einem Flugzeugabsturz umgekommen. Und Kim Woo Chong, Gründer der Autofirma *Daewoo* und ebenfalls Mitglied meines Kirchenvorstands, verlor seinen Sohn durch einen Autounfall. Meine Freunde, die Ammermans, haben ihre beiden Söhne im Teenageralter verloren – den einen bei einem Traktorunfall auf ihrer Farm in Minnesota, der andere ist ertrunken. Schon vor langem kam ich zu der Erkenntnis, dass der schlimmste Schmerz, der einen Mensch je treffen kann, darin liegen müsse, ein Kind zu verlieren. (Im nächsten Kapitel werde ich mich aber diesbezüglich korrigieren lassen!)

Sie haben also ein Leid zu tragen. Ein Leid, das nach Heilung schreit. Ein Leid, das Ihnen helfen möchte, zu einem besseren Menschen zu werden. Durch alle Jahrhunderte hindurch haben Menschen überall auf der Welt Ähnliches durchlitten. Vielleicht kennen auch Sie jemanden, der dasselbe durchgemacht hat wie Sie. Der

Schock setzt immer mit dem Gedanken ein: »Ich hätte nie gedacht, dass *mir* so etwas zustoßen würde.«

Wie bereits im 1. Kapitel erwähnt, begegnet jeder irgendwann einmal einem Schmerz, der ihn schier zu erdrücken scheint. Darum heißt die Frage nicht »Warum gerade ich?«, sondern »Was nun?« Lassen Sie uns also mit dieser Aufgabe beginnen. Lassen Sie uns dieses »Was nun?« ins Auge fassen, indem wir realistisch einzuschätzen versuchen, womit wir uns auseinandersetzen. Ich wüsste keine bessere Methode, um einen Schmerz aus der richtigen Perspektive betrachten zu lernen. Für viele von Ihnen wird gerade diese Methode der Schlüssel zum Überleben sein, der Ihnen hilft, trotz Ihres Leids nicht aufzugeben. Vielleicht steigt sogar der Gedanke in Ihnen hoch: »Nun, im Vergleich zu dem, was andere zu tragen haben, ist es wirklich nicht so schlimm.«

Für manche wird es dagegen bestätigen, was sie bereits wissen – dass ihr Schmerz verheerend ist. Ihr Leid ist ungeheuerlich. Es gehört zum Schwersten, was einem Menschen überhaupt zustoßen kann. Sie werden dann alle Hilfe brauchen, die Sie finden können, um wieder Boden unter Ihre Füße zu bekommen. Lassen Sie uns den Schmerz also abwägen.

> »Meine Mutter hat mir schon sehr früh beigebracht, dass ich alles erreichen kann, was ich wirklich will.
> Die erste Aufgabe bestand darin, ohne Stützen gehen zu lernen.«
>
> Wilma Rudolph (1940-1994), die ihre Kinderlähmung erfolgreich überwand und bei den Olympischen Spielen drei Goldmedaillen in Leichtathletik gewann.

Wie schwer wiegt der Schmerz im Leben?

Es sind nun schon 30 Jahre, die ich für Millionen von Menschen auf der ganzen Welt Fernsehpastor bin. Ich bin dabei dem menschlichen Leid in vielerlei Formen begegnet, wenn ich Menschen darin beizustehen versuchte:

- Tod eines geliebten Menschen
- Scheidung oder Zerbrechen einer langfristigen Beziehung
- Naturkatastrophen (Feuer, Sturm, Erdbeben, Wirbelstürme, Überschwemmungen)

- Tragische Unfälle (Flugzeugabsturz, Fährenunglück, Zugunglück und ähnliches)
- Attentate, Terroranschläge
- Langfristige oder unheilbare körperliche oder psychische Krankheiten
- Selbstmord eines Angehörigen
- Verlust von Gliedmaßen (Amputation von Beinen, Armen, Händen bzw. Entfernung der Augen oder Stimmbänder)
- Blindheit, Taubheit, Stummheit
- Berufliche Katastrophen (zerbrochene Karrieren, ungerechte Kündigungen)
- Missbrauch (körperlich, emotional, sexuell)
- Konkurs oder Bankrott
- Die Erfahrung, abgelehnt oder verlassen zu werden
- Ungerechtigkeit oder Ausbeutung
- Schande oder öffentliche Bloßstellung
- Haftstrafen

Setzen Sie Ihren eigenen Schmerz hier ein:

_____

_____

_____

_____

_____

_____

Oder reihen Sie sich in die obige Liste ein. Woran leiden Sie?

Gehen Sie dann die obige Liste noch einmal durch. Was ist Ihrer Meinung nach der allerschlimmste Schmerz? Nummerieren Sie die Reihe von 1 bis 16 durch. Ist Selbstmord eines geliebten Menschen das Schlimmste? Dann kommt er auf Platz 1. Denken Sie, dass berufliche Katastrophen am ehesten zu meistern sind? Dann sollten Sie Platz 16 einnehmen. Versuchen Sie diese Schmerzen einzustufen.

Warum? Weil Sie sich dann Ihren Schmerz genau ansehen müssen und wissen können, wo Sie mit Ihrem Leid innerhalb der Menschheit stehen. Sie sind nicht allein. Sie sind ringsum von leidenden Menschen umgeben, die noch Schlimmeres als Sie überstanden haben!

Auch ich hatte meinen Anteil an den Leiden dieser Welt. Manche von diesen Dingen waren äußerst schwer. Andere taten ziemlich weh, als sie passierten, aber wenn ich aus meiner heutigen Sicht zurückblicke, kann ich erkennen, wie leicht sie im Grunde wogen! Was heute wie ein schrecklicher Schmerz aussieht, kann später im Leben nur mehr leicht wiegen.

Hier ist die Liste meiner Leiden. Helfen Sie mir, diese abzuwägen:

- Als ich 18 war, verlor meine Familie durch einen Tornado unsere Farm, einschließlich unseres Hauses und unserer gesamten Existenzgrundlage. Alles war weg. Aber ich ging wieder zurück ans College und nahm eine Stelle als Hausmeister an.
- Ein Jahr später, als ich 19 war, verlor ich alles, was ich besaß, als das Haus, in dem ich wohnte, in Flammen aufging. Ich vernachlässigte meine Studien und nahm einen weiteren Job an, um mir neue Kleidung kaufen zu können.
- Ich erhielt in jenem Kurs ein Ungenügend. Mein Professor sagte zu mir: »Halte dich lieber ans Reden. Das Schreiben kannst du vergessen!«
- 1978 wurde meine 13 Jahre alte Tochter in einen schrecklichen Motorradunfall verwickelt, bei dem sie ein Bein verlor und beinahe ums Leben kam. (Sie verlor neun Liter Blut.)
- 1958 wurde ich vor dem Kirchengericht meiner Konfession angeklagt. Mein junger Assistent hatte die Anklage erhoben, dass ich nicht »das volle Evangelium« predige, weil ich nicht über Hölle und Verdammung predigte. Ich wurde einstimmig freigesprochen. Er trat aus, aber es tat dennoch weh!
- 1979 hatte meine Frau Brustkrebs und eine teilweise Brustamputation. Ich werde den Anruf des Arztes nie vergessen: »Bob«, sagte er, »ich habe leider schlechte Nachrichten. Der Knoten ist bösartig.«
- Die erste Frau unseres Sohnes beschloss, dass sie nicht länger verheiratet sein wollte, und ließ sich von ihm scheiden. Das tat so weh, dass ich eine Predigtreihe über Hiob hielt. Ich ließ auch eine Marmorstatue von Hiob auf unserem Kirchengelände aufstellen und die Verse in Granit meißeln: »Wenn er mich prüft, dann bin ich rein wie Gold« (Hiob 23,10; Gute Nachricht).

- 1991 hatte ich einen Unfall und starb beinahe an einer Gehirnblutung. Der Neurochirurg sagte, dass ich tot gewesen wäre, wenn ich 20 Minuten später eingeliefert worden wäre. Nach zwei Gehirnoperationen innerhalb von 8 Tagen war jedoch alles wieder in Ordnung.
- 1997 wurde ich fälschlich angeklagt, einen Flugbegleiter angegriffen zu haben.
- 1997 erlitt ich einen Herzinfarkt und musste mich einer Angioplastik unterziehen.
- 1998 erlitt meine Frau einen Herzinfarkt und bekam sechs Bypässe gelegt. (Das rangiert für mich ziemlich an erster Stelle der Skala menschlicher Leiden. Ich dachte, ich würde sie verlieren!)

Ja, ich hatte meinen Anteil am Leiden. Wenn ich mir diese Liste ansehe, dann kann ich nur denken: »Ach, der Arme! Ich hoffe, es geht ihm wieder einigermaßen ...«

Ich kann Ihnen aber versichern, dass es mir wirklich gut geht. Ich hielt mich an die Lehre dieses Buches und leistete mir viele Jahre lang den Luxus, von den größten Lehrern auf dem Gebiet der Überlebenstechnik zu lernen: von den Helden dieses Buches. Wie bereits erwähnt, war es wichtig für mich, nach dem Vorfall mit dem Flugbegleiter dieses Buch zu schreiben. Ich war verletzt. Sehr verletzt. Ich fühlte mich angegriffen. Zu Unrecht angeklagt. Man verbreitete Lügen über mich. Ich fühlte mich als Opfer einer großen Ungerechtigkeit!

Wahnsinn! Wenn selbst ich, der Vater des Möglichkeitsdenken, mich als schwaches Opfer fühlte, dann heißt es vorsichtig sein! Wir alle geraten hin und wieder in Schwierigkeiten. Ich musste wieder ganz an den Anfang zurückgehen und über den Umgang mit Leiden nachdenken, um über diese verführerische, egozentrische, im Selbstmitleid schwimmende Reaktion hinwegzukommen. Ich war fest entschlossen, mich niemals mehr zum Opfer machen zu lassen, sondern aus allem als Sieger hervorzugehen!

Darum wog ich meinen Schmerz ab und versuchte ihn aus der richtigen Perspektive zu betrachten. Manche Dinge werden immer schwerer wiegen als andere, nicht wegen des Schmerzes, den sie tatsächlich verursachen, sondern aufgrund ihrer Lebensspanne. Das bringt uns zum nächsten Teil unserer Aufgabe.

Wie langlebig ist mein Schmerz?

Jeder Schmerz hat eine andere Lebensdauer. Wenn ich auf meine Liste blicke, muss ich sofort an meine Tochter Carol denken. Ihr Leid und Schmerz ist immer da. Der Verlust eines Beines hat ihr Leben für immer verändert. Es ist ein ständiger Kampf für sie, einfache Hausarbeiten und bestimmte Aufgaben zu verrichten. Aber ihre innere Haltung ist fantastisch. Sie scheint ihre Einschränkungen kaum wahrzunehmen. Sie hat sich mit ihrem Leid angefreundet. Sie beklagt sich niemals. Sie sagt nie: »Ich wünschte mir, noch beide Beine zu haben.«

Scheidung ist ein Schmerz, der sehr lange andauert, wenn Kinder daran beteiligt sind. Das ist auch der Grund, warum Dr. Laura Schlessinger in ihrer Radiosendung Eltern so dringend dazu rät, ihre Ehe trotz Schwierigkeiten nicht aufzulösen. Das Kapitel einer Scheidung ist nie ganz abgeschlossen, wenn Kinder da sind. Es wird immer Geburtstage, Schulabschlüsse, Hochzeiten, Enkelkinder, Weihnachtsfeiern oder Tage geben, an denen sich etwas jährt.

Auch der Schmerz, der mit einem Tod verbunden ist, hat eine lange Lebensdauer. Ich erinnere mich noch gut an das Gespräch, das ich mit Dr. Joyce Brothers führte, nachdem ihr Mann Milt gestorben war. Sie erzählte mir, dass sie nach seinem Tod über ein Jahr lang getrauert habe. Es ärgerte sie, wenn gutmeinende Freunde den Trauerprozess zu beschleunigen versuchten, wenn man sie ermutigen wollte, darüber hinwegzukommen. Sie weiß noch, wie einsam sie sich fühlte. Sie dachte, das Leben würde nie wieder lebenswert sein. Aber, so sagte sie, das Leben wurde nach und nach allmählich wieder besser. Sie funktionierte lange Zeit wie ein Automat, um es durch den Tag zu schaffen. Aber eines Tages lächelte sie wieder.

Ja, jedes Leid dauert verschieden lang. Ein »Ungenügend« im College zu bekommen hat damals wirklich weh getan. Aber ich bin schnell darüber hinweggekommen! Der Tornado, der unsere Farm vernichtete, war wirklich schlimm. Mein Vater war kein junger Mann mehr und musste wieder ganz von vorne beginnen. Aber die Unterstützung, die er von vielen anderen bekam, war enorm, und er nahm alle Hilfe bereitwillig an.

Die Operation meiner Frau am offenen Herzen im vergangenen Frühling gehört bereits der Vergangenheit an, so schmerzvoll die Sache damals war. Die Dauer des damit verbundenen Schmerzes war bei Weitem nicht so zäh wie der der Osteoporose, mit der sie nun schon seit vielen Jahren kämpft. Auch der meiner Gehirnoperation hatte eine ziemlich kurze Dauer, denn ich kann mich überhaupt nicht daran erinnern!

Ich will damit sagen, dass der Schmerz, den Sie heute fühlen, egal wie schwer er wiegt, eines Tages geringer wird. Er wird sich ganz gewiss verändern. Vielleicht bleibt nur eine Narbe davon zurück. Aber es kann unterschiedlich lange dauern. Werfen Sie einen kurzen Blick nach vorne und versuchen Sie einzuschätzen, wie dieser Schmerz in einem Jahr aussehen wird. Wie wird er sich dann auf Sie auswirken? Werden Sie durch die Auseinandersetzung mit ihm stärker geworden sein?

Als nächstes sollten Sie in Betracht ziehen, Ihrem Schmerz alles zu entziehen, was ihn am Leben halten könnte.

Menschen zu helfen, Dinge loszulassen und sie Gott zu überlassen, ist ein Teil der klassischen Therapie. Es gibt unzählig viele innere Zwänge, die leidende Menschen dazu motivieren, ihren Schmerz zu nähren und am Leben zu erhalten. Es ist sehr leicht, sich blind zu stellen und zu übersehen, dass es für unseren Schmerz eigentlich gar keinen Grund mehr gibt. Wir erlauben ihm nur, in unserer Erinnerung weiter zu leben. Dann ist es an der Zeit, etwas zu unternehmen und einen alten Schmerz für tot und begraben zu erklären! (Gute therapeutische Begleitung kann dabei sehr hilfreich sein.)

Der Schmerz ist tot! Sie brauchen ihm keine Nahrung mehr zuzuführen! Hören Sie auf, ihn mit sich herumzuschleppen wie einen schweren Koffer, der voller Enttäuschungen, Misserfolge, Schuldgefühle und Entmutigungen ist. Sie werden nie wissen, wie schwer er wirklich ist – bis Sie aufhören, ihn weiter mit sich herumzuschleppen!

Sie werden an diesem Tag die gleiche Erleichterung fühlen wie ich, als ich aufhörte, mein Gepäck selbst zu tragen. Viele Jahre lang hatte man mir angeboten, meinen Koffer zu tragen, wenn ich am Flughafen von jemand abgeholt wurde. Ich dankte für das Angebot, lehnte aber stets höflich ab.

Eines Tages sagte ich zu meiner eigenen Überraschung: »Vielen Dank. Das wäre sehr freundlich!« Und ich überließ meine schwere Tasche dem Mann, der mich abholte. Ich kann gar nicht sagen, was für eine Erleichterung das war. Einige Minuten später erkannte mich jemand auf dem Flughafen und fragte, ob er ein Autogramm haben könne.

Da ich meine Hände frei hatte, sagte ich: »Gern. Es ist mir ein Vergnügen.« Ich hatte gar nicht gewusst, wie sehr mich mein Gepäck einschränkt. Ich hatte nicht gewusst, wie schwer es ist, bis ich aufhörte, es selbst zu tragen.

Hören Sie auf, ein Lastenträger zu sein!

Es ist lange her, seit ich meine erste Reise nach Jerusalem unternahm. Es war ein Schock für mich, dort Menschen zu sehen, die riesige Balken auf ihrem Rücken schleppten. Sie gingen tief gebückt unter dieser enormen Last. Ich fand heraus, dass man solche Menschen Lastenträger nennt. Ich erinnere mich auch daran, in der Bibel darüber gelesen zu haben, denn sie ist voll von Geschichten über Menschen, die Lasten tragen.

Vor 20 Jahren besuchte ich Korea. Auch dort sah ich Menschen, die ihren Körper dazu benutzten, um schwere Lasten auf ihrem Rücken zu tragen. Ich sah einen koreanischen Bauern, der am Ende des Tages nach Hause ging. Der Bauer trug den Pflug, während die Ochsen hinter ihm hertrotteten. Es war ein großer, schwerer Pflug.

Ich fragte meinen Führer: »Warum lässt der Bauer nicht die Ochsen seinen Pflug ziehen?«

»Ach«, meinte mein koreanischer Gastgeber, »die Ochsen haben den ganzen Tag lang gearbeitet, darum trägt der Bauer jetzt den Pflug für sie nach Hause.« Lasten, schwere Bürden. Jeder von uns hat sie.

Einer meiner Lieblingsverse steht im ersten Petrusbrief: »Alle eure Sorgen werft auf ihn, denn er sorgt für euch« (1 Petrus 5,7; Gute Nachricht).

Wie schwer ist das Gepäck, das Sie heute tragen? Wie lange tragen Sie es schon? Warum nehmen Sie das Angebot Gottes nicht an, es für Sie zu tragen?

Leid, Traurigkeit, Rückschläge – das alles sind Lasten, die wir loslassen müssen. Der Name Richard Neutra, der den »Tower of Hope« (Turm der Hoffnung) auf unserem Kirchengelände entwarf, ist Architekten auf der ganzen Welt wohlbekannt. Eines Tages fragte ich ihn: »Richard, hat es in deinem Leben auch Enttäuschungen gegeben?«

»Ja, das hat es.«

Ich fragte: »Was waren das für Dinge?«

Er schwieg lange. Schließlich sagte er: »Vor allem habe ich nie die Anerkennung meines Berufsstandes bekommen, die ich zu verdienen meine. Ich erhielt Goldmedaillen aus Japan, Österreich, Deutschland und der Schweiz, aber die Amerikanische Hochschule für Architektur hat meine Arbeit nie gewürdigt.«

»Warum nicht?«

»Nun«, antwortete er, »ich denke, das liegt daran, dass ich aus Kalifornien stamme. Manche Leute aus dem Osten haben ein Vorurteil gegenüber Kunst, die aus Kalifornien kommt.«

Einige Jahre später starb er, und ich hielt die Ansprache. Sieben weitere Jahre danach wurde ihm von der Amerikanischen Hochschule für Architektur posthum ein Ehrenpreis verliehen. Aber er hatte sein ganzes Leben daran gelitten, dass man ihn übersehen hatte. Er konnte dieses Gepäck nie loslassen.

An welchen Leiden, Zurücksetzungen, Schlägen, Kränkungen oder Ungerechtigkeiten halten Sie fest? Welche negative Bemerkung, die irgendeiner Ihrer Lehrer machte, hält Sie noch immer gefangen? Haben Sie es so sehr akzeptiert, abgestempelt zu werden, dass Sie gar keine Versuche mehr unternehmen, aus der Schublade auszubrechen, in die Sie jemand steckte, der Sie im Grunde gar nicht kannte?

Meine Tochter hat mir gestanden, dass sie eine ihrer Freundinnen einmal wirklich schwer gekränkt hatte, als sie ein junges Mädchen war. Die beiden Mädchen hatten viel Spaß am Jugendchor. Aber die Freundin hörte plötzlich damit auf. Sie stieg nie wieder ein und verzichtete freiwillig auf etwas, das mit viel Spaß und später auch mit tollen Reisen verbunden war. Jahre später gestand sie meiner Tochter: »Ich habe nur deshalb mit dem Chor aufgehört, weil du zu mir sagtest, dass ich unmusikalisch sei.«

An welche kränkenden Bemerkungen sind Sie noch immer gebunden? Ist es etwas, das Ihr Ehepartner zu Ihnen sagte? Oder Ihre überkritische Mutter? Oder Ihr anspruchsvoller Vater? Vielleicht sagte jemand zu Ihnen: »Du wirst nie gut genug sein!«, oder »Wenn du doch wärst wie deine Schwester!«

Werden Sie es los! Lassen Sie es hinter sich! Geben Sie es auf und übergeben Sie es Gott! »Alle eure Sorgen werft auf ihn!«

An welchem Geheimnis halten Sie immer noch fest, dessen Aufdeckung Sie fürchten? Wer wird es entdecken – Ihr Ehepartner? Ihre Eltern? Ihre Kinder? Ihr Chef? Welche Sünden haben Sie begangen, die noch nicht ans Licht gebracht und vergeben wurden, oder die Sie sich selbst vergeben müssen?

Geben Sie es auf und geben Sie es Christus! »Alle eure Sorgen werft auf ihn!«

Nur ein einziger Anführer einer religiösen Bewegung hat Narben an seinen beiden Händen. Er ist die einzige Person, die von

Gott dazu autorisiert ist, den Menschen ihre Sünden zu vergeben. Überlassen Sie Ihr Gepäck ihm.

Als wir unsere »Crystal Cathedral« errichteten, beschlossen wir, einen großartigen Turm zu bauen, der von Richard Neutra entworfen wurde. Dieser Turm wird von einem mächtigen, 27 Meter hohen Kreuz gekrönt. Der Grund dafür war einfach, dass wir die Welt wissen lassen wollten: »Gott liebt dich! Er bietet dir Jesus Christus an als Antwort auf alle deine Leiden, auf alle deine Sorgen, auf alle deine Verletzungen, auf alle deine Lasten!«

In meinem Büro hängen zwei wunderbare Kunstwerke. Ich schätze sie nicht nur wegen ihres künstlerischen Werts, sondern auch wegen der Aussage, die sie vermitteln.

Das eine Gemälde zeigt Christus beim Gebet im Garten Gethsemane, kurz bevor er vor Gericht gestellt und gekreuzigt wird. Sein Gesicht ist von Todesangst gezeichnet. Er sieht aus, als wäre sein Herz gebrochen. Es ist ein Bild voller Verzweiflung. Die Worte, die uns in der Bibel überliefert werden, beschreiben seine Qual: »Vater, wenn es dein Wille ist, dann erspare es mir, diesen Kelch trinken zu müssen. Aber dein Wille soll geschehen, nicht der meine!« (Lukas 22,42; Gute Nachricht)

Das andere ist ein Bild des berühmten goldenen Adlers namens »Freiheit«. Ein Bauer fand ihn, als er am 30. Dezember 1980 über ein verschneites Feld Iowas flatterte. Der mächtige Adler hatte einen gebrochenen Flügel und war dem Tode geweiht. Der Bauer brachte den verletzten Vogel in die Klinik der Universität Minnesota. Dort wurde er wieder gesund gepflegt. Ein Jahr später brachte man ihn anlässlich der Freilassung der Amerikanischen Geiseln aus dem Iran nach Washington. Danach entließ man ihn wieder in die Wildnis. Langsam und ungeschickt breitete er seine zwei Meter breiten Schwingen aus und flog hinauf in den Himmel. In die Freiheit!

Ja, auch für Sie gibt es Freiheit von Ihren Qualen, von Ihrer Rache, von Feindseligkeiten und Beleidigungen, von Leiden und Verletzungen.

»Alle eure Sorgen werft auf ihn, denn er sorgt für euch!«

Loslassen und Gott überlassen

So wie unsere Kinder weinend ihre Spielsachen zu uns bringen,
damit wir sie wieder reparieren,
habe auch ich meine zerbrochenen Träume
zu Gott, meinem Freund, gebracht.
Doch statt ihn in Ruhe
daran arbeiten zu lassen,
sorgte ich mich weiter darum
und versuchte ihm auf meine Art zu helfen.
Schließlich holte ich sie mir wieder und schrie:
»Warum tust du nichts?«
Er aber sagte: »Mein Kind, wie denn?
Du hast sie niemals losgelassen!«

Wie gesund ist mein Schmerz?

Schmerz und Leid können die Wurzeln von schweren psychischen Störungen werden, wenn unser Schmerz auf begründeten Schuldgefühlen beruht und zu rücksichtslosem Verhalten führt. Es ist wichtig, dass Buße, Reue und Entschuldigungen ehrlich, demütig und schnell erfolgen.

Unser Schmerz kann gesund sein. Trauer kann ein angemessener Schmerz sein, wenn die Tränen ein Zeichen der Liebe für jemanden sind, der von uns gegangen ist. Wenn der Schmerz gesunden und glücklichen Erinnerungen entspringt, kann er eine geistlich und emotional gesunde Erfahrung sein.

Wie werden Sie mit Ihrem Schmerz umgehen? Ich möchte Ihnen eine wahre Geschichte erzählen, die Sie dazu motivieren kann, ein Leidender zu sein, der zu einem Überwinder wird.

Gloria King ist eine Mutter, die weiß, was es bedeutet, einen langfristigen Schmerz zu erdulden! Diese tapfere Frau schickte mir vor kurzem einen langen Brief, in dem Sie ihre erstaunliche Geschichte berichtete. Ich versuchte, diesen Brief ein wenig zu kürzen und für die Veröffentlichung auf meine Art zu erzählen, aber das konnte die volle Bedeutung ihrer Worte nicht wiedergeben. Abgesehen davon, dass sie mir eindeutig zu viel Ehre zukommen lässt, hat sie wirklich begriffen, was ich mein ganzes Leben lang in meinem Dienst zu tun versuchte. Sie hat es geschafft, ihren Schmerz in ein leuchtendes Licht zu tauchen!

Hier also ist ihr Brief, einer der bewegendsten Briefe, die ich je bekam:

Jede Mutter, die ein Kind verloren hat, und jede Mutter, die ein behindertes Kind aufzieht, trägt in ihrem Herzen ein ungeschriebenes Buch mit sich herum. Es erzählt eine Geschichte, die andere hören sollten. Ich denke, dass auch ich ein solches Buch schreiben könnte, aber es wäre nur eine Wiederholung vieler anderer Bücher, die zu diesem Thema schon geschrieben wurden. Mein Buch wäre nur in einer einzigen Hinsicht anders. Natürlich ist aller Erfolg, den ich als Mutter vielleicht hatte, auf meinen Glauben an Gott und auf die Liebe Jesu Christi zurückführen, aber auch auf die Stärkung durch einen lieben Fremden, der mich über Tausende von Meilen hinweg von seiner Kanzel aus leitete. Er wurde mir zu einem lieben Freund und manchmal zu einer Vaterfigur, die mich in meinem Schmerz begleitete. Er war stets gegenwärtig in unserem Lachen. Er war immer für mich und meinen Sohn da ...

Meine Anerkennung gebührt den zwei wichtigsten Personen in meinem Leben – meinem Sohn Jeff und Ihnen, Dr. Schuller.

Zuerst muss ich betonen, dass ich nicht durch Sie zum Glauben gekommen bin. Sie haben mich aber davor bewahrt, meinen Glauben zu verlieren.

Nach meiner Heirat gingen mein Mann und ich auf die Suche nach einer Gemeinde. Obwohl wir zu Kompromissen bereit waren, fanden wir nichts, das uns beide ansprach. Es wurde zu einem richtigen Zankapfel zwischen uns. Mein Mann wohnte zwar der Taufe unserer ersten beiden Kinder bei, konnte sich aber nie für die Gemeinde erwärmen. Er ist inzwischen gestorben. Ich weiß, dass er in vieler Hinsicht ein guter Mann war, und ich vergebe ihm. Es war die Geburt unseres dritten Kindes, die mich auf eine so harte Probe stellte, wie ich mir nie hätte träumen lassen.

Unser Sohn wurde mit »Spina bifida«, einem offenen Rücken, geboren und man rechnete damit, dass er nicht länger als drei Tage leben würde. Mein Mann war wie vor den Kopf geschlagen. Er konnte vor dieser Sache, die ihn so sehr schmerzte, nur weglaufen. Irgendwie lernte ich es, für dieses zerbrechliche kleine Leben zu sorgen, und ich war Tag und Nacht damit beschäftigt, es am Leben zu erhalten. Ich hatte so viel um die Ohren, dass es mir nie in den Sinn kam, mir Zeit zum Beten zu nehmen. Wenn ich einen Augenblick Ruhe hatte, versuchte ich einfach nur zu schlafen. Ich glaube, dass ich gar nicht richtig bemerkte, dass mein Mann verschwunden war! Dasselbe traf auch auf mein Zuhause und auf meine Sicherheit zu. Ich hatte drei kleine Kinder, von denen eines schwer behindert war, und eine stets nörgelnde alte Mutter.

Als die Kinder größer wurden, nahm ich sie zur Sonntagsschule mit, brachte ihnen bei, vor dem Essen und dem Schlafengehen zu beten, aber im Grunde nur aus Pflichtgefühl. Ich stand täglich unter großem Druck, den Bedürfnissen meines Sohnes nachzukommen, für seine medizinische Betreuung zu sorgen sowie finanziell irgendwie über die Runden zu kommen. Ich bin sicher, dass Gott meine heißen Bitten hörte, aber er bekam wenig Dank zu hören. Wofür hatte ich zu danken? Es kam oft vor, dass die Ärzte eine weitere schlimme Prognose stellten, und es war eine Herausforderung für mich, sie zu widerlegen. Wenn ich zurückblicke, kann ich jetzt seine »Fußspuren« sehen.

Eines Sonntagmorgens vor 20 Jahre badete ich Jeff und setzte ihn zum Frühstück in seinem Rollstuhl vor meinen besten Babysitter, den Fernseher. Ich stellte ihn an, und da erfüllte plötzlich diese volle, wohltönende Stimme den Raum und sagte: »Dies ist der Tag, den der Herr gemacht hat! Wir wollen uns freuen und fröhlich sein!« Die Sonne schien und ich dachte: »Warum eigentlich nicht? Es ist ein schöner Tag heute und auch Jeff scheint sich wohl zu fühlen. Sogar die Wäsche ist erledigt und mittags gibt es Braten!« Ich machte es mir auf der Couch bequem und hörte zu ...

Viele Sonntage legte ich Wert darauf, diesen Fernsehprediger zu sehen, weil er die Fähigkeit hatte, wenigstens einen Tag in der Woche in Ordnung erscheinen zu lassen. Jeff schien sich von seinem Lächeln und seiner Freundlichkeit angezogen zu fühlen und seine Botschaft zu verstehen. Nicht lange danach sagte er jeden Samstagabend zu mir: »Denk an die Hour of Power!« Wir waren beide ganz süchtig nach diesem Gefühl, uns gut zu fühlen! Bald war jeder Tag ein Tag, um sich zu freuen und froh zu sein. Wir scherzten oft miteinander, dass unsere Freude nur auf unser sonntägliches Frühstück mit Robert Schuller zurückzuführen sei. Jeff fing an, geistlich zu wachsen und an Weisheit zuzunehmen.

Wir sahen zu, wie Sie die »Crystal Cathedral« und den »Glaubensweg« bauten. Wir sahen zu, wie Ihre Kinder aufwuchsen und waren von der ersten Predigt des jungen Robert begeistert. Wir litten mit, als Ihre Tochter ein Bein verlor und verstanden gut, wie Sie sich fühlten. (Auch Jeff mussten beide Beine amputiert werden.) Damals lernte Jeff auch, dass er laut weinen und gleichzeitig »Halleluja« singen konnte, wenn der Schmerz zu groß wurde. Wir beteten für Ihre Frau, als sie krank war und hielten Wache für Sie, als Sie Ihre Operation hatten. Sie wurden mit der Zeit zu einem wirklich nahen Familienangehörigen.

Ich gewöhnte mir an, jeden Morgen in Jeffs Zimmer zu gehen und die Melodie zu singen: »Heute liegt ein wunderschöner Tag vor uns.« Manchmal sollte er zwar zu einem schrecklichen Tag werden, denn Jeff war oft im Krankenhaus und hatte wenige Dinge, die schön zu werden versprachen. Aber irgendwie hat Gott diese kleine Melodie in mein Herz gepflanzt, so dass wir es wenigstens versuchen konnten. Jeff lachte dann immer, zeigte mit seinem zarten Finger auf mich und sagte: »Ja, Gott liebt dich und ich liebe dich auch!« Er benutzte alle Ihre typischen Redewendungen in seinem Leben, wenn sie nur einigermaßen passend waren: »Schritt für Schritt wird alles zum Kinderspiel!« ... »Einfach immer weiter dran bleiben!«, und noch viele andere. Er hatte immer Stift und Schreibblock bereit liegen, um jeden Sonntag die Bibelstellen aufzuschreiben, damit er sie nachlesen und später noch einmal darüber nachdenken konnte. Er schrieb auch immer auf, was ihn am meisten angesprochen hatte.

Wir wünschten uns oft, dass wir genug Geld hätten, um unseren Namen auf einer der Fensterscheiben der Kathedrale eingravieren zu lassen oder um einen riesigen Scheck auszuschreiben, für den man uns öffentlich danken würde. Und der Adler – wie sehr wir diesen Adler liebten! Wir träumten auch heimlich davon, einen eigenen Kirchenstuhl zu kaufen. Und während wir uns darüber wunderten, wie schnell sich diese abnutzten, realisierten wir erst, wie lange wir schon diesen Sonntagsgottesdienst »besuchten«! Wir hatten nie Geld, aber irgendwie war es immer möglich, unseren winzigen Zehnten zusammen zu kratzen und unser Scherflein zu überweisen. Und der Segen nahm zu!

Eines Tages erhielt Jeff einen kostbaren Schatz! Sie schickten ihm eine kleine Medaille mit der Inschrift: »Wenn wir Schwierigkeiten begegnen ...« –

Sie wissen ja, wie es weiter geht. Er hat diese Medaille 17 Jahre lang getragen. Vor etwa 4 Jahren bekam sein Bruder Alkoholprob-

leme und war gezwungen, sich den Anonymen Alkoholikern anzu-
schließen. Ich war am Boden zerstört, bis Jeff seine Medaille nahm
und sie seinem kämpfenden, aber inzwischen trockenen Bruder
übergab. Dieser trägt sie immer in seiner Tasche mit sich. Aber das
war erst der Anfang.

Wir schickten gelegentlich kleine Gaben und erhielten immer
wunderbare Dankesbriefe dafür. Es war gerade Weihnachten, als
Jeffs erstes Bein amputiert werden musste. Aus keinem ersichtlichen Grund erhielt er am Morgen seiner Operation ein Päckchen
ohne Absender. Es enthielt eine wunderschöne goldene Glocke,
die man an den Baum hängen konnte! Wir vergaßen beide, Angst
zu haben, als er durch die Halle geschoben wurde und seine kostbare Glocke dabei fest umklammerte! Und das ist noch lange nicht
das Ende der Geschichte ...

Einmal kamen Sie nach Toledo, um eines Ihrer Bücher zu sig-
nieren. Jeff bat darum, hingebracht zu werden, was keine leichte
Sache war. Zu jener Zeit beschäftigte er sich gerade mit Töpfern,
und er machte noch ganz primitive Figuren. Aber er hatte einen
Hirten geformt, der gebrannt und mit Tonfarben bemalt war. Jeff
wünschte sich nichts mehr, als Ihnen dieses kleine Geschenk zu
überreichen. Unter Protest, aber dennoch mit viel Verständnis,
machte ich ihn fertig, setzte ihn in den Rollstuhl und kratzte das
Geld für das Buch zusammen.

Die Menschenschlange war unglaublich lange. Jeff umklammerte seinen Hirten und ich konnte beinahe spüren, wie sein Herz
vor Aufregung schlug, während ich von Kopf bis Fuß zitterte und
nach einer Toilette Ausschau hielt. Ich hoffte und betete, dass Sie
sein kleines Geschenk annehmen und ihm die Hand schütteln würden.

Und es geschah wieder – ein Mann in einem Anzug tauchte
wie aus dem Nichts auf, kam auf uns zu und sagte: »Folgen Sie
mir.« Wir wurden an der ganzen langen Schlange vorbeigeführt,
der Mann im Anzug drückte Jeff ein Buch in die Hand und schob
ihn vor Ihren Tisch! Ich erstarrte und konnte kaum glauben, was ich
da sah! Jeff streckte seine Hand aus und übergab Ihnen seinen Hirten. Ich spürte, wie die Aufregung in mir hochstieg.

Dann sah ich, wie Sie aufstanden, sich neben den Rollstuhl hin-
knieten und mit Jeff beteten. Ich weiß nicht, wofür Sie beteten, und
ich habe auch nie danach gefragt. Es sollte Jeff allein gehören. Wir
gingen weg mit einem Buch, das Jeff gewidmet war: »Mach nur

immer so weiter! Ich liebe dich, dein Robert Schuller.« Das war der Beginn dieser wunderbaren persönlichen Beziehung, die Jeff zu Ihnen hatte. Sie haben ihn so viel über Jesus gelehrt und wie er auf seinem Glaubensweg vorankommen kann, auch ohne Beine.

Jeff interessierte sich schon sehr früh für Kunst. Er begann zu malen und ging ganz in seiner Malerei auf. Sie war oft genug für ihn der Anlass, um aufzustehen, und sie gab ihm auch die Kraft, bis spät in den Abend hinein zu arbeiten. Er wurde von einem hier ansässigen Künstler, der inzwischen in Santa Fe sehr bekannt ist, dazu ermutigt, eine eigene Ausstellung zu machen. Allein der Gedanke entsetzte mich schon. Ich dachte: »Er ist viel zu krank dafür! Seine Ausbildung ist nicht ausreichend!« Lauter negative Gedanken, die ich aber für mich behielt. Ich ermutigte ihn zwar jeden Tag, wagte aber nie davon zu träumen, was passieren würde.

Bald hingen überall an den Wänden typische Schuller-Sprüche, die ihn dazu ermutigten, sein Ziel zu verfolgen. Ich warf einen kurzen Blick in sein Tagebuch und stellte fest, dass er sehr zuversichtlich war, was seine Ausstellung betraf. Er kämpfte drei Jahre lang mit Dutzenden von medizinischen Rückschlägen, einschließlich eines drei Monate dauernden Aufenthalts auf der Intensivstation. Seine Therapie danach bestand darin, dass er lernen musste, wieder einen Pinsel zu halten. Aber er gab nicht auf! Er machte einfach weiter! Ich kann mich nicht mehr an alle Einzelheiten erinnern, aber ich weiß, dass es eine ungeheure Aufgabe war, diese Ein-Mann-Ausstellung auf die Beine zu stellen. Ich war so stolz auf ihn, dass ich mir wünschte, es sollte großartig werden!

Als wir die Einladungen für die Eröffnung verschickten, sagte Jeff: »Vergiss Dr. Schuller nicht!«

Ich war völlig überrascht, lachte und sagte: »Jeff, ich glaube, du siehst deiner ersten Unmöglichkeit entgegen.«

Er antwortete: »Ich werde es dennoch tun«, und legte der Einladung einen Brief bei, in der Hoffnung, Sie würden sich vielleicht noch an jene kleine Tonfigur erinnern. Er informierte Sie auch darüber, dass er die Ausstellung »Wind unter meinen Flügeln« genannt hatte, in Anlehnung an die wunderbaren Worte Jesajas und seinen Glauben daran. Er hat fleißig auf dieses Ziel hin gearbeitet, getragen von der Inspiration, die er jeden Sonntag in sich aufnahm.

Ich lächelte und legte meinen mütterlichen Segen dazu, als ich den Brief in den Briefkasten einwarf. Ich erinnere mich noch, dass

ich dabei dachte: »Wir müssen den Glauben eines Kindes haben!«
Einige Wochen später kam ein Päckchen für Jeff an. Im beigefüg-
ten Brief drückte Dr. Schuller sein Bedauern aus, dass er leider zu
dieser Feier nicht kommen könne, da sie Sonntags sei. Aber er
hätte ein Geschenk für Jeff und hoffe, er würde seine Entschuldigung annehmen. Es war eine Statue des wunderbaren Adlers
»Freiheit«, die Jeff schon immer hatte haben wollen. Und unten im
Sockel waren die Worte eingemeißelt, nach denen er lebte!

Wie es so oft bei Jeff der Fall war, ging aber alles schief, was
nur schief gehen konnte. Anfang der Woche wurde er sehr krank,
aber er kämpfte zäh darum, bis Sonntag wieder gesund zu sein. Die
Bilder waren in der Galerie aufgehängt, die Einladungen waren
verschickt, das Essen war vorbereitet, und wir hatten anlässlich
dieses großen Ereignisses sogar einen Smoking für ihn bestellt.
Wir konnten unmöglich alles wieder absagen.

Ich ging voller Panik auf und ab und betete und betete! Am Freitag murmelte Jeff in seinen Schmerzen und in seinem Fieber voller
Verzweiflung: »Ich habe doch diesen Adler bekommen, nicht wahr?
Bis Sonntag werde ich fliegen!« Am Samstagabend, als ich das
Krankenhaus in völliger Verzweiflung verließ, bemerkte ich, dass
das Wetter umschlug. Dann kam ein Schneesturm! Um sechs Uhr
morgens war es draußen lebensgefährlich! Ich stand am Fenster
und weinte. Um sieben Uhr läutete das Telefon. Mein Herz setzte
beinahe aus, denn es war Jeffs Arzt. Er sagte, dass Jeff wohlauf und
sein Fieber gesunken sei. Er sagte, ich sollte meinen ältesten Sohn
ins Krankenhaus schicken, um den Smoking abzuliefern. Die Krankenschwestern würden Jeff ankleiden. Er hätte bereits den Krankenwagen angefordert und die Kanülen würden für den Notfall in
seinen Venen bleiben. Er sagte, dass er Jeff zusammen mit einigen
Krankenschwestern begleiten würde, und dass ich mich fertig machen sollte, denn ... die Ausstellung würde stattfinden!

Wenn ich zurückblicke, ist es mir unergründlich, wie das alles
passieren konnte! Jeff strahlte vor Glück, als er mindestens 150 Besucher begrüßte, die mutig genug gewesen waren, die tückischen
Straßen und den schweren Sturm auf sich zu nehmen. Und wieder
tauchten wie aus dem Nichts die Medien auf. Kanal 11 und Kanal
13 berichteten über die Ausstellung, und Kanal 11 kamen später
noch einmal zurück, um eine Geschichte über ihn zu senden. Die
gesamte Ausstellung von 24 Bildern wurde verkauft.

Als der Fahrer des Krankenwagens einen sehr erschöpften Jeff aus dem Rollstuhl hob und auf die Liege legte, um ihn wieder zurück zum Krankenhaus zu fahren, zeigte ein schmaler Finger auf mich. Er brachte es zustande, zu lachen und zu sagen: »O, ihr Kleingläubigen!« Wie sehr mussten wir da lachen!

Ich habe einige Zeitungsausschnitte beigelegt, die seinen Erfolg bestätigen und meine Geschichte als wahr belegen, aber auch, um damit ein wenig angeben zu können. Ich hoffe, Sie werden mir das nachsehen.

Ja, ich könnte ein Buch darüber schreiben. 27 Operationen, mit 10 Jahren immer noch Windeln, der Kampf mit den Beinschienen, und dann die Niederlage gegen die Skoliose. 18 Jahre lang Dialyse. Amputationen, Infektionen, Herzversagen. Das Wunder, dass vor dem Auge des aufmerksamen Chirurgen ein Nierenabszess auftauchte. Das Wunder, eine bakterielle Infektion zu überleben, die Jim Henson in der gleichen Woche tötete. Ich konnte diesen kleinen Bazillus in Jeffs Bauch am Werk sehen. Ich sah zu, wie Jeff kämpfte, um zu seiner Ausstellung zurückzukommen. Wieso starb er schließlich nach 35 Jahren, obwohl ihm die Ärzte zu Beginn nur drei Tage Überlebenschance gegeben hatten?

Ich denke, er war müde und zufrieden mit dem, was er erreicht hatte. Ich denke, er hatte bekommen, wofür immer Dr. Schuller mit ihm betete, als er seinen letzten Atemzug machte. Ich erzähle oft, dass er sich einfach zu Tode lachte ... Bei seinem Begräbnis vor zwei Jahren brachte ich irgendwie den Mut auf, den Ton anzugeben und Hoffnung statt Verzweiflung zu vermitteln und Freude statt Trauer zu zeigen. Wir feierten Jeffs neuen Geburtstag, als ich ihn Gott zurückgab.

Jeff zog die Menschen nur so an. Er war wirklich beliebt. Die wenigsten bemerkten überhaupt, dass er behindert war. Er hatte eine Art, dass sich andere bei ihm wohl fühlen konnten. Er hat sich alle Ihre Leitsätze angeeignet und Ihre ganze Philosophie in die Praxis umgesetzt. Wir hatten beschlossen, den Trauergottesdienst mit dem Lied »Wind unter meinen Flügeln« zu beenden ... Kein Auge blieb trocken, und auch ich weinte.

Ich habe am Kühlschrank einen Zettel mit der Aufschrift hängen: »Dies ist der Tag, den der Herr gemacht hat!« Meine größten Geschenke sind die Tagebücher, Jeffs Tagebücher. Sie sind voller Inspiration und Hoffnung. Sie bestehen vor allem aus einer Ansammlung von Sätzen, die ihm dabei halfen, glücklich zu sein und aus Auszügen Ihrer Bücher, die er gelesen und in seinem Alltag umgesetzt hat. Er schreibt oft: »Ich fühle mich so unnütz! Ich bin krank und müde ... Ich denke, ich kann es gar nicht mehr erwarten, von Dr. Schuller wieder einen Tritt in den Hintern zu bekommen. Ich will mein Bestes versuchen, um durchzuhalten und mich nicht aufzulehnen. Es wird alles gut werden – denn nichts ist unmöglich!«

Ich habe jetzt viel Zeit, auch zum Beten. Ich bitte täglich um Vergebung, dass ich manchmal so ungeduldig war und so wenig an Gott dachte. Aber meine Gebete verändern sich mit der Zeit. Ich habe fast nie mehr eine dringende Bitte. Es sind immer Gebete, in denen ich Gott für alles danke, was er mir gegeben und anvertraut hat. Ich danke ihm dafür, dass er mich getragen hat und erinnere mich genau an jede Einzelheit.

Diese Woche erhielt ich einen Brief von Jeffs ehemaligem Arzt, Dr. Ronald Shapiro. Es ist ihm gelungen, zwei von Jeffs Bildern ausfindig zu machen und zu erwerben. Er trägt sich mit der Absicht, sie im Wartezimmer des neuen Dialysezentrums in Toledo aufzuhängen. Als Zeichen der Anerkennung für Jeff und »um alle zu inspirieren, die hierher kommen.«

Ich bin so stolz darauf! Und ich danke Ihnen, Dr. Schuller, weil Sie mir halfen, sein Leben so wunderbar zu machen!

Gloria King hat sich nie in ihrem Schmerz vergraben. Ganz bestimmt nicht. Im Gegenteil, sie betrachtete ihn eher als eine Herausforderung des Lebens, sich einer Sache ganz hinzugeben und dafür aufzuopfern. Ihr Schmerz ist zu einem Heiligenschein für sie geworden.

Kapitel 3

Der tiefste Schmerz im Leben – im Stich gelassen zu werden

Ich lernte schon vor vielen Jahren, jeder Krise, jedem Schmerz und jeder Tragödie mit der grundsätzlichen Frage zu begegnen: »Was ist das Schlimmste, was mir zustoßen kann? Kann ich damit fertig werden?« Wenn ich das Schlimmste meistern kann, dann kann ich auch mit allem übrigen fertig werden!

Darum sollten wir fragen, was der allerschlimmste menschliche Schmerz ist. Meine Antwort heißt: im Stich gelassen zu werden. Wenn Sie es lernen, diesen Schmerz zu bewältigen, dann werden Sie dazu fähig, jeden Schmerz in etwas Gutes zu verwandeln.

Lassen wir als erstes einen Mann zu Wort kommen, der das Schlimmste erfuhr, was einem Menschen passieren kann, und es überlebte, um uns davon zu berichten.

Der Gastredner bei diesem Essen, zu dem auch ich eingeladen war, hieß Elie Wiesel. Er überlebte etwas, das als eine der entsetzlichsten Episoden der Geschichte bezeichnet wird, den Holocaust.

Hitler nannte es die »Endlösung«. Der fanatische Antisemit hatte den dämonischen Plan entwickelt, die gesamte jüdische Rasse auszurotten. Konzentrationslager wurden gebaut. Die Juden wurden wie Vieh auf Güterwagen verladen und in Gefängnisse transportiert – Alte, Junge und Kinder. Eine Nummer, die man auf ihrem Arm eintätowierte, ersetzte ihren Namen. Man brachte sie zum »Duschen« in Kammern, in denen sie systematisch mit Giftgas umgebracht wurden. Wissenschaftler, Ärzte, Rabbiner, Großeltern, Künstler, Musiker. Niemand weiß genau, wie viele umkamen. Man schätzt, dass über sechs Millionen Menschen vergast, verbrannt oder erschossen wurden oder verhungerten. Überladene Eisenbahnwaggons kamen aus ganz Europa an: aus Deutschland, Frankreich, Holland, Polen, der Tschechoslowakei, Ungarn und Österreich.

Es gab auch Überlebende. Der eine oder andere konnte sich retten und nach Amerika oder Israel, dem neuen Land der Juden, absetzen. Von diesen Opfern wurde nicht wenige zu meinen Freunden – allen voran der Psychiater Viktor Frankl.

Auch Elie Wiesel war ein Überlebender des Holocaust. Er war in jenen Tagen des unaussprechlichen Grauens von Leid, Schmerz und Tod umgeben. Er begann seine Rede: »Ich glaube, ich bin jeder Form von menschlichem Leid begegnet. Ich bin durch alles hindurchgegangen. Aber das Schlimmste von allem war mit dem Gefühl verbunden, dass niemand wusste, dass ich noch am Leben war. Ich war sicher, dass ich von jedem Menschen, den ich je gekannt hatte, aufgegeben worden war. Ich fühlte mich vollkommen verlassen – und das war der allerschlimmste Schmerz.«

Ja, von anderen aufgegeben oder im Stich gelassen zu werden ist das Schlimmste im Leben. Das sagten auch Kriegsgefangene, die man in Vietnam in Tigerkäfigen eingesperrt hatte. »Die schlimmste Folter bestand darin«, sagten sie später, »von den anderen Mitgefangenen isoliert zu werden und immer wieder von den Wärtern gesagt zu bekommen: ›Es glaubt keiner mehr daran, dass du noch am Leben bist. Sie haben dich alle vergessen!‹« Tag für Tag, Monat für Monat trug diese grauenvolle Vorstellung, von allen vergessen und aufgegeben worden zu sein, dazu bei, dass die Gehirnwäsche funktionierte. Aber es passierte immer wieder, dass Soldaten, die Zuflucht im Gebet nahmen, sich nie vollkommen im Stich gelassen fühlten. Sie glaubten, dass es irgendwo einen Gott gibt, der sie hören kann!

Sogar Kinder müssen diesen schwersten aller Schmerzen erleiden.

Menschen, die eine Hand ausstrecken

Leider findet man überall auf der Welt Kinder, die ausgesetzt werden. Bob Pierce war einer meiner besten Freunde. Er wurde schon in jungen Jahren Christ und wollte Missionar werden. Er studierte, wurde ordiniert und ging ganz allein nach China, um seinen Platz in der Arbeit für Gottes Reich zu finden. Als er einmal zu Besorgungen unterwegs war, fiel ihm einer Amerikanerin auf, die ein chinesisches Kind an der Hand führte. Sie sahen sich an, und die Frau sagte zu ihm: »Ich sehe, dass Sie Amerikaner sind. Welches Geschäft hat Sie hierher geführt?«

»Ich bin als Missionar hier«, antwortete er naiv.

»Missionar?!«, fragte die Frau. »Auch ich bin Missionarin der Reformierten Kirche. Mit welcher Missionsgesellschaft sind Sie hier?«

»Ich bete noch um Führung«, sagte er. »Ich suche erst nach einer Mission. Ich arbeite nur mit Gott zusammen.«

»Dann nehmen Sie dieses Kind. Es ist ein Waisenkind, das ausgesetzt wurde. Es gehört zu niemandem. Hier! Es gehört Ihnen! Sorgen Sie für dieses Kind!«

Sie legte einfach die Hand des kleinen Jungen in Bobs Hand und war in der Menge verschwunden! Aus dieser Begegnung entstand eine der angesehensten und größten Hilfsorganisationen der Welt, die sich um Waisen, Flüchtlinge und um von Hungersnöten betroffene Völker kümmert – »World Vision«. Gott streckte seine Hand nach einem namenlosen kleinen Waisenkind aus und benutzte dafür Bob Pierce's Herz und Hand. Dieses leidende und heimatlose Kind vertraute Bobs ausgestreckter Hand, und das wurde zum Beginn einer großen Sache. Ich kann mir gut vorstellen, dass die Engel im Himmel einen hellen Schein über Bob aufleuchten sahen, als das Kind seine Hand ergriff!

Ein anderer Freund, Bill Wilson, wurde als Kind selbst ausgesetzt. Bill erinnert sich daran: »Ich war noch ziemlich klein, als meine Mutter zu mir sagte: ›Lass uns einen Spaziergang machen!‹ Wir gingen auf der Straße, bis sie stehen blieb und zu mir sagte: ›Bleib hier sitzen. Rühr dich nicht von der Stelle. Ich bin bald wieder da ...‹ Ich wartete den ganzen Tag und die ganze Nacht. Ich schlief dort auf der Straße. Ich wartete drei Tage und drei Nächte, aber sie kam nicht zurück.

Dann beugte sich ein freundlicher Mann zu mir herab und fragte mich, was ich hier mache. Ich erzählte es ihm, und er sagte: ›Willst du mit mir mitgehen? Ich bin ein Sonntagsschullehrer. Komm mit. Es wird dir bei mir gefallen. Bist du hungrig?‹

Er gab mir zu essen. Er nahm mich zur Sonntagsschule mit, wo ich Geschichten über Gott und Jesus hörte. Ich wurde Christ. Und ich beschloss, mein Leben damit zu verbringen, ausgesetzten und verlassenen Kindern zu helfen.«

Das ist die wahre Geschichte Bill Wilsons, der die größte Sonntagsschule der Welt gründete, die sich auch um verlassene Kinder kümmert. Seine Schulbusse holen Tausende von Kindern ab, von denen viele nicht gewollt sind, um sie zu seiner Mission in den Elendsvierteln von New York zu bringen – jede Woche bis zu 20.000 Kinder. Bill fährt immer noch jede Woche selbst einen Bus, wenn er in der Stadt ist. Er fährt langsam, und seine Augen suchen die Bürgersteige und Durchgänge nach umherirrenden Kindern ab.

»Wissen Sie, wonach ich da suche, Dr. Schuller?«, fragte mich Bill. »Ich suche nach mir selbst!«

Bill Wilson hat seinen Schmerz in etwas Gutes verwandelt. Und das können auch Sie!

Gott ist ein Gott, der wach und aufmerksam überall auf der Welt die Straßen und Nebenstraßen absucht. Er lebt in Menschen aller Hautfarben, Kulturen und Überzeugungen und streckt seine Hand aus, um geistliche Waisen zu adoptieren und in seine Glaubensfamilie aufzunehmen.

Verlassen werden. Das ist ein Schmerz, den ich selbst nie erfahren habe. Aber mein bester Freund kennt ihn. Und er wurde durch den schrecklichen Schmerz, den er durchlitt und durch all das Gute, das aus diesem Verlassenwerden entstand, zum Allerwichtigsten in meinem Leben.

Der Name dieses Freundes ist Jesus.

Er wurde als Jude geboren und wuchs in einer anständigen jüdischen Familie auf. Er lebte seinen Glauben. Er wurde durch alle Jahrhunderte hindurch als moralisch und geistlich idealer Mensch anerkannt. Sein Leben kannte weder Selbstsucht noch Sünde. Er spürte jeden Schmerz, der mit Ablehnung, Trauer, Demütigung und Ungerechtigkeit verbunden ist, mit gebrochenen Knochen und einem Körper, der von Nägeln durchbohrt wird und langsam am Kreuz verblutet, aufgehängt zwischen zwei Kriminellen. Er starb im Alter von nur 33 Jahren in Schmach und Schande. Sein Körper hing nackt an diesem Kreuz. Er ging durch die Hölle auf Erden, als sein unschuldiges Herz aufschrie: »Mein Gott, mein Gott, warum hast du mich verlassen?«

Und der Gott, den er liebte, mit dem er lebte und dem er gehorsam diente, hat diese schmerzliche Frage nie beantwortet.

Warum? Das ist die Frage, die alle Unschuldigen in ihrem Schmerz in eine Dunkelheit hinausschreien, die tödlich still bleibt. Warum? Das ist eine Frage, die Gott nicht beantworten muss. Denn wenn wir Gott in unserem Schmerz und Leid nach dem Warum fragen, dann wollen wir im Grunde gar keine Antwort. Wir wollen weg von diesem dunklen Ort. Wenn uns Gott darauf eine Antwort gäbe, würde er sich in Argumente verstricken lassen. Seine Antwort würde uns nur zu weiteren Fragen provozieren: »Aber warum gerade ich? Das habe ich nicht verdient!«

Warum? Das ist eine ganz normale, verständliche und berechtigte Frage, aber das bedeutet nicht, dass sie auch *richtig* ist. Gott scheint Fragen, die mit Warum beginnen, grundsätzlich nicht zu beantworten. Der Grund, warum er der großartigsten Person, die je über diese Erde gegangen ist, erlaubte, diese Frage nach dem Warum zu stellen, liegt darin: Er wollte uns lehren, dass der allmächtige Gott diese Frage nicht zu beantworten braucht.

So lange dieses Warum unbeantwortet bleibt, sind wir gezwungen, Gott in Zeiten unergründlichen Dunkels voll zu vertrauen. Wenn der ewige Gott seinen Geschöpfen annehmbare Antworten auf das Leid gäbe, würden wir den Sinn des Leidens verstehen und immer mehr davon abhängig werden, es verstehen zu wollen. Wir würden süchtig nach diesen Gründen werden – und das ist ein Weg, der den Glauben verkümmern lässt.

Wir müssen zu einer geistlichen Reife finden, die dem quälend Unergründlichen mit einer positiven Haltung begegnet: »Gott, ich verstehe es nicht – aber ich will dir dennoch vertrauen.«

Unser Glaube wächst dadurch, dass wir Gott vertrauen lernen, auch wenn wir keinen Sinn sehen und keine Antwort bekommen. Winston Churchill, der während des Zweiten Weltkriegs Premierminister von England war, sagte einmal: »Ich kann mit allem umgehen und das Schlimmste ertragen, ausgenommen Geheimnisse. Ein Geheimnis ist etwas, das nicht zu akzeptieren ist.«

Falsch, Mister Churchill. Denn das ganze Leben ist ein Geheimnis!

Die eigentliche Realität ist ein Geheimnis.

Ein Geheimnis – was ist das?

Man spricht von einem Geheimnis, wenn es um Dinge geht, die nicht zu erklären sind.

- Ein Geheimnis – das sind Fragen, die nicht zu beantworten sind.
- Ein Geheimnis liegt dann vor, wenn wir Herausforderungen begegnen, die allen unseren Erfahrungen widersprechen.
- Wir sprechen von einem Geheimnis, wenn wir demütig zugeben müssen, dass wir nicht alle Antworten kennen oder manche von ihnen vielleicht falsch sind.

Ein Geheimnis ist ein Geschenk der Gnade Gottes. Seine Strategie liegt darin, unsere Persönlichkeit zur größtmöglichen Entfaltung zu bringen, indem er uns so formt, dass wir zu positiv denkenden Individuen werden. Das bedeutet, dass wir zu geistlicher Reife kommen und unser Charakter geformt wird, wenn wir »dran bleiben«, »vorangehen«, »geduldig warten« und »dennoch vertrauen«. Das ist der Prozess, der uns zu reifen Menschen macht! Darum ist jedes Geheimnis eine von Gott geschenkte Gelegenheit, zu einem besseren und geistlich reiferen Menschen zu werden.

Zu vertrauen, während wir uns mitten im Strudel von Unklarheiten befinden, die uns mitzureißen drohen, zeigt an, wie gesund wir in geistlicher, emotionaler und psychischer Hinsicht sind. Ein Geheimnis ist darum das Feld, auf dem sich ein starker Glaube entwickeln kann. Der Glaube wächst, indem wir ehrliche und intelligente Fragen stellen. Wie Alfred Lord Tennyson, der berühmte Dichter, sagte: »Glauben Sie mir, im ehrlichen Zweifel liegt mehr Glauben als in den meisten Glaubensbekenntnissen.«

Ein Geheimnis ist auch das Feld, auf dem Wissenschaft und Theologie einander begegnen können. Einer der größten amerikanischen Physiker der Geschichte, Dr. Edward Teller, war maßgeblich daran beteiligt, das Atomzeitalter einzuleiten. Es war genial, was er den Mitgliedern der Amerikanischen Akademie der Wissenschaften und 300 der besten Schulabgänger, die wir zu unserer jährlichen Konferenz eingeladen hatten, anvertraute. Dr. Teller saß da mit seinem vom Alter gebeugtem Rücken und balancierte den Gehstock auf seinen Knien, als er diese begabten Jugendlichen aufforderte: »Werdet Wissenschaftler, aber vergesst niemals, dass ihr nichts wisst!«

Sie sollten sich vor jedem hüten, der behauptet, alles zu wissen. Ein Geheimnis als letzte Realität zu akzeptieren bedeutet der Liebe Gottes auf die Spur zu kommen. Dann sind wir dabei, uns zu demütigen Menschen zu entwickeln! Dann haben wir alle Voraussetzungen, um zu vernünftigen und wissenschaftlich denkenden Menschen zu werden. Dann steht das Tor offen, um zu suchen und zu erkennen und die Kraft des Glaubens richtig einzusetzen – was der intellektuelle Stempel der Weisheit ist.

Dann können Sie zusehen, wie ein Geheimnis zu einem Wunder wird! Gehen Sie einfach in stillem Vertrauen weiter und Sie werden Ihr Leid in etwas Gutes verwandeln. Auch Jesus hat keine Antwort auf die Frage bekommen: »Mein Gott, mein Gott, warum hast du mich verlassen?« Aber er ergriff den Glauben auf höchstem Niveau. Er bezeichnete seinen Vater als »himmlischen Vater«. Er sagte noch einmal leise zu ihm: »Vater, in deine Hände befehle ich meinen Geist.« Und sein Schmerz wurde in ein helles Licht getaucht. Mit dieser positiven Reaktion auf sein schreckliches Leid wurde Jesus Christus für mich zu meinem heiligen Helden!

Ja, Helden sind Menschen, die auch im schlimmsten Leiden an der Hoffnung festhalten, selbst wenn sie keine Antwort auf so schwierige Fragen wie »Warum?« oder »Wo?« bekommen.

Die wirklich schwierigen Fragen

»Wo ist Gott?« und »Hat er mich verlassen?« sind zwei weitere Fragen, die im Allgemeinen von Leidenden gestellt werden.

Wo ist Gott, wenn ich seine Gegenwart nicht spüren kann? Er ist in anderen Menschen. Vertrauen Sie ihm! Er wird Ihnen Menschen schicken, die Ihnen in Liebe begegnen. Vielleicht sind das Menschen, die Sie noch nie zuvor getroffen haben. Haben Sie einen geliebten Menschen verloren – Ihren Vater, Ihre Mutter, Ihr Kind oder Ihren Ehepartner? Hat Ihnen der Arzt mitgeteilt, dass Sie Krebs haben? Musste Ihre Brust amputiert werden oder sind Sie an einer anderen unheilbaren Krankheit erkrankt?

Als Pastor kann ich immer wieder hören, wie erstaunt Menschen darüber sind, von wem sie einen Anruf oder einen Brief bekommen oder wer sie anspricht. »Als an meiner Arbeitstelle jemand, mit dem ich sonst gar keinen Kontakt habe, hörte, was ich gerade durchmachte, sprach er mich am Getränkeautomaten an (oder schickte mir eine Karte oder brachte Blumen oder einen Kuchen vorbei).«

Was bewegt diese Menschen dazu? Sie bringen für andere die tröstende Gegenwart Gottes zum Ausdruck. Wo ist Gott, wenn es uns am schlechtesten geht? Er sucht nach Menschen, die ihm erlauben, ihr Herz und ihren Verstand und ihre Hände zu benutzen, um ein anderes leidendes Herz zu berühren.

Wo ist Gott? Wo auch immer er ist, er hat sein Versprechen nicht vergessen: »Fürchte dich nicht, ich habe dich befreit! Ich habe dich bei deinem Namen gerufen, du gehörst mir! Musst du durchs Wasser gehen, so bin ich bei dir; auch in reißenden Strömen wirst du nicht ertrinken« (Jesaja 43,1–2; Gute Nachricht).

> »Gott wird nicht zulassen, dass Schwierigkeiten über uns kommen,
> es sei denn, er hat einen genauen Plan,
> wie er diese Schwierigkeiten in großen Segen verwandeln kann.«
>
> Peter Marshall, Autor, Pastor und Kaplan im Amerikanischen Senat

Meine Tochter Carol hat sich auf diese Verheißung berufen, als sie im Alter von 13 Jahren in einen Motorradunfall verwickelt wurde.

Der Unfall ereignete sich in Iowa, und ihr linkes Bein musste amputiert werden. Von Iowa aus wurde sie nach Kalifornien geflogen und in das Kinderkrankenhaus in Orange, Kalifornien gebracht.

Meine Frau und ich waren rund um die Uhr bei ihr im Krankenhaus, Tag für Tag und Nacht für Nacht. Wir schliefen im Sessel und legten unsere Beine über einen Stuhl. Wir ließen sie nie allein, einer von uns war immer da.

Dann musste sie noch einmal operiert werden. Eine schreckliche, schmerzvolle Infektion tobte in ihrem zerschmetterten Oberschenkel. Phantomschmerzen überfielen sie. Zusehen zu müssen, wie unser Kind, ein unschuldiges Opfer, litt, brach uns fast das Herz. Sie lebte zwar, aber ich musste an die Worte einer griechischen Tragödie denken, wo der überlebende Geliebte auf den toten Körper seiner Frau blickt und klagt: »Das, was dein Tod mir angetan hat [verlassen werden!], ist schlimmer als das, was er dir angetan hat!« Die Eltern eines Kindes leiden oft mehr als das Kind, um das sie sich kümmern.

Es war aber unvermeidlich, dass wir Carol eines Abends allein lassen mussten, weil wir nach Hause gehen und in einem richtigen Bett schlafen mussten.

Dieser Abend kam. Meine Frau sagte: »Carol, ich denke, du kannst es heute Nacht ohne mich schaffen. Drück auf die Klingel, wenn du etwas brauchst. Morgen früh bin ich wieder hier.«

»Oh, ich komme schon zurecht, Mutter. Du kannst ruhig zu Hause schlafen.«

So blieb Carol, die immer noch auf der Isolierstation war, zum ersten Mal nach mehreren Wochen allein in ihrem dunklen Zimmer zurück. Doch dann kroch eine morbide Angst in ihr hoch, verlassen worden zu sein und legte sich auf ihren schmerzenden Körper und auf ihre schmerzende Seele.

In Carols eigenen Worten: »Die medizinischen Geräte summten und piepten die ganze Nacht über. Ein abgedunkeltes Nachtlicht, das aus der Halle zu sehen war, wies darauf hin, dass die Aktivität hier nie zur Ruhe kommt. Dieses Licht kroch nun in mein Zimmer herein und griff mit dürren, gespenstischen Fingern nach dem einen Bein, das unter der Bettdecke lag.

Die künstliche Stille, die irgendwo zwischen dem Piepen und Summen auftrat, hatte ihre eigene Stimme. Du weißt, wie das ist, wenn es so still ist, dass diese Stille zu schreien scheint! Wenn die Einsamkeit so einsam ist, dass sie einem in Panik versetzt!

Ich hielt meinen geliebten Stoffhund fest umschlungen, der für mich lebendig war. Seine braune Samtnase war nass von Tränen. Voller Verzweiflung versuchte ich mich auf die Seite zu drehen und mir Zuversicht einzureden. Doch stattdessen entdeckte ich nur diese verzweifelte Sehnsucht in mir. Und dann kamen wieder völlig uneingeladen diese nassen, salzigen Tropfen, die den wahren Zustand meiner Seele aufdeckten. Immer mehr davon tropften auf ihre gewohnte Stelle, die abgewetzte, samtene Nase meines Stoffhundes. Sein Watteherz gegen mein menschliches Herz gedrückt, das unter all diesem Schmerz fast zerbrach, betete ich schlicht: ›Komm, Jesus! Jesus, komm!‹

Dann geschah plötzlich etwas Wunderbares, das alle Schrecken der Stille und Dunkelheit zum Schweigen brachte. Jesus kam. Und ich hatte das Gefühl, als würde er neben mir liegen und seine Arme um meinen zitternden Körper legen. Er blieb die ganze Nacht da. Ich kann auch jetzt nach vielen Jahren nachts immer noch seine tröstende Gegenwart spüren.«

Jesu Nachfolger glauben seit 2.000 Jahren daran, dass er gekreuzigt wurde, am Ostermorgen auferstanden ist und zu jedem kommt, der zu ihm ruft. Auch ich glaube daran und kann Ihnen versprechen, dass Sie sich mit diesem Glauben nie wieder verlassen zu fühlen brauchen.

Darum geben Sie nicht dem unbegründeten negativen Gedanken nach, dass es keinen Gott gibt – oder dass er Sie verlassen hat, weil er die drei schwierigsten Fragen, die wir ihm stellen können, nicht beantwortet:

- Warum ist gerade mir das zugestoßen?
- Wo ist Gott? Hat er mich verlassen?
- Wann wird dieser Schmerz vorüber sein?

Wir fragen oft: »Wann wird Hilfe kommen?« »Wann wird mein Schmerz endlich aufhören?« »Wann wird mein schwankender Glaube wieder fest werden?« Auch die Propheten des Alten Testaments haben immer wieder diese Frage nach dem Wann gestellt und sich gefragt, ob Gott sie verlassen hat.

Gott hat uns nicht versprochen, die Frage nach dem Wann zu beantworten, und zwar aus dem gleichen Grund, aus dem er auch die Frage nach dem Warum nicht beantwortet: Er weiß, dass wir seine Antwort weder verstehen noch akzeptieren würden. Wir würden nur darüber diskutieren, anstatt ihm geduldig und ruhig zu vertrauen. Aber Gott hört und beantwortet Fragen, die mit »Wie« oder »Was« beginnen. Solche Fragen suchen ehrlich nach Führung und Weisheit.

»Herr, wie kann ich damit umgehen? Wie kann daraus etwas Positives werden? Gott, wie kann ich wissen, dass du mich kennst und für mich sorgen wirst? Wie kann ich meinen Schmerz in etwas Gutes verwandeln? Wie wirst du mir helfen, dadurch zu einem besseren Menschen zu werden?«

Auch »Was?« ist eine Frage, die Gott oft beantwortet. Fragen, die mit »Was« oder »Wie« beginnen, sind demütige Fragen, die keine Diskussion provozieren, sondern eine aufrichtige Bereitschaft zeigen, sich von Gott führen zu lassen. Gott hat versprochen uns zu leiten, und er gibt uns oft einen leisen Wink vom Himmel her.

Führung durch einen Wink vom Himmel

Viktor Frankl, der zum Zeitpunkt seines Todes einer der führendsten Psychiater der Welt war, war ein wirklich ganz besonderer Freund für mich. Er wurde bekannt durch die von ihm entwickelte Logotherapie, die den Logos, also den Geist des Menschen in den Mittelpunkt stellt. Er glaubte, dass der Mensch im Gegensatz zum Tier als einziges Geschöpf auf der Erde mit einem Geist ausgestattet ist. Weil Menschen diese geistliche Dimension haben, glaubte Frankl, dass sich die Psychiatrie nicht nur auf Chemie oder Medikamente stützen dürfe.

Viktor Frankl, der ein Jude war, glaubte an Gott. Er lebte in Wien zu einer Zeit, als der Antisemitismus stark um sich griff. Jeder Jude musste einen gelben Judenstern tragen, auch Dr. Frankl selbst. Seine Eltern sagten zu ihm: »Viktor, sieh zu, dass du aus Wien wegkommst. In den Vereinigten Staaten wird an der Universität von Columbia eine Stelle ausgeschrieben. Bewirb dich darum, vielleicht wirst du genommen. Das könnte dein Leben retten.«

Frankl schickte seine Bewerbung ab. Einige Wochen später, als er seine Briefe am Postamt abholte, fand sich auch ein Brief aus Columbia darunter. Er öffnete ihn und las: »Ihre Bewerbung ... wurde angenommen.« Er war außer sich vor Freude. Er konnte entkommen! Die Nazis würden seiner Ausreise sicher zustimmen, wenn er einen Ruf an die berühmte Universität von Columbia hatte.

Auf dem langen Rückweg zu seinem Institut dachte er: »Diesen Brief habe ich allein meinen Eltern zu verdanken.« Und dann spann er seine Gedanken weiter: »Was wird aus meinem Vater werden? Was wird aus meiner Mutter werden? Soll ich sie allein zurücklassen? Kann ich sie wirklich verlassen?« Er betete, während er darum rang, ob er nach Amerika gehen sollte oder nicht.

Als er im Institut ankam, sagte ein Kollege zu ihm: »Viktor, ich habe etwas für dich. Als ich an der Synagoge vorbei kam, die vergangene Woche bombardiert wurde, habe ich ein Stück Marmor gefunden, das heil geblieben ist. Darauf steht der erste Buchstabe eines der zehn Gebote. Ich habe es auf deinen Tisch gelegt.«

Frankl ging in sein Büro, und dort lag auf seinem Schreibtisch, eingraviert in Marmor, der Anfangsbuchstabe des Gebotes: »Ehre deinen Vater und deine Mutter, damit du lange lebst in dem Land, das der Herr, dein Gott, dir gibt« (Exodus 20,12; Einheitsübersetzung). Frankl sagte: »Das war für mich wie ein Wink vom Himmel. Ich konnte meinen Vater und meine Mutter nicht verlassen.« Er zerriss den Brief aus Columbia, blieb in Wien und wurde von der Gestapo festgenommen. Aber er ehrte seinen Vater und seine Mutter.

Gleich nach seiner Festnahme wurde er aufgefordert, alle Kleider abzulegen. »Nackt ausziehen!«, befahlen sie, um zu sehen, ob er beschnitten war. Das war alles, was sie brauchten, um zu »beweisen«, dass er Jude war. Dann bemerkte einer der Gestapoleute, dass er einen Ehering trug. Er befahl ihm, den Ring abzunehmen und herzugeben. In dem Augenblick, als er den Ring vom Finger streifte, schickte Gott ihm den Gedanken: »Es gibt etwas, das mir kein Mensch wegnehmen kann, und das ist meine Freiheit, auf alles, was mir begegnet, auf meine Art zu reagieren.«

Die revolutionäre Kraft, die Viktor Frankl dazu veranlasste, auch auf schlimmste Leiden positiv zu reagieren, lag allein in diesem geistlichen Konzept. Er dachte: »Man kann selbst in der dunkelsten

Nacht noch einen Sinn entdecken.« In den folgenden schrecklichen Jahren, die er im Konzentrationslager verbrachte, entwickelte er eine überzeugende Philosophie der Psychiatrie, die er Logotherapie nannte.

Viktor Frankl überlebte den Holocaust. Es ist ihm gelungen, die Psychiatrie auf eine geistliche Ebene anzuheben. Er starb im Alter von 92 Jahren.

Der lange und schmerzliche Prozess, sein Leiden in etwas Gutes zu verwandeln, fing damit an, dass er »vom Himmel einen Wink« bekam, wie er es nannte.

Mutter Teresa, eine andere liebe Bekannte von mir, hörte auf den himmlischen Fingerzeig, sich der Verlassenen anzunehmen. Als Mutter Teresa in Indien starb, rief mich die Presse an, um zu fragen, wie ich sie kennen gelernt habe. Ich lernte sie zuerst durch die Bücher von Malcolm Muggeridge kennen, einem englischen Intellektuellen und hochdotierten Fernsehkommentator. Es gab eine Zeit, in der er ein ungläubiger, zynischer Atheist war. Dann hörte er von einer katholischen Nonne, die in Kalkutta ein Haus für Sterbende aufgemacht hatte. Neugierig, wie er war, ging er der Sache nach und hörte folgende Geschichte:

Als Mutter Teresa eines Tages die Straße entlangging, sah sie einen Sterbenden in der Gosse liegen. Alle machten einen Bogen um ihn herum. Nur die Ratten liefen über ihn hinweg. Man ließ ihn dort allein sterben. Er war von allen verlassen.

»Kein Mensch sollte allein sterben«, klang es Mutter Teresa in den Ohren. Dieser himmlische Wink ging der Nonne nicht mehr aus dem Sinn, die nur eine einzige Münze ihr Eigen nannte. Sie beugte sich hinunter und schleppte den Sterbenden in ein leerstehendes Gebäude, wo sie seinen schmutzigen Körper wusch. Sie streichelte sein fieberheißes Gesicht und blieb bei ihm. Als er starb, erlebte er den Frieden der Gegenwart Gottes, die von dieser einen Schwester ausstrahlte, die ihm Nächstenliebe erwies.

Als Malcolm Muggeridge Schwester Teresas Sterbehospiz besuchte, war er von der Spiritualität dieses Ortes vollkommen überwältigt. Er wurde »von der Liebe Jesu Christi ergriffen, die in diesen Schwestern der Barmherzigkeit lebt.« Er bekehrte sich still, klar und kompromisslos. »An diesem Ort bin ich Gott begegnet«, sagte er mir.

Jahre später sollte auch ich Mutter Teresa in ihrem Sterbehospiz in Kalkutta besuchen. Kein anderer Mensch trug mehr dazu bei, die

Aufmerksamkeit der Welt auf diese Verlassenen zu richten, als diese einfache, kleine Nonne. Sie lebte ganz unter der Herrschaft des Heiligen Geistes.

Sie sorgte nicht nur für einen Ort, an dem unheilbar kranke Menschen in Gottes liebender Gegenwart sterben können, sondern machte auch ein Heim für ausgesetzte Kinder auf. Zur Straße hin gibt es ein offenes Fenster für Leute, die ihre ungewollten Kinder dort ablegen können! Als ich dieses Waisenhaus besuchte, gab es dort über 400 Babys, Kleinkinder und etwas größere Kinder.

Wieder einige Jahre später begegnete ich Mutter Teresa dann in Mexiko, wo sie ein Heim für die Ärmsten der Armen errichtete. Bei diesem Besuch kamen wir auch auf die »Crystal Cathedral« zu sprechen. Mutter Teresa kannte die Geschichte, wie ich die Gemeinde mit einem einzigen Mitglied – meiner Frau – begonnen hatte. Die 500 Dollar, die ich besaß, reichten nicht aus, um einen Raum für den Gottesdienst zu mieten. In meiner Not wendete ich mich an ein Autokino, wo ich über 5 Jahre lang auf dem Dach der Imbissbude stehen und zu den Menschen in ihren Autos predigen sollte. Das sollte zu einer Zeit werden, die mich fürs ganze Leben festlegte, denn ich verliebte mich in die Sonne, in den Himmel, in die Vögel und sogar in den Regen, der auf meinen Schirm prasselte, während ich betete und predigte.

20 Jahre später brauchte ich ein Dach über unseren Köpfen, um 10.000 Mitglieder unterzubringen. Ich musste Geld aufbringen, um eine Kirche zu bauen. »Aber ich habe Heimweh nach dem Himmel«, sagte ich zu dem Architekten Philip Johnson. »Können wir nicht den Himmel durchscheinen lassen? Können wir nicht ein Dach aus Glas machen?«

Damit war die Idee geboren. Unsere »Crystal Cathedral« (Kathedrale aus Glas) sollte 10.000 Fenster bekommen. Wir würden durch diese Fenster die Sonne und die Bäume sehen können. Von außen würden diese Fenster wie Spiegel sein, welche die wirkliche Welt um uns herum reflektierten.

Gleichzeitig mit dieser Idee kam ein inspirierendes Gebet: »Herr, mach mein Leben zu einem Fenster, durch das dein Licht zu allen Menschen durchscheint, denen ich begegne. Oder zu einem Spiegel, der deine Liebe für alle widerspiegelt, denen ich begegne.«

Ich erwartete, von Mutter Teresa dafür kritisiert zu werden, dass wir so viel Geld für eine so große Kirche aus Glas ausgeben. Würde sie wie so viele andere Leute in Amerika sagen: »Warum gebt ihr das Geld nicht dafür aus, den Armen zu helfen?« Stattdessen bestätigte sie aber meine Mission: »Ich bewahre Menschen davor, dass sie physisch verhungern. Sie aber bewahren sie davor, dass sie emotional verhungern.« Dann fügte sie hinzu: »Dr. Schuller, ich hätte gerne eine Kopie dieses Gebetes. Bitte schreiben Sie es für mich auf.« Und sie reichte mir ein Stück Papier herüber. Ich schrieb das Gebet auf und gab es ihr zurück.

Nachdem sie es zusammengefaltet und in ihren Umhang gesteckt hatte, sagte ich: »Jetzt schulden Sie mir aber auch ein Gebet, Mutter Teresa!« Sie lachte und schrieb ein Segensgebet für mich auf, das ich zusammen mit ihrem Bild einrahmen ließ: »Blicke nur auf Jesus allein. Erlaube ihm, dich zu gebrauchen, ohne dass er dich zuerst darum bitten muss.«

Vertrauen Sie Gott, und irgendwie, irgendwann, durch irgendjemanden und auf irgendeine Art wird Gott mit Ihrer aus dem Lot geratenen, strampelnden Seele wieder Verbindung aufnehmen. Eine Tür wird plötzlich vor Ihnen aufgehen, und Sie werden sich nicht mehr verlassen fühlen. Das ist wahre Erlösung!

- Eine neue, kühne Idee wird plötzlich in Ihren Sinn kommen.
- Mitten in Ihren Nöten werden neue Möglichkeiten auftauchen.
- Fremde Menschen werden in Ihr Leben treten und zu Ihren besten Freunden zu werden.
- Ihr Glaube wird erneuert werden und zu wachsen beginnen.
- Auf geheimnisvolle Weise werden Wunder geschehen, allen Nöten zum Trotz.

Dann hat Gott sein herrliches Ziel erreicht! Dann ist es ihm gelungen, Sie zu einer wirklichen Persönlichkeit zu machen, zu einem Menschen, der geistlich stark geworden ist und gelernt hat, ihm zu vertrauen.

Wunden, die uns das Leben schlägt, wird es immer geben. Aber Sie werden in dieses verwirrende Dunkel blicken und wissen, dass daraus auch etwas Gutes entstehen kann.

Ihr Kreuz wird zu einer Krone werden. Und Sie werden begreifen, dass Gott gut ist, auch wenn das Leben nicht fair zu Ihnen ist.

Sobald Sie von Ihrer mentalen Fessel frei geworden sind, für alles Erklärungen und Beweise haben zu wollen, können Sie zu einem heilen und geistlich gesunden Menschen werden. Dann sind die Ketten des Zynismus zerbrochen. Sie werden offen dafür, sich nach aufregenden Möglichkeiten auszustrecken, noch ehe diese in greifbare Nähe gerückt sind. Ihr Denken wird offen und empfänglich für den größten Gedanken, der je ins Bewusstsein der Menschen getreten ist: Dass es trotz allem einen liebenden Gott gibt, der sich um uns kümmert!

Damit haben Sie einen neuen Lebensstil angenommen! Er heißt: im Glauben leben. Ja, das Geheimnis wird zu einem Wunder. Sie werden nie wieder verlassen sein, wenn Sie mit Ihrem Schöpfer mental, geistlich und emotional verbunden sind.

Nun können Sie jeden Schmerz und jedes Leid meistern!

Sie fühlen sich einsam und verlassen? Halten Sie Ausschau nach Menschen, in denen Gott lebt und die Gottes Liebe zu Ihnen bringen. Haben Sie Vertrauen zu ihnen. Und werden Sie eines dieser adoptierten Kinder in Gottes weltweiter Familie!

»Sie müssen nicht denken, dass ich unglücklich bin.
Was ist schon Glück oder Unglück?
Das hängt weniger von den Umständen ab, als davon,
welche Einstellung ein Mensch dazu hat.«

Dietrich Bonhoeffer

Kapitel 4

Umgang mit Leid und Schmerz

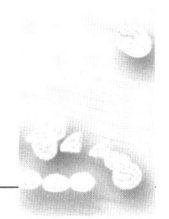

Früher oder später werden wir alle von unseren Freunden mit unserem Schmerz kluger- oder törichterweise allein gelassen werden. Sie sollten sich deshalb mit ihm anfreunden. Erlauben Sie ihm, dass er Sie zu einem freundlichen, mitfühlenden, liebevollen Menschen macht, und er wird zu Ihrem besten Freund werden, anstatt der schlimmste Feind Ihres Lebens zu sein.

Wenn Sie sich dazu nicht entschließen können, kann es sein, dass er immer mehr zunimmt.

Leiden sind normal und können bewältigt werden – es sei denn, dass es ihnen gelingt, Ihre Augen vom Ziel abzuwenden. Sie gehören zu unserem Leben dazu. Aber sie können unversehens zum unstillbaren Schmerz werden, der den menschlichen Geist in Zorn verstrickt. Als Pastor konnte ich diesen Zorn oft als Zorn gegen Gott in Erscheinung treten sehen. Er ist mit folgenden Dingen verbunden:

- schlechte Laune und Aggressivität
- Trotz (mangelnde Bereitschaft, persönliche Verantwortung für eigene Reaktionen zu übernehmen)
- Blindheit gegenüber dem Gesamtbild. (Der Schmerz ist nur Teil eines größeren Bildes)
- Fehlende Begeisterung. Aller Schwung und Elan ist weg

Ist Ihr Schmerz von dieser ungesunden Art? Wenn Ihr Schmerz unstillbar ist, wird er zu einer negativen und destruktiven Kraft in Ihrem Leben. Sie werden bewusst oder unbewusst versuchen, anderen Menschen weh zu tun, egal ob diese es verdienen oder nicht. Sie werden über jeden herfallen, der Ihnen zu helfen versucht. Dieser schreiende Schmerz ist ein hässliches äußeres Anzeichen, das Ihnen garantiert, dass er nicht heilen wird. Er wird sich kaum in etwas Gutes verwandeln.

Karen zog ihre Kinder so auf, wie es typisch für die 1960er Jahre war – vor allem mit der Philosophie, sich gut zu fühlen, und mit Werten, die alles für in Ordnung befanden, was anderen nicht schadete. Ihre Tochter Kelly war auffallend hübsch, und ihre hart arbeitende Mutter hielt große Stücke auf sie. Kelly besuchte die angesehenste Privatschule der Stadt und träumte von einem akademischen Abschluss. Karen nahm noch mehr Putzstellen an und verkaufte selbstgemachte Marmelade, um das Einkommen ihres Mannes aufzubessern, damit sie die Ausbildung ihrer Tochter bezahlen konnten. Karen hatte hochfliegende Hoffnungen für Kelly, die ein besseres Leben als sie haben sollte. Nichts konnte Karen auf den schlimmen Schmerz vorbereiten, den ihre Tochter sowohl verursachen als erleiden sollte.

Eine Reihe von unglückseligen Entscheidungen führte tragischerweise dazu, dass sich Kelly mit einem Drogendealer einließ. Was als harmlose Verabredung begann, führte zu einer ausgereiften Sucht. Wenn beide vollgepumpt mit Drogen waren, wurde sie von dem Mann, mit dem sie zusammenlebte, oft verprügelt. Kelly kam dann grün und blau geschlagen nach Hause und versprach, nie wieder zu ihm zurückzukehren. Aber nach ein paar Tagen tat sie es doch, verleitet von einem neuen Auto oder einer hohen Geldsumme, die sich stets als Beschwichtigungsritual in dieser gefährlichen Beziehung erwiesen.

Karen war völlig außer sich. Kelly war in einem liebevollen Zuhause aufgewachsen. Aber alles Bitten und Flehen, alles Eingreifen der Familie und alle Seelsorge brachte nichts. Was immer Karen auch tat, Kelly kehrte stets zu ihrem Liebhaber ins Drogenmilieu zurück, nur um ein oder zwei Wochen später weinend und mit blauen Flecken wiederzukommen.

Für ihre Mutter war das eine explosive Situation. Der Zorn, der aufgrund ihres Schmerzes in ihrem Inneren aufstieg, entwickelte sich zu einem wahren Monster. Sie konnte nicht arbeiten. Sie konnte nicht schlafen. Sie konnte nur mehr an eines denken: sich an dem Mann zu rächen, der ihre Tochter misshandelte.

Karen setzte ihre Gedanken in die Tat um. Sie stellte dem Freund ihrer Tochter nach. Sie tyrannisierte ihn. »Schlag mich doch!«, stichelte sie, »schlag mich und ich werde zurückschlagen!« Als sie einmal sein Auto auf einem Parkplatz fand, sprühte sie die Worte »Drogendealer« und »Schläger« darauf. Sie gab jedes Mal ihrem Zorn und ihrem Schmerz nach und ließ zu, dass er ihre Vernunft besiegte.

Diese tragische Geschichte hat weder ein gutes noch ein böses Ende gefunden. Sie dauert einfach weiter an. Die einst so vielversprechende Tochter lebt einfach vor sich hin und ist unfähig, einen Job zu behalten. Ihre Mutter sucht weiter nach Rache und hofft, die Situation so zuspitzen zu können, dass der Freund verleitet wird, eine Straftat zu begehen und ins Gefängnis zu kommen. Wann immer diese Mutter von ihrer Tochter spricht, funkeln ihre Augen vor Zorn. »Ich werde nie aufgeben«, sagt sie. »Eines Tages werde ich ihn kriegen!«

Es ist offensichtlich, dass Karens Schmerz übermächtig geworden ist. Sie weigert sich, diesen Zorn aufzugeben. Sie besitzt ihn und er besitzt sie. Sie kann vielleicht die Situation ihrer Tochter nicht verändern, aber sie könnte ihre eigene verändern. Sie könnte ihren Schmerz heilen lassen, aber so lange sie weiter um sich zu schlagen versucht, gibt es dafür kaum eine Chance. Ihr Schmerz erfüllt ihr Herz mit unbändigem Zorn.

Stellen Sie sich den folgenden Fragen, um festzustellen, ob Sie Ihrem Schmerz zu viel Macht über sich geben:

- Gestehen Sie Ihrem Schmerz zu, Ihr Leben zu beherrschen?
- Führt Ihr Schmerz zu Zorn, Eifersucht, Depression oder Entmutigung?
- Liegt Ihr Schmerz im Dunkel Ihres Unterbewussten begraben, wo er unerwünschte Dinge wie Ängste, Groll, Sorgen oder seltsame Launen auslöst?

Dann schreit Ihr Schmerz lauter als er dürfte, so wie bei einer führenden Persönlichkeit, die ich kenne.

Von Schmerz überwältigt

Ich kann seinen Namen nicht nennen. Seine Geschichte ist zu traurig, um sie der Öffentlichkeit preiszugeben. Ich kann nur darüber schreiben, indem ich einige Details verfälsche, um seine Anonymität zu wahren. Seine Wunde ist heute noch genauso frisch wie an jenem Tag vor Jahrzehnten, als die Sache passierte.

Es ist die Geschichte eines geachteten und allseits geehrten prominenten Mannes, dessen Lachen und dessen großen Geist viele kennen. Aber hinter seinem Lachen und seiner Fröhlichkeit versteckt sich ein tiefer Kummer.

Als er einmal vor Jahren beruflich in Europa zu tun hatte, erhielt er einen Anruf von seinem Sohn. Verzweifelt über anscheinend unlösbare Probleme in seinem Leben, versuchte er die Aufmerksamkeit seines Vaters auf sich zu ziehen. »Vater«, sagte er, »ich habe eine Pistole. Ich werde mich jetzt erschießen.«

Der Vater war entsetzt und geriet in Panik. »Nein, Junge!«, schrie er, als er in der Leitung einen Schuss hörte. Einen Augenblick lang blieb es still, und als der Vater weinte, hörte er seinen Sohn am Telefon sagen: »Alles in Ordnung, Papa. Ich habe mich nicht erschossen.«

Einige Stunden später rief der Sohn wieder an. Er quälte seinen Vater ein zweites Mal: »Diesmal werde ich es tun«, sagte er. »Ich werde mich erschießen.« Ein zweites Mal hörte er einen Schuss am Telefon. Und wieder hörte er den Sohn danach sprechen. Er war immer noch am Leben.

Der Sohn rief seinen Vater noch ein drittes Mal an. »Vater«, sagte er, »ich hasse mein Leben. Ich möchte, dass du nach Hause kommst. Ich brauche dich.«

Der Vater verteidigte sich: »Du weißt, dass ich jetzt nicht kommen kann. Ich muss arbeiten.«

»Gut, dann war es das jetzt wohl!«, erklärte der Junge. Und der Vater hörte ein drittes Mal den Widerhall eines Schusses. Diesmal sprach der Sohn nicht wieder. Und der Vater kannte die schreckliche Wahrheit. Als die Polizei eintraf, fand man die Leiche des Jungen. Im Raum fanden sich auch die Kugeln aus den beiden vorangegangenen Schüssen, die er mit voller Absicht in die gegenüberliegende Wand abgegeben hatte. Der dritte Schuss aber war ein direkter Kopfschuss gewesen.

Dieser traumatisierte Vater konnte den tragischen Verlust seines Sohnes nie ganz überwinden. Er wurde für ihn zu einem schwarzen Loch, das einen Teil seiner selbst für immer verschluckte.

Vor kurzem fragte ich ihn, ob sein Schmerz im Laufe der Jahre leichter geworden sei.

»Nein«, sagte er. »Es geht kein Tag vorbei, an dem ich mich nicht so fühle, als hätte mich jemand mit voller Wucht in den Magen geboxt.«

Ist Ihr Schmerz ein schwarzes Loch?

Wenn wir nicht aufpassen, kann unser Schmerz zu einem schwarzen Loch werden, das alle Begeisterung aus unserem Leben aufsaugt und alle neuen Träume erstickt, die Gott uns geben möchte.

Der Schmerz von Vietnam

Ich will ihm den Namen John geben. Er ging durch die Hölle des Vietnam-Krieges. Er kam zwar lebend nach Hause, hatte aber physische Narben und emotionale Traumata davon getragen. Die Anordnungen und Befehle seiner Vorgesetzten, die ihn in den Krieg schickten, hatten einen verbitterten Veteranen aus ihm gemacht. Von da an hasste er es, Anweisungen »von oben« entgegen zu nehmen und überwacht zu werden.

Diese negative Haltung wirkte sich auf alle seine Lebensbereiche aus, bis schließlich seine Ehe mit einer hässlichen Scheidung zu Ende ging. Sein Schmerz nahm immer mehr überhand, als er quer durchs Land von einem Job zum anderen zog.

Schließlich bekam John eine wunderbare Stelle in einem Pflegeheim angeboten. Aber selbst dort konnte er sein tiefsitzendes Unglücklichsein nicht überwinden. Als er in der Supervision beraten wurde, verstand er diesen Rat als Kritik. Er hielt es nie lange in einer Abteilung aus. Da er aufgrund der Gesetzeslage nicht gekündigt werden konnte, wurde er von einer Abteilung zur anderen geschoben. Bald stand er im Ruf, nur hohe Kosten zu verursachen. Zuletzt ließ man ihn als Hausmeister in einer isolierten Ecke Dienst machen. Er wurde mit seinem Schmerz und seinem Durcheinander an negativen Emotionen allein gelassen.

Er hatte seinem Schmerz erlaubt, so mächtig zu werden, dass er zu einem schwarzen Loch wurde.

John ist ein tragisches Beispiel für das unverschuldete Leid eines Menschen, dem ein Schlag versetzt wird, für den er nichts kann. Er konnte die Bilder des Todes und der Zerstörung, die in jungen Jahren auf ihn eingestürzt waren, nicht verarbeiten. Er konnte über die Schrecken des Krieges nicht hinwegkommen. Nein, dieser Kampf hatte ihn buchstäblich zerbrochen. Aber die größte Verletzung lag nicht darin, was der Krieg John angetan hatte. Die größte Verletzung lag darin, was John sich selbst angetan hatte. Er hatte seinem Schmerz erlaubt, ihn zu beherrschen. Er pflegte diesen Schmerz. Er hielt daran fest. Er verkroch sich in seinem Schmerz und benutzte ihn als Entschuldigung für alle seine Misserfolge. Wie konnte ihm dieser Schmerz noch mehr Schmerzen zufügen? Einfach dadurch, dass er zu einem tiefen schwarzen Loch wurde!

> Verletzungen befreien uns nicht davon, selbst die Verantwortung übernehmen zu müssen.

Ich werde oft zu einigen der schwierigsten Themen befragt, denen sich unsere Gesellschaft heute zu stellen hat, beispielsweise zu Selbstmord. Ich frage dann gern, ob dieses Thema dazu beitragen kann, den Schmerz in etwas Gutes zu verwandeln. Wenn nicht, dann vergessen wir die Sache!

Sterbehilfe kann in ein wirklich tiefes schwarzes Loch führen. Der bekannte Sterbehilfe-Befürworter Dr. Jack Kevorkian glaubt an die Schwachheit des menschlichen Geistes. An das Recht, aufzugeben. Er inspiriert andere bestenfalls dazu, nicht durchzuhalten, nicht auszuhalten und nicht tapfer zu sein.

Das Problem liegt darin, dass Sie und ich nicht wissen können, welche medizinischen Durchbrüche vielleicht schon um die Ecke auf uns warten. Welche schmerzstillenden Medikamente heute noch geprüft werden, die vielleicht morgen schon auf dem Markt sind. Welche Familienmitglieder oder Freunde uns heute zur Seite stehen, die es gestern noch nicht konnten. Wer sich um uns kümmern wird, an den wir gar nicht dachten.

> Sterbehilfe regt niemand dazu an, nach Höherem zu streben. Sie regt nur dazu an, aufzugeben!

Lassen Sie nicht zu, dass Ihr Schmerz zu einem schwarzen Loch wird!

- Verbietet oder verhindert Ihr Schmerz, dass Sie sich für etwas begeistern oder wieder neue Ziele ins Auge fassen?
- Liegt Ihr Schmerz in jenem tiefen, schwarzen Loch in Ihrem Unterbewussten heimlich auf der Lauer, um neue Träume und Sehnsüchte augenblicklich im Keim zu ersticken, noch ehe sie Ihre Fantasie beflügeln konnten?

Die meisten unserer wirklich schweren Schmerzen hören nie ganz auf. Sie liegen herum und warten nur darauf, wieder aufgeweckt zu werden – durch eine neue Beziehung oder ein neues Risiko, durch neue Enttäuschungen oder neue Möglichkeiten. Finden Sie sich damit ab und versuchen Sie den Schmerz mit einen neuen Inhalt zu füllen, wenn Sie ihn schon nicht beseitigen können. Geben Sie Ihrem Schmerz ein neues Herz.

Wir können unserem Schmerz ein neues Herz geben!

Unser Schmerz ist fast immer mit Schuldgefühlen vermischt: »Ach, hätte ich doch nur ...«, oder: »Ach, hätte ich doch nicht ...«. Für Menschen, die anderen oder sich selbst oder sogar Gott die Schuld an ihrem Leid zuschieben, ist es schwer, wenn nicht unmöglich, diesen Schmerz zu meistern!

Warum weichen intelligente Menschen ihrer persönlichen Verantwortung aus, dem Schmerz ehrlich und demütig ins Auge zu blicken? Vielleicht liegt die Antwort auf diese Frage in der Schuld. Das trifft nicht immer zu, aber oft ist es die richtige Antwort.

Nehmen wir an, dass unser Universum sowohl ein materielles wie ein geistliches Universum ist.

Nehmen wir an, es gibt einen Gott, der als kreatives Genie hinter diesem Universum steht.

Nehmen wir an, dass dieser Gott den Menschen seine rettenden Gedanken, seine konstruktiven Träume und kreativen Ideen schicken möchte, aber sie lehnen seine Zeichen und Hinweise ab, weil sie sich schuldig fühlen.

Was könnte Gott dann machen? Er könnte der Welt einen Retter aus der Ewigkeit schicken, der in der Lage wäre, mit jedem Menschen in Verbindung zu treten, eine Vertrauensbeziehung zu ihm aufzunehmen und den ganzen Müll seiner Schuld aus seinem Herzen wegzunehmen.

Das wäre eine Erlösungs-Software, die jeder menschliche Computer bitter nötig hat!

Nehmen wir an, dass dieser Erlöser jedem leidenden Herzen vergibt und es mit neuer Liebe füllt. Nehmen wir an, dass Jesus Christus unser Herz mit einer tiefen Liebe für andere füllt, die ebenfalls leiden.

Wir können unserem Schmerz ein neues Herz einpflanzen, indem wir unser leidendes Herz Jesus Christus geben!

Jede neue Vorstellung führt in eine neue Richtung! Und für den Dienst der Liebe taugen nur zerbrochene Herzen.

Strecken Sie sich danach aus. »Ich habe es gesehen ... und es ist mir nicht gleichgültig« – das ist der neue Geist, den Jesus Christus uns schenkt. Wir bekommen ihn durch die Wiedergeburt. Das passierte auch Sebastian Yeo, einem jungen Mann, der in Singapur im Gefängnis saß. Er hat seinen Schmerz verwandelt

Ich halte viel vom Gebet. Es hat in meinem Leben immer eine wichtige Rolle gespielt. Als Pastor, dessen Gottesdienste rund um die Welt im Fernsehen zu sehen sind, werde ich oft darum gebeten, für Menschen zu beten, die ich nie getroffen habe. Da ich weiß, dass unsere Gebete beantwortet werden, versuche ich mit und für Menschen zu beten, wann immer ich Gelegenheit dazu habe.

1997 erhielt ich einen Brief von einem Mann aus Singapur, dessen Bruder im Gefängnis saß, mit der Bitte, diesem jungen Mann zu schreiben und für ihn zu beten. Joe Yeo, der Absender des Briefes, informierte mich darüber, dass sein Bruder Sebastian im Todestrakt saß, weil er in Drogengeschäfte verwickelt war. Ich war schon oft in Singapur gewesen und darum war es kein Schock für mich, dass auf Drogenhandel die Todesstrafe stand.

Ich schrieb Sebastian Yeo wie gebeten ins Gefängnis und vergaß dann die ganze Sache. Doch vor kurzem erhielt ich einen weiteren Brief von seinem Bruder Joe. Darin informiert er mich, dass Sebastian tatsächlich hingerichtet wurde. Unter den Dingen, die sich in seinem Besitz befanden, war auch mein Brief. Das Erstaunliche an der Sache ist nicht, dass dieser junge Mann meinen Brief aufgehoben hat, sondern dass er nach seinem Tod für Millionen von Menschen zum Segen geworden ist. Wie ist das möglich?

Lassen Sie uns mit dem Anfang beginnen. Lesen Sie als erstes den Brief, den ich Sebastian 1997 schickte, und den er bis zu dem Tag aufbewahrte, an dem er hingerichtet wurde.

Lieber Sebastian Yeo,

es macht mich sehr traurig, zu hören, was Ihr Bruder Joe über Ihre Situation berichtet, in der Sie sich zur Zeit befinden.

Wenn wir Menschen von einer Tragödie betroffen werden, fragen wir oft nach dem Warum. Gott gibt uns keine direkte

Antwort auf diese Frage, aber er schenkt uns den Glauben, dass uns alles zum Guten dienen wird und dass wir jede Tragödie in einen Triumph verwandeln können. Ich wünsche Ihnen, dass Sie durch die folgenden Worte unseres Herrn getröstet und gestärkt werden:

»Ich bin die Auferstehung und das Leben. Wer mich annimmt, wird leben, auch wenn er stirbt.« (Joh 11,25; Gute Nachricht)

Ich kann mir Ihre Einsamkeit und Angst gut vorstellen, während andere über Ihre Zukunft entscheiden. Aber finden Sie Trost in dem Wissen, dass Gott allein unsere Zukunft in Händen hat. Er liebt Sie wirklich. Er könnte einen Engel schicken, um Sie aus dem Gefängnis herauszuholen. Oder er könnte Sie auffordern, alles bis zum Ende durchzustehen.

Sie sollen wissen, dass es Menschen gibt, die für Sie beten. Ich hoffe, dass dieser Brief Ihren Glauben stärkt. Geben Sie Ihren Glauben nicht auf! Halten Sie sich fest an dem Wissen, dass Gott sich um Sie kümmern wird!

Ich bete, dass Gott Sie tief in Ihrem Herzen berührt, dort, wo nur er hinkommen kann, und dass er Ihnen einen Frieden schenkt, den keiner von Ihnen nehmen kann!

Gott liebt Sie, und ich liebe Sie auch!

Robert H. Schuller

Und hier ist der Brief, den Sebastians Bruder mir schickte:

Lieber Dr. Schuller!

Am 14. November 1997 schrieben Sie auf meine Bitte hin einen Brief an meinen Bruder Sebastian, um ihn zu ermutigen. (Eine Kopie Ihres Briefes ist beigefügt.) Ich möchte Ihnen im Namen meiner ganzen Familie für diesen Brief danken.

Sebastian wurde, wie Sie sich vielleicht noch erinnern, am 8. Januar 1997 verhaftet und am 4. Juli 1997 wegen Drogenhandels verurteilt. Seine Berufung am 24. September 1997 wurde abgewiesen. Auch sein letztes Gnadengesuch an den Präsidenten von Singapur vom 22. August 1998 wurde abgelehnt. Das Todesurteil wurde am frühen Morgen des 28. August 1998 vollstreckt.

Als uns Sebastians persönliche Sachen am 28. August übergeben wurden, fanden wir Ihren Brief. Unsere ganze Familie ist sehr dankbar für den Brief, den Sie Sebastian schickten. Ich glaube, dieser Brief hat Sebastian im November letzten Jahres sehr ermutigt. Er hat auch uns sehr stark ermutigt. Wir haben Ihren Brief in unserem Bibelkreis vorgelesen, und er hat auch dort alle ermutigt.

Meinem Brief liegt eine Kopie von Sebastians Abschiedsbrief an unsere Familie bei und ein Foto, das zwei Tage vor seiner Hinrichtung aufgenommen wurde. Ich möchte Ihnen von den letzten Tagen und Stunden aus Sebastians Leben berichten, in der Hoffnung, dass es auch für Sie und Ihren Dienst zur Ermutigung wird. Es liegt mir am Herzen, Sie wissen zu lassen, dass Ihr Brief an jemanden, den Sie nicht kannten, der in einem fremden Land lebte und aus einer anderen Kultur kam, etwas Wunderbares bewirkte.

Montag, der 24. August 1998, war der Tag, an dem wir Sebastian besuchen durften. Er ahnte zu dieser Zeit schon, dass er bald danach abberufen würde. Er bestätigte uns, dass sein Gnadengesuch an den Präsidenten abgelehnt worden war und teilte uns mit, was wir zu erwarten hätten. Er wusste sogar, dass man ihn am kommenden Freitag am frühen Morgen hinrichten würde. Er fing an, mir Anweisungen zu geben, sagte mir, was er erwarten würde und was ich tun solle. Er wollte nach seinem Tod auch seine Organe spenden und brauchte dazu die Zustimmung unserer Mutter. Sebastian war, wie Sie sehen können, wirklich bereit, zu Gott zu gehen und seine irdischen Angelegenheiten in Ordnung zu bringen.

Unsere Familie bekam die Erlaubnis, ihn von Dienstag bis Donnerstag zweimal täglich zu besuchen, je zwei Stunden vormittags und nachmittags, wobei je drei Besucher erlaubt waren. Das schien viel zu kurz und nicht ausreichend zu sein, aber es hatte große Auswirkungen. In den nächsten drei Tagen ermutigte Sebastian unsere Familie und sprach voll Vertrauen darüber, dass er Gott persönlich kannte. Er ermahnte uns, Gott ganz zu vertrauen und tröstete uns, dass alles vorübergehen wird. Meine Mutter war durch Sebastians Glauben und sein Vertrauen auf Gott sehr getröstet! Es gab Tränen, aber auch großen Frieden. Sebastian betete für alle Familienmitglieder, die noch keine Christen waren. Alle die, die an Gott glaubten, ermahnte er, im Herrn zu wachsen.

In der letzten halben Stunde erlaubte uns der Gefängnisdirektor, dass wir zu sechst bei Sebastian sein durften. Mein ältester Bruder Isaac, ich, meine zwei jüngeren Brüder Kent und Jeremy, meine Mutter und Sebastians Verlobte Grace waren bei ihm. Gott gab uns die Kraft und die Gnade, mit Sebastian zu singen. Wir sangen »Amazing Grace«, »Majesty«, »In Christ«, »We Are One Family« und ein chinesisches Lobpreislied. Wir weinten, wurden aber durch die Lieder, die wir sangen, sehr getröstet. So verabschiedeten wir uns von Sebastian. Das war das letzte Mal, dass wir ihn lebend sahen.

Pastor Khoo, der Gefängnisgeistliche, erzählte uns später, dass Sebastian selbst auf dem Weg zum Galgen noch imstande war, mit ihm zu scherzen. Er sang unentwegt das Lied »Amazing Grace«. Pastor Khoo hatte Sebastian begleitet und getauft, und er ging mit ihm den ganzen Weg bis zum Galgen. Die letzten Gedanken meines Bruders galten seiner Mutter und seiner Verlobten. Als er seinen letzten Atemzug machte, war »Amazing Grace« auf seinen Lippen. Preis sei Gott!

Wenn wir auf Sebastians Foto blicken, das zwei Tage vor seinem Tod aufgenommen wurde, können wir sein Vertrauen, seinen Frieden und seine Bereitschaft sehen, zu Gott zu gehen. Auch sein letzter Brief bestätigt noch einmal sein Vertrauen. Er schreibt so, als würde Gott ihn führen und sicher und fest machen.

Unsere ganze Familie war sich darin einig, dass Sebastians Brief an uns ein Zeugnis war, das wir mit anderen teilen sollten. Wir hoffen, dass sein Brief dazu dienen kann, seinen Herzenswunsch zu erfüllen, Menschen zu erreichen, die verloren sind. Er wurde auch ins Chinesische übersetzt und wir legten ihn während der Totenwache aus, so dass ihn alle Familienangehörigen, Freunde und Verwandten lesen konnten.

Aus demselben Grund hoffen wir auch, dass Sebastians Brief für Ihren Dienst von Nutzen sein kann. Es war vielleicht keine allzu große Mühe für Sie, an Sebastian zu schreiben, aber es führte dazu, dass diese Sache bei Gott ein wunderbares Ende fand.

Mit herzlichen Grüßen im Namen unserer gesamten Familie,

Ihr Joe Yeo

Als Jesus Christus ins Herz, in die Seele und in den Geist Sebastian Yeos kam, hat er ihn wahrhaftig verändert. Es war eine wirkliche Bekehrung! Hat er deswegen auch die Strafe für die Verbrechen weggenommen, die Sebastian begangen hat? Nein, aber er hat Sebastian die Gnade und den Frieden geschenkt, sein Todesurteil mit einer Würde annehmen zu können, die nur Gott geben kann.

Hier ist Sebastians Abschiedsbrief, der in großen Mengen gedruckt und am Tag seiner Hinrichtung verteilt wurde. Er wurde auch in unserem Gottesdienst »Hour of Power« vorgelesen und in dieses Buch aufgenommen. Ich bin sicher, dass er von vielen Menschen rund um die Welt gelesen werden wird!

Hallo!

Wenn ihr diese Zeilen lest, werde ich schon seit ein paar Stunden bei Jesus sein. Ich möchte euch allen für eure Freundlichkeit, eure Liebe und eure Großzügigkeit danken. Ich bin stolz darauf, ein Mitglied dieser Familie zu sein. Wie ihr wisst, hätte ich fliehen können, während ich in Haft war. Wenn ich die Zeit zurückdrehen könnte, würde ich mich wieder dafür entscheiden, zu bleiben.

Ich liebe euch alle sehr. Ich kann Gott nicht genug für alles danken, was er für mich getan hat.

Meine Gelassenheit kam während der letzten paar Tage ganz natürlich über mich. Das hat mich so ergriffen, dass ich es kaum in Worte fassen kann. Ich versichere euch, dass ich kein einziges Mal Angst hatte oder etwas bedauerte. Gott schenkte mir Frieden und Humor und machte mich fröhlich. Es ist ein unbeschreibliches Gefühl. Ich kann an diesem Punkt meines Lebens nicht um mehr bitten. Gott hat die meisten meiner Gebete beantwortet.

Ich bin sicher, dass er auch euch durch alle diese Schwierigkeiten hindurchführen wird, wenn ihr ganz auf ihn vertraut. Aufgrund meines Vertrauens und meines Glaubens an Gott freue ich mich darauf, in seinem Königreich mit euch allen wieder zusammen zu sein. Für euch wird es vielleicht noch viele Jahre dauern, bis wir alle wieder im Himmel vereint sein werden. Mich trennt nur ein kurzer Augenblick davon.

Ich bete, dass Kent, Ricky und Rocky den Herrn finden und annehmen werden. Für alle anderen hoffe ich, dass sie Gott vor anderen bezeugen und in der Güte, Freundlichkeit und Liebe des Herrn wachsen, die niemals aufhören wird.

Bitte versichert Mutter, dass es mir gut geht. Ich bitte sie, nicht zu vergessen, was ich zu ihr sagte. Ich werde Gott bitten, dass ich euer Schutzengel sein darf, wenn das möglich ist.

Ich danke euch noch einmal dafür, dass ihr alles geregelt habt. Ich bin sicher, das Begräbnis wird großartig sein. Die Gegenwart des Herrn wird dafür sorgen, dass es ein angenehmes und tröstendes Ereignis sein wird. Ich liebe euch alle.

Lebt wohl – bis bald!

Sebastian Yeo, 26. 8. 1998

Ist das nicht großartig? Sebastian wurde alles voll und ganz vergeben! Er blickte dem Ende seines Lebens mit himmlischer Hoffnung entgegen!

Kann ich darauf vertrauen, dass Gott hält, was er in der Bibel verspricht?

Kann ich erwarten, dass meine Gebete erhört werden?

Kann ich sicher sein, dass mir vergeben ist?

Kann aus etwas Schlimmem etwas Gutes werden?

Kann sich mein Leid in etwas Gutes verwandeln?

Können meine Wunden zu leuchtenden Sternen werden?

Ganz bestimmt!

John Newton litt sehr daran, dass er in das schmutzige Geschäft
des Sklavenhandels verwickelt war. Als er sich bekehrte,
wurde er von seiner Schuld befreit und schrieb diese Worte:

»Amazing Grace!«

Unfassbare Gnade! Wie süß klingt dieses Wort für jemanden wie mich,
der grundverloren war, aber von Gott gefunden wurde,
der einst blind war, aber jetzt sehen kann!

Es war seine Gnade allein, die mein Herz das Fürchten lehrte,
und Gnade allein, dass ich sie wieder verlor.
Wie kostbar war diese Gnade für mich, als ich zum Glauben fand!

Es gab viele Gefahren, Mühen und Fallen, die zu überstehen waren.
Gnade allein hat mich bis hierher gebracht, und Gnade wird
dafür sorgen, dass ich sicher nach Hause komme.

Der Herr hat mir Gutes versprochen, sein Wort ist voll von Hoffnung
für mich. Er wird mich schützen und leiten, solange ich lebe.

John Newton (1725-1807)

Zehn Gebote für Leidende

Meine zehn Gebote für Leidende fangen wie die zehn Gebote im
Alten Testament mit den Worten an: »Du sollst« oder »Du sollst
nicht.« Sie bestehen aus jeweils fünf Aufforderungen an Leidende,
etwas zu tun bzw. nicht zu tun. Diese Dinge sind eine wesentliche
Voraussetzung dafür, dass Heilung eintreten kann.

Betrachten Sie diese zehn Regeln als einen Zaun, den Sie um
Ihren Schmerz hochziehen sollten, um Ihren verwundeten Geist in
seinem schwachen und verletzlichen Zustand zu schützen.

1. *Sie sollten, was auch immer Sie tun, keine vorschnellen und
unwiderruflichen negativen Entscheidungen treffen, wenn Sie
von einem Schicksalsschlag getroffen werden.* Sie sind verletzt. Sie sind zur Zeit nicht gerade stark. Sie sind vielleicht sogar

besonders schwach. Sie sind einfach in keiner guten Verfassung, um Entscheidungen zu treffen. Sie sollten auf keinen Fall negative Entscheidungen treffen, wenn Sie am schwächsten sind oder sich am schlechtesten fühlen! Jedem Jagdflieger wird im Krieg beigebracht: *Rühr dich nicht von der Stelle, wenn du getroffen wirst! Greif nichts an! Bleib sitzen und denke!*

Nichts tun? Wenn man Blut verliert, sollte man sich natürlich darum kümmern. Und die Blutung unterbinden – sofort. Doch dann nehmen Sie sich zusammen. Sie können! Sie müssen nichts tun. Atmen Sie tief durch. Bleiben Sie sitzen und denken Sie nach!

2. *Sie sollten die Sache nicht emotionalisieren!* Sie sind natürlich in Gefahr, von Ihren Gefühlen überwältigt zu werden. Zorn, Schuld, Angst, Scham, Verlust des Selbstwertgefühls, Depression – es ist ganz normal und natürlich, wenn Sie in Ihrem Schmerz von solchen Gefühlen überschwemmt werden.

Sie sollten diesen Gefühlen aber nicht die Herrschaft über Ihre Gedanken überlassen. Sie dürfen diesen verführerischen Geistern nicht vertrauen. Natürlich können und sollen Sie Ihre Gefühle zum Ausdruck bringen. Weinen Sie sich ruhig aus. Drücken Sie aus, wie schlecht Sie sich fühlen. Was immer Sie tun, Sie sollten den Kummer und Zorn aber nicht in sich hineinfressen und vorgeben, sich gut zu fühlen! Vertrauen Sie diese negativen Gefühle Ihrem besten Freund, Ihrem Pastor oder Seelsorger an. Bleiben Sie ehrlich. Täuschen Sie nichts vor, unterdrücken und verfälschen Sie diese schmerzlichen Gefühle nicht!

Aber emotionalisieren Sie die Sache nicht – und fällen Sie keine vorschnellen Urteile über sich selbst (»Ich bin ein schrecklicher Sünder«, oder: »Ich bin ja so dumm«). Wenn es eine Zeit in Ihrem Leben gibt, in der Sie einen kühlen Kopf bewahren und nicht mit Ihrem verletzten, zerbrochenen, blutenden Herzen entscheiden sollten, dann jetzt.

3. *Sie sollten den Schmerz nicht zu persönlich nehmen.* Es kann sein, dass Sie Ihren Schmerz persönlich nehmen sollten, aber nicht jetzt. Dazu wird später Zeit sein, wenn es angebracht ist.

Sie wurden von Ihrer Firma gekündigt? Die große Liebe Ihres Lebens hat Ihnen den Laufpass gegeben? Die größte Herausforderung für Sie liegt nun darin, nicht Ihrem brennendem Herzen, sondern Ihrem klugen Kopf zu folgen. Denn wenn Sie ein guter und aufrichtiger Mensch sind, dann suchen Sie die Schuld lieber bei sich selbst als bei anderen, obwohl vielleicht ganz andere Umstände, Mächte oder Personen daran Schuld haben. In einer schnelllebigen Welt wie der unseren, in der sich Kulturen verändern, die Wirtschaft ständig in Bewegung ist, Beziehungen keinen festen Bestand und Werte keine Geltung mehr haben, sollte man vorsichtig sein. Nehmen Sie Dinge nicht zu schnell persönlich. Einen Schmerz im Herzen zu fühlen, bedeutet nicht, dass wir ihn auch auf unsere Schultern nehmen müssen.

Lassen Sie sich Zeit damit, die Schuld auf sich zu nehmen. Aber zögern Sie nicht, neue Ziele anzustreben. Überprüfen Sie Ihre Ziele. Und träumen Sie neue Träume.

4. *Sie sollten Dinge nicht schlimmer machen, als sie sind.* Die erste Reaktion auf eine schmerzliche Erfahrung besteht oft darin, sich dem Schmerz zu überlassen – und ihn schlimmer zu machen, als er ist! Sie sollten die Sache keinesfalls übertreiben.

Einer meiner großen Vorbilder als geistlicher Leiter ist Bischof Phillip Brooks. Er ist vor allem als Autor des Liedes »O kleine Stadt von Bethlehem« bekannt, das er an einem Weihnachtsabend schrieb, den er einsam bei den Schafen auf einem Hügel außerhalb von Bethlehem verbrachte, als er an den Folgen eines Nervenzusammenbruchs litt.

Eines Morgens bekam Phillip Brooks einen verzweifelten Anruf von einem Gemeindeglied. Dieser Mann, einer der angesehensten Akademiker Bostons, war völlig aufgelöst. »Pastor, haben Sie die Morgenzeitung gelesen? Ich bin ruiniert!« Und dann erzählte er Bischof Brooks die ganze Geschichte.

Nachdem er geendet hatte, sagte der Pastor: »Nun, erstens: Ich habe die Morgenzeitung nicht gelesen. Das mache ich nie. Mehr als die Hälfte aller Leute in dieser Stadt lesen sie nicht. Sie lesen nur die Abendzeitung.

Zweitens: Von allen, die diese Zeitung in die Hände bekommen, wird nur ein Teil diesen Artikel lesen.

Drittens: Wer diesen Artikel liest, ist entweder zu Ihren Freunden oder zu Ihren Feinden zu zählen. Über Ihre Feinde brauchen Sie sich nicht den Kopf zerbrechen, denn diese sind ohnehin nicht auf Ihrer Seite. Und die Freunde, die ihn lesen? Die weisen und überlegten unter ihnen werden ihn nicht glauben. Sie werden Ihre Verteidigung übernehmen, noch ehe Sie wissen, wie Ihnen geschieht!

Ja, man hat Sie tief getroffen und verletzt. Aber ruiniert sind Sie deswegen keineswegs!«

5. *Sie sollten ihr Leben nie von negativen Fakten, negativen Personen, negativen Ängsten oder einem negativen Glauben beherrschen lassen.* Ein negativer Glaube? Ja, der Glaube kann positiv oder negativ sein. Ein negativer Glaube liegt dann vor, wenn Sie glauben, dass Gott über Sie zornig ist. Ein negativer Glaube nimmt an, dass Sie für Ihre Sünden bestraft werden. Weisen Sie diese Vorstellung von sich. Gott hat kein Gefallen daran, Sie leiden zu sehen.

Gott liebt Sie, und er ist Ihnen mit seiner Planung immer ein paar Schritte voraus, um Sie zu retten und Dinge vorzubereiten, die Sie stärken werden!

Überdenken Sie diese fünf Punkte, die Sie nicht tun sollten. Gehen Sie diese noch einmal durch, bevor Sie zu den nächsten fünf Punkten weiter gehen.

»Du sollst ...«

1. *Sie sollten Ihre Werte überprüfen.* Als ich zu meinem Auto ging, das auf einem großen Parkplatz abgestellt war, kam ich an einem weißen Rolls Royce-Kabriolett vorbei, das in der Nähe meines Autos parkte. Neben der Autotür sah ich auf der Beifahrerseite eine elegant gekleidete ältere Dame stehen. Ein gepflegter männlicher Begleiter stand neben ihr.

Ich habe dieses Bild immer noch vor Augen. An ihrer linken Hand blitzte ein riesiger Diamant. Die rechte Hand zeigte auf die Tür ihres Luxuswagens. Ihr Zeigefinger wies auf einen etwa vier Zentimeter langen Kratzer im Lack. Missmutig sagte sie zu ihrem Begleiter: »Das Leben ist doch die Hölle, nicht wahr?«

Sind das auch Ihre Werte? Oder kommt Ihr Wertesystem eher dem eines Engländers gleich, den ich einst kannte?

In der zweiten Hälfte des 20. Jahrhunderts gab es in literarischen Kreisen einen Mann, der sich von allen anderen abhob. Sein Name ist Malcolm Muggeridge. Erinnern Sie sich noch daran, wie er zum Glauben kam, als er Mutter Teresa begegnete? Auf dem Höhepunkt seiner Karriere waren sein Name und sein Gesicht in London bekannter als das der Queen.

Ich kann mich noch gut an meinen letzten Besuch bei ihm in seinem winzigen Landhaus in Sussex, England, erinnern. In seinem kleinen Wohnzimmer hatten nur vier Stühle Platz (von denen keiner zum anderen passte!) und ein winziger Tisch, der vollkommen zerkratzt, aber stabil war. Seine Frau brachte uns Tee. Keine der Tassen oder Untertassen passte zueinander. Sie waren angeschlagen und verblichen.

»Was für ein guter Tee!«, sagte ich mit ehrlicher Begeisterung.

Seine Augen funkelten. Wir lachten. Wir verbrachten eine wunderbare, unterhaltsame und anregende Zeit miteinander. Welchen Spaß und welch gute Gemeinschaft hatten wir, als wir uns hauptsächlich über die Geschichte der Welt und über Jesus Christus unterhielten.

Beim Abschied kam mir der Gedanke, dass Muggeridge sicherlich nicht übermäßig leiden würde, sollte sein kleines altes Landhaus abbrennen. Ich konnte mir sogar vorstellen, dass er lebensbedrohlich erkranken könnte und vermutlich imstande wäre, mit einem Lächeln auf den Lippen damit umzugehen.

Was also sind Ihre Werte? Sind Sie ein Materialist? Ein in sich selbst verliebter Mensch? Ein sozialer Aufsteiger? Ein Machtmensch? Sind Sie ein rein säkulares, sinnliches, sexuelles Wesen ohne hohe geistliche oder moralische Werte? Ich denke nicht, sonst würden Sie dieses Buch nicht lesen. Überprüfen Sie jedoch Ihre Werte immer und immer wieder.

Vergessen Sie nicht, dass die zehn Gebote zehn Regeln waren, die Gott dem Volk Israel gegeben hat, um sie vor wirklich schlimmem Schaden zu schützen.

Unsere Werte entscheiden über unser Schicksal. Als ich vor vielen Jahren auf dem »Hope College« die Psychologie entdeckte, war ich sehr begeistert. Ich wollte Pfarrer werden, aber für kurze Zeit fragte ich mich, ob ich den Menschen als Psychiater nicht vielleicht mehr helfen könnte. Ich besprach meine Bedenken mit meinem Professor, der zu mir sagte: »Du solltest eines nicht vergessen, Bob. Psychologen und Psychiater müssen unter einem ethischen System arbeiten, das ihnen verbietet, ihren Patienten die eigenen Werte aufzudrängen. Wenn du Pfarrer wirst, wirst du wahrscheinlich größere Freiheiten haben. Ich bin sicher, dass viele menschliche Probleme auf falsche Werte zurückgehen, und du hättest die Freiheit, so an deren Wurzeln heranzukommen.« Damit war meine Berufswahl besiegelt!

2. *Sie sollten auf Stimmen hören, die Sie vielleicht noch nie zuvor hörten.* Öffnen Sie sich für die Möglichkeit, dass es einen lebendigen Gott gibt, der Sie liebt. Vielleicht versucht Gott schon lange, mit Ihnen Verbindung aufzunehmen und Ihrem Glauben zu einem plötzlichen Durchbruch zu verhelfen. Aber Sie wollten das nie als Realität betrachten. Es gibt so viele Welten innerhalb dieser Welt, und die besten und klügsten unter uns sind mit vielen Realitäten unseres Universums vielleicht noch nie in Berührung gekommen.

Wer immer Sie sind, wo immer Sie sind, was immer Sie sind – ein Gläubiger, ein Atheist oder ein Agnostiker – ich möchte Ihnen sagen, was ich wirklich glaube. Es gibt einen Gott! Dieses ewige, geistliche Superwesen, das wir Gott nennen, hat seit Ihrer Geburt unzählig viele Schritte unternommen, um mit Ihrem Geist in Verbindung zu treten.

Achten Sie einmal bewusst auf die positiven Gedanken, Stimmungen, Gefühle, Impulse, Erinnerungen und Vermutungen, die ständig in Ihr Bewusstsein kommen. Etwas, das dazu beiträgt, unser Lebensgefühl anzuregen, könnte sehr wohl eine Botschaft Gottes sein. Diese Lebendigkeit könnte ein Hinweis auf die Gegenwart Gottes in uns sein!

Die Bibel erhebt den Anspruch, Gottes Stimme und Gottes Wort für die Menschen auf dieser Erde zu sein. Dort lesen wir: »Und das sollt ihr wissen: Ich bin immer bei euch, jeden Tag, bis zum Ende der Welt« (Matthäus 28,20; Gute Nachricht). Gott kann Sie zu etwas inspirieren oder Gedanken und Gefühle zu Ihnen schicken.

Bei sechs Milliarden Menschen auf dieser Erde hat Gott die Möglichkeit, auf ein großes Kommunikationsnetzwerk zurückgreifen zu können. So lange wir etwas sehen, hören oder wahrnehmen können, so lange wir von einem anderen Menschen auf irgendeine Art beeinflusst werden können, kann es sein, dass uns Gott damit eine Botschaft schickt. Er kennt uns alle und kümmert sich voller Mitgefühl um jeden von uns. Er will mit uns Verbindung aufnehmen, auch wenn wir nicht an ihn glauben oder uns nicht um ihn kümmern. Öffnen Sie sich dafür, dass Gott in allem und jedem zu sehen und zu hören ist.

3. *Sie sollten Ihr Leid weniger als ein einzelnes Ereignis, sondern eher als einen Prozess betrachten.* Leid ist nichts, das man so einfach abhaken könnte, denn es dauert an. Seine Konturen werden sich im Laufe der Zeit aber verändern. Darum ist es äußerst wichtig für Sie zu verstehen, dass Ihre Reaktion mehr als alles andere auf der Welt die Macht hat, das Aussehen dieses Schmerzes zu formen, der Sie getroffen hat.

Das ist auch der Grund, warum positive Aussagen so wichtig sind. Versuchen Sie zu denken: »Ich kann die negativen Auswirkungen dieses Schmerzes auf mein Leben verringern.« Oder: »Ich kann mein Leid so verändern, dass aus einem Feind ein hilfreicher Freund wird.«

Veränderungen sind unvermeidlich. Sie verändern sich. Die Welt um Sie herum verändert sich. Der Kreis Ihrer Bekannten und Freunde verändert sich. Auch die Perspektive, aus der Sie Ihre schmerzliche Erfahrung betrachten, wird sich verändern! Ihre Bedürfnisse werden sich ändern. Ihre Wünsche werden sich ändern. Es ist absolut sicher, dass die Wahrnehmung Ihres Schmerzes ebenfalls ein Prozess ist, der in Bewegung ist. Glauben Sie daran!

Vergessen Sie nicht, was Jesus uns versprochen hat: »Wenn euer Glaube auch nur so groß wie ein Senfkorn ist, dann wird euer Berg in Bewegung geraten, und nichts wird euch unmöglich sein« (Matthäus 17,20; freie Übersetzung des Autors).

Unser Leid ist ein Berg, der ständig in Bewegung ist!

4. *Sie sollten sich fragen: Was ist das Schlimmste, das mir passieren kann?* Glauben Sie, mit all Ihrem Glauben, dass Sie in der Lage sein werden, auch das Schlimmste zu meistern! Denn viele Tausende Menschen sind schon vor Ihnen diesem Schlimmsten begegnet. Sie wurden keineswegs davon überwältigt, sondern haben diese Dinge oft besiegt. Darum werden auch Sie, sollte dieses Schlimmste tatsächlich eintreffen, auf eine geistliche Kraft stoßen, die in Ihnen ist!

Gott schickt uns nicht mehr, als wir ertragen können – das haben schon unzählig viele Menschen bezeugt, die Schreckliches durchleiden mussten. Was wir Menschen jedoch nicht ertragen können, das sind Rätsel und dunkle Geheimnisse. Darum holen Sie Ihren Schmerz und Ihre Angst aus diesem unzuverlässigen Herrschaftsbereich negativer und übertriebener Vorstellungen heraus, indem Sie fragen: »Was ist das Schlimmste, das mir passieren kann?« Setzen Sie sich damit auseinander, denn als ein von Gott inspirierter Mensch sind Sie sogar dem Schlimmsten gewachsen! Damit werden Sie eines Tages schließlich auch dem Tod ins Auge blicken können, was für uns alle unvermeidlich ist. Wir sind auch darauf vorbereitet, weil Jesus Christus, unser Herr, dieses dunkle Tal schon vor uns durchschritten und uns gezeigt hat, wie wir es wieder verlassen können.

5. *Sie sollten die vor Ihnen liegenden Möglichkeiten in positivem Licht sehen!* Wie kann man das machen? Blicken Sie auf das, was Ihnen geblieben ist, und nicht auf das, was Sie verloren haben. Was ist Ihnen geblieben? Ihre Familie? Ihre Freunde? Die Freiheit, neue Beziehungen einzugehen, neue berufliche Entscheidungen zu treffen, Ihre Werte neu zu ordnen? Hören Sie auf die Stimme in Ihrem Inneren, die zu Ihnen spricht: »Komm, es ist Zeit, dich wieder auf den Weg zu machen.«

Üben Sie diese zehn »Gebote« ein und erlauben Sie Ihrem Schmerz, Sie auf ein höheres Niveau zu führen. Von dort aus werden Sie andere Menschen sehen, die Hilfe und Ermutigung brauchen. Sie haben etwas zu geben. Jetzt mehr denn je zuvor!

Denken Sie daran, dass der Schlüssel zum Erfolg allein darin liegt, jeden Schmerz zu heilen, dem Sie begegnen und jeden Mangel auszufüllen, dem Sie begegnen. Sehen Sie sich an Ihrem Wohnort und in Ihrer Gemeinde um und entdecken Sie, wie viele Möglichkeiten es gibt, anderen Gutes zu tun.

Dann werden Sie Ihren Blick wieder nach vorne richten und Möglichkeiten sehen, die noch im Morgen verborgen liegen, anstatt nur nach hinten oder auf Ihren heutigen Schmerz zu blicken. Dann werden Sie wieder neue Träume träumen. Sie werden zu einem Menschen werden, der sich Ziele setzt, der seine Ziele verwirklicht und von seinen Träumen angespornt wird. Und das wird mehr als alles andere dazu führen, dass Ihr Leid in etwas Gutes verwandelt wird!

Könnte es einen besseren Weg geben, um einen Profisportler auf die Probe zu stellen, als durch seinen Körper? Ich war schwach und verletzlich, aber in der Bibel heißt es: ›Meine Gnade genügt dir; denn sie erweist ihre Kraft in der Schwachheit‹ (2 Kor 12,9; Einheitsübersetzung). Er ist mit uns, wenn wir zerbrochen werden, und er kann uns wieder heil machen.«

Dennis Byrd, früherer Verteidiger der »New York Jets«, der heute gelähmt ist.

Kapitel 5

Der Schmerz verlässt uns nie so, wie er uns angetroffen hat!

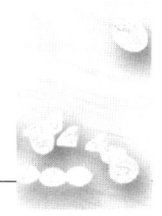

Ja, wir sind unterwegs auf einer Reise, die man Leben nennt. Haben Sie sich diese Reise selbst ausgesucht? Sie werden natürlich verneinen. Diese Antwort ist richtig und falsch zugleich.

■ Sie haben sich dafür entschieden, ins Auto zu steigen. Aber Sie haben sich nicht für den Unfall entschieden.

■ Sie haben sich dazu entschieden, aus Liebe zu heiraten. Aber Sie haben sich nicht dafür entschieden, betrogen zu werden.

■ Oder wenn Ihr Ehepartner gestorben ist, dann haben Sie sich gewiss nicht für die Trauer entschieden, die jetzt Ihren Weg kreuzt.

Warten Sie einen Augenblick! Der Schmerz, den Sie jetzt erleben, ist der Preis dafür, dass Sie sich für das Glück entschieden haben. Unser Leben ist wie eine Mautstraße. Alles, was schön ist, hat seinen Preis.

> Jedes Unglück ist ein Abenteuer.
> Jeder Schmerz ist eine Reise.
> Jede Prüfung ist ein Pfad.
> Jedes Problem ist ein Weg.
> Jede Last ist eine Straße.
> Jedes Leid ist in Bewegung.
> Es führt irgendwo hin.
> Wohin wird es mich führen?

»Mein Gehör lässt immer mehr nach. Es ist schwer, alt zu werden«, sagte einmal ein Mann mit einem negativen Unterton zu mir. Ich ermahnte ihn freundlich, aber fest, wie ich denke, mit dem Spruch: »Alt zu werden ist nur der Preis dafür, dass man nicht jung gestorben ist.«

Sie sind jetzt unterwegs auf einer Abenteuerreise. Auf einem Ausflug in ein Land, das Sie nie zuvor bereist haben. Irgendeine Entscheidung, die Sie irgendwann und irgendwo einmal trafen, hat Sie auf diesen Weg geführt, und nun stehen Sie an der Mautstelle und sind überrascht. Sie haben den Weg gewählt, ohne den Preis zu kennen.

Vorsicht! Sie sollten nicht so unverschämt, kurzsichtig oder zynisch sein, anzunehmen, dass der Preis zu hoch ist. Das bekannte Sprichwort »Es ist besser, einmal geliebt zu haben und diese Liebe wieder zu verlieren, als die Liebe überhaupt nicht zu kennen« ist nur allzu wahr.

> »Alt zu werden ist nur der Preis dafür,
> dass man nicht jung gestorben ist.«

Ja, der Preis, den Sie zahlen müssen, scheint vielleicht sehr hoch zu sein. Aber denken Sie an alle Freude, an alle Befriedigung und alles Gute, und Sie werden wieder positive Möglichkeiten sehen lernen. Ihr Herz wird vom Schmerz zum Dank weiter reisen. Zahlen Sie den Preis und danken Sie Gott für die Reise, die Sie hatten! Genau das hat auch Alicia Blake gemacht.

Alicia Blake und Ihr Mann Don gehörten von Anfang an zu der Gemeinde, die meine Frau und ich 1975 gründeten.

Eines Nachmittags klopfte es unerwartet an unserer Haustür. Meine Frau Arvella öffnete die Tür und sah Alicia. »Alicia!«, strahlte meine Frau. »Komm herein!«

Die sonst immer fröhliche Alicia lächelte nicht. »Nein, ich kann nicht bleiben«, sagte sie. »Ich komme gerade aus dem Krankenhaus, wo Don an einem plötzlichen Herzinfarkt gestorben ist. Wir hatten heute morgen noch zusammen gefrühstückt, und plötzlich ist er zusammengebrochen! Wir hatten nicht die geringste Ahnung, dass sein Herz nicht in Ordnung ist.«

»O nein, Alicia, komm doch herein«, bot ihr Arvella an. »Bob wird bald zu Hause sein.«

»Nein, es geht schon, Arvella«, sagte sie. »Ich wollte euch nur informieren. Ich muss jetzt nach Hause gehen und das Schwerste zuerst machen. Und das besteht darin, mich in seinen Lieblingsstuhl zu setzen! Wenn ich das kann, dann werde ich auch in der Lage sein, weiterzumachen und alles andere in Angriff zu nehmen.«

Alicia setzte alle frei gewordene Zeit als Witwe hauptsächlich dafür ein, um in der Gemeinde ehrenamtlich mitzuarbeiten. Alicia Blake trug maßgeblich dazu bei, unsere Gemeinde zu vergrößern. Millionen von Menschen besuchen jede Woche unseren Gottesdienst. Sie sitzen dabei in ihren Autos, in unseren Kirchenstühlen unter dem Glasdach oder in überfüllten Zimmern, vor dem Fernsehschirm zu Hause, in Hotels oder Krankenhäusern in über 200 Ländern rund um die Welt.

Pee Wee Kirkland hatte das Format, zu einem der wirklich großen Basketballstars der 1970er Jahre zu werden. Sein Name sollte eigentlich jedem so geläufig sein wie der von Michael Jordan oder Isaiha Thomas. Sportredakteure betrachten ihn immer noch als einen der besten Sportler, die je aus Harlem hervorgingen.

Die »Chicago Bulls« holten ihn aus seinem Vertrag mit dem Nordamerikanischen Basketballverein heraus. Er war unglaublich vielversprechend. Doch anstatt sich in seiner Starrolle auf dem Basketballfeld zu sonnen, verbrachte Pee Wee Kirkland 11 Jahre hinter Gittern verschiedener Bundesstrafvollzugsanstalten, nachdem er wegen Drogenhandels und Steuerhinterziehung verurteilt worden war.

Doch in diesem Schmerz fand er zu sich selbst. »Ich erkannte, wie falsch ich mich verhalten hatte«, sagte er. »Ich wusste, dass ich es besser machen sollte und dass auch Gott etwas anderes von mir erwartete.«

Nach seiner Entlassung aus dem Gefängnis blieb Pee Wee Kirkland seinem Vorsatz treu, sich zu bessern und sein Leben zu ändern. Er fing an, in der »Central Baptist Church« in Harlem, New York, Kurse abzuhalten, bei denen auch ein Basketball-Programm für Jugendliche angeboten wurde. Pee Wee Kirkland, der durch den Schmerz seine Lektion gelernt hatte, wurde so für viele Jugendliche zu einem wichtigen Vorbild.

Heute ist er Basketball-Trainer an der »Dwight School«, einer exklusiven Privatschule New Yorks. Er legt seinen Schwerpunkt dort aber nicht nur auf Basketball, sondern vermittelt den Jugendlichen auch, was es bedeutet, einen Traum zu haben und sich dafür einzusetzen. An Pee Wee Kirkland ist zu sehen, wohin uns der Schmerz führen kann:

Zuerst war er ein Jemand.

Dann war er ein Niemand.

Zuerst hatte er viel Wert.

Dann war er nichts wert.

Doch er hat seinem Leben eine neue Form gegeben! Heute ist Pee Wee Kirkland einer der beliebtesten und angesehensten Trainer Amerikas. Er hat es geschafft, aus einer Null wieder zu einem Helden zu werden!

Wie der Umgang mit Schmerz Schlagzeilen machen kann

Als lebenslanger Fan der »Dodgers« war ich ein begeisterter Anhänger des Los Angeles-Baseballteams unter der Leitung meines guten Freundes Tommy Lasorda. Es hatte so wie die meisten Mannschaften seine Aufs und Abs, seine guten und schlechten Zeiten. Aber das Jahr, das sich in seiner Geschichte von allen übrigen abhebt, ist 1988.

Die Mannschaft der »Dodgers« war in unglaublich guter Form. Sie hatten die Meisterschaften in der Liga gewonnen und waren auf gutem Wege, die Weltmeisterschaft gegen die »Oakland A's« zu gewinnen. Einer der besten Spieler von Los Angeles war Kirk Gibson, der den Siegeswillen seiner Mannschaft anschaulich zum Ausdruck brachte. Bei einem Interview in der »Hour of Power« sagte er zu mir: »Wir entwickelten die Vision, Weltmeister zu werden. Wir prägten uns diese Vision tief ein. Wir waren mit nichts weniger zufrieden.«

Aber Gibson setzte sich bei dem Spiel um die Meisterschaften in der Liga so intensiv ein, dass er sich schwer am Bein verletzte. Als die »Dodgers« zum Eröffnungsspiel der Weltmeisterschaften antraten, trug Gibson kein Trikot. Er saß im Klubhaus und hörte Vince Scully wiederholt am Lautsprecher ankündigen: »Gibson wird heute Abend nicht spielen. Er sitzt auch nicht auf der Spielerbank.«

Das Spiel fing also ohne ihn an. Hier ist Gibsons Bericht, was dann geschah:

»Ich hielt weiter an der Vorstellung fest, dass wir das Spiel gewinnen würden. Das war alles, was ich in meiner Lage dazu beitragen konnte und zu geben hatte. Am Ende des achten Durchgangs führte Oakland mit 4:3. Als es in die neunte Runde ging, gingen uns die Spieler aus. Ich hörte Scully ankündigen: ›Im neunten Durchgang spielen Scosa, Hamilton und Griffin, gefolgt vom Werfer.‹ Vom Werfer?

Der Werfer war dafür bekannt, kein guter Schläger zu sein. Darum fasste Gibson einen Entschluss. Er rief Tommy Lasorda vom Klubhaus aus an und sagte: ›Setz mich an Stelle des Werfers ein.‹

»Ich sagte mir immer wieder, dass es nicht mehr weh tun wird, sobald ich auf dieses Spielfeld im Stadion hinausgehe und diese Zuschauermenge höre, die sich auf mich verlässt. So verrückt es auch war, ich ging hinaus. Die Zuschauer drehten beinahe durch. Und es tat nicht mehr weh. Ich blickte den Werfer an und sagte leise: ›Du hast keine Ahnung, was da auf dich zukommt. Wir werden dieses Spiel gewinnen, und ich werde es für uns tun.‹«

Das Spiel fand vor Millionen von Fernsehzuschauern statt. Reporter erinnern sich noch immer voll ehrfürchtiger Faszination daran, wie ein stark humpelnder Gibson von der Spielerbank hinaus aufs Spielfeld kam. Er zuckte bei jedem Schritt zusammen, während er auf das Schlagmal zuging. Aber seine Augen sprühten trotz offensichtlicher Schmerzen vor Begeisterung. Tapfer nahm er den ersten Wurf von Ersatzwerfer Dennis Eckserly entgegen. Erster Fehlschlag! Der zweite Wurf kam an. Zweiter Fehlschlag! Der Werfer hatte die zwei Schlagmänner verfehlt und war eine Runde gelaufen. Damit stand es auf unentschieden. Gibsons Run würde der Siegeslauf sein.

»Ich befand mich in einem Ausnahmezustand. Ich kämpfte und kämpfte unentwegt, bis ich drei Bälle und zwei Fehlschläge erzielt hatte. Noch ein Fehlschlag und ich hatte es geschafft. Nun hatten mir unsere Kundschafter gesagt, dass Dennis Eckersly, wenn ich es bis zu drei Bällen und zwei Fehlschlägen schaffen würde, den Ball auf eine bestimmte Art zuwerfen würde, die nicht ganz legal war. Ich trat also aus dem Standplatz des Schlägers heraus und sagte zu mir selbst: ›Junge, wir sind auch darauf gefasst.‹ Dann ging ich wieder auf meinen Platz zurück und raten Sie mal, was da für ein Ball auf mich zukam?«

Gibson gelang es, auch diesen Ball zu treffen und einen »Homerun« zu erzielen! Das Stadion tobte. Und die »Dodgers« gewannen das Spiel. Der wackelige Lauf Gibsons, der mit ausgestreckten Armen um die Schlagmale humpelte, gehört zu den absoluten sportlichen Höhepunkten, die stets von Neuem gezeigt werden. Er lief die siegreichste Runde seines Lebens im wichtigsten Spiel seines Lebens, als er die meisten Schmerzen hatte! Die »Oakland A's« konnten nie wieder aufholen, und die »Dodgers« gewannen die Weltmeisterschaft.

Kirk Gibson hätte aufgeben und sich dafür entscheiden können, es gar nicht zu versuchen. Aber die ganze Welt wurde Zeuge davon, wie entschlossen er auch unter diesen unglücklichen Umständen war. So wurde er für Millionen von Sportbegeisterten rund um die Welt zum Helden. Dahin hat allein sein Schmerz ihn geführt.

»Ich glaube, dass Gott diese wunderbare Welt erschaffen hat, damit wir uns an ihr erfreuen und unser Bestes geben«, sagte Gibson zu mir. »Aber in unserem Leben wird es immer Unglück und Not geben. Wenn man glaubt, dann weiß man, wohin man sich wenden kann, und es gibt jemanden, der einem durch diese Zeiten hindurch hilft. Das ist ein Prozess, der uns zu besseren Menschen macht und unseren Glaube stärken kann. Wir werden dann bereit, auch anderen zu helfen, wenn sie in Not geraten, und unseren Glauben mit ihnen zu teilen. Darum allein geht es. Wenn Sie am Boden liegen, werde ich Sie wieder auf die Beine stellen. Wenn ich am Boden bin, werden Sie mich wieder aufrichten, oder wir sind nicht in der gleichen Mannschaft.«

Das ist Kirk Gibsons Philosophie und auch die meine. Sie allein – und kein anderer sonst – können die Richtung Ihres Lebens bestimmen! Ich bin ganz sicher, dass es in jedem Unglück auch eine Möglichkeit gibt!

Im Römerbrief gibt es einen Vers, der zur wichtigsten Bibelstelle Ihres Lebens werden könnte: »Wir wissen, dass Gott bei denen, die ihn lieben, alles zum Guten führt« (Römer 8,28; Einheitsübersetzung). Jedes Problem und jeder Schmerz bringt für einen positiv denkenden Menschen zahlreiche Möglichkeiten mit sich. Das wird niemals schief gehen!

Ja, unser Schmerz ist etwas, das in Bewegung ist. Er wird irgendwann und irgendwie, auf irgendeine Weise einmal nicht mehr das sein, was er war, als er uns getroffen hat.

Und was werden Sie dann haben? Eine Narbe! Darauf läuft jeder Schmerz hinaus, wenn er einmal geheilt ist.

> Unser Schmerz wird morgen vielleicht noch immer da sein ... aber er wird anders sein. Der Schmerz kann sich verändern, weil sich auch unsere Haltung ihm gegenüber verändert und wir ihn anders sehen.

Verwandeln Sie Ihre Narben in leuchtende Sterne

Die Bibel verspricht uns etwas Erstaunliches – dass unsere Schwachheit zu Stärke werden wird (Hebr 11,34).

Das wäre mit einem gebrochenen Knochen vergleichbar, der genagelt wird, wieder zusammenwächst und heilt, und dann gerade hier stärker als an jeder anderen Stelle ist. Das könnte man damit vergleichen, dass die Haut an der Stelle, wo einst eine Schnittwunde war, fester und zäher wird, nachdem sie verheilt und vernarbt ist.

Als ich vor einigen Jahren einmal in Holland über einen Deich ging, sagte mein Führer zu mir: »Sehen Sie den riesigen Betonpflock dort drüben? An dieser Stelle hatten wir einmal ein Leck. Das Wasser schoss herein und es kamen viele Menschen ums Leben. Aber wir verstopften dieses Leck mit Stahlbeton, und nun kann der Deich dort nie wieder brechen.«

Gerade da, wo wir schwach sind, werden wir stark sein.

Als ich einmal einen Besuch in einem Krankenhaus machte, sagte ein Arzt zu mir: »Sehen Sie die Krankenschwester dort drüben? Sie ist die beste, die wir haben. Sie lebt für ihre Arbeit.« Dann fügte er nachdenklich hinzu: »Wahrscheinlich kommt das daher, dass Sie als Teenager fast ein Jahr hier in unserem Krankenhaus liegen musste.«

Sie können Ihre Narben in leuchtende Sterne verwandeln! Ihr Leid kann zu etwas Gutem führen! Und Ihre Schwachheit kann wirklich zur Stärke werden! Das Entscheidende dabei ist: Wenn wir ein emotional gesundes und glückliches Leben führen möchten, dann müssen wir wissen, wie mit dem Schmerz umzugehen ist, wenn er auf uns zukommt.

Wir können auf verschiedene Weise verletzt werden. Es ist erstens möglich, dass wir von unseren Freunden verletzt werden. Wir können zweitens von unseren Feinden verletzt werden. Und das ist etwas, das vermutlich jeder von uns kennt. Es gibt noch eine dritte Art der Verletzung. Das sind die Wunden, die wir uns selbst zufügen und für die wir uns später hassen.

Wunden, die uns von unseren Freunden, Feinden oder von uns selbst zugefügt werden, können sehr weh tun. Aber es gibt auch Wunden, von denen man nur sagen kann, dass sie uns vom Leben selbst geschlagen werden. Ein Beispiel wäre eine Naturkatastrophe oder ein Unfall, bei dem Menschen verletzt und getötet werden. Man kann dann weder Feinden oder Freunden die Schuld daran geben, noch sich selbst. In solchen Zeiten wird man immer versucht sein, Gott die Schuld zuzuschieben. Seien Sie vorsichtig! Es könnte durchaus sein, dass die Ursache für den Unfall in einem menschlichen Fehler zu suchen ist.

Und schließlich gibt es noch einen Schmerz, der uns von Gott selbst zugefügt wird. Ein geliebter Mensch ist gestorben. Gott hat ihn oder sie zu sich genommen, und wir leiden. Gott hat uns bei der Hochzeit aber nie versprochen, wie lange wir einander haben werden. Es ist nur von guten und schlechten Tagen die Rede, bis dass der Tod uns scheide. Unsere gemeinsame Zeit mit einem geliebten Menschen kann einen Tag, eine Woche, einen Monat, ein Jahr oder mehrere Jahrzehnte dauern. Mehr verspricht Gott nicht.

Der Satz aus dem Hebräerbrief stimmt: Unsere Schwäche kann sich in Stärke verwandeln. Doch wie macht man das?

Hier sind vier Grundregeln, um Ihren Schmerz vor dem zu bewahren, was ich »wildes Fleisch« nennen möchte. Das ist ein Narbenwucherung, die hässlich aussieht und den betroffenen Menschen entstellt. Diese vier Dinge werden das narbige Gewebe möglichst gering halten und dazu beitragen, dass es wieder heilt. Mit ihrer Hilfe können Ihre Narben zu leuchtenden Sternen werden:

- Verwünschen Sie Ihren Schmerz nicht!
- Hegen und pflegen Sie Ihren Schmerz nicht!
- Werden Sie Ihren Schmerz wieder los! (Wie, das wird noch zu zeigen sein.)
- Verkehren Sie Ihren Schmerz ins Gegenteil! Dann wird etwas Gutes daraus werden, das wie ein Stern in dunkler Nacht aufleuchtet.

Vier Regeln, um Narben in Sterne zu verwandeln

1. *Verwünschen Sie Ihren Schmerz nicht!* Man kann solche Sätze überall hören: »Siehst du die Frau dort drüben? Seit ihr Mann gestorben ist, ist sie zur Trinkerin geworden.« Oder man zeigt auf einen Mann und sagt: »Weißt du, seit sein Junge gestorben ist, geht es mit ihm nur noch bergab.« Oder man sagt: »Er hat die Schule auf der Oberstufe abgebrochen, weil er es nicht ins Fußballteam schaffte. Das hat ihm den Rest gegeben.« Oder man zeigt auf eine Frau und sagt: »Ich denke, ich werde sie kündigen müssen.

Sie macht ihre Arbeit einfach nicht mehr. Seit sie bei der Beförderung übergangen wurde, ist sie für die Firma kaum noch von Nutzen.«

Es gibt viele Möglichkeiten, um seinen Schmerz mit einem Fluch zu belegen. Wer seinen Schmerz verwünscht, wird darüber bitter werden. Wenn ein Mensch verletzt wird, besteht immer die Möglichkeit, dass er entweder zu einem besseren oder zu einem verbitterten Menschen wird.

Verfluchen Sie darum Ihren Schmerz nicht. Das käme einer Wunde gleich, an der ständig gekratzt wird. Je mehr man daran kratzt, desto mehr wird sie bluten und desto größer wird die Narbe sein. Was wir brauchen, das sind keine hässlichen, bösen Worte, sondern positive Bestätigungen, die wie eine Heilsalbe wirken.

Verkehre deinen Schmerz ins Gegenteil und ...
verwandle dein Problem in ein Projekt,
deinen Feind in einen Freund,
deinen Schmerz in etwas Gutes
und deine Narben in leuchtende Sterne.

2. *Hören Sie auf, Ihren Schmerz zu hegen und zu pflegen!* Ich kann mich noch gut an eine Dame erinnern, die eines Tages in mein Büro kam. Es war eine gute Bekannte, deren Mann vor einigen Jahren gestorben war. Ich wünschte mir sehr, die gute Seele wäre schon früher zu mir gekommen. Sie hat lange, viel zu lange gewartet, still in sich hinein geweint und ist in ihrem Schmerz beinahe ertrunken.

Sie spielte immer wieder durch, wie alles passiert war. Was ihr Mann acht Wochen vor seinem Herzinfarkt machte, was er sechs Wochen, vier Wochen und drei Wochen davor machte. Dann versuchte sie sich daran zu erinnern, was er in der Woche vor dem Infarkt und am Morgen seines Todes machte. Sie rollte diese Szenen in ihrer Erinnerung stets von Neuem auf.

Nachdem sie mir das alles erzählt hatte, öffnete sie ihre Tasche und kramte einen Zettel heraus. »Ich habe hier etwas, das ich immer bei mir trage. Ich wollte wissen, warum er sterben musste. Darum fragte ich den Arzt, warum man nicht versuchte, sein Herz mittels eines Elektroschocks wieder in Gang zu setzten, warum man es nicht massiert oder etwas Ähnliches getan hat. Der Arzt gab dieser Frau eine sehr technisch klingende, klinische Erklärung, warum ihr Mann gestorben war. Sie sagte: »Ich ließ eine Kopie davon machen, die ich seither immer bei mir trage.«

Ich kann mich nicht mehr an den genauen Wortlaut erinnern, aber es muss etwas von dieser Art gewesen sein: »Das Leiden Ihres Mannes fing damit an, dass er mit seinen Arterien Probleme bekam. Deren Innenwände wurden dadurch immer mehr verstopft. Dann bildeten sich Blutgerinnsel. Schließlich wurde einer der größeren Klumpen so groß, dass er die gesamte Arterie blockierte und das Blut nicht mehr ins Herz zurückfließen konnte. Als das passierte, schloss sich die Herzklappe und ihr Mann spürte einen heftigen Schmerz. Seine Lungen konnten sich nicht mehr mit Luft füllen, und er starb schließlich an Sauerstoffmangel.«

Ich weinte mit ihr, als wir miteinander beteten, und Gott in meinem Arbeitszimmer ihr Herz berührte. Ich sagte: »Darf ich Ihnen noch einen Rat geben, bevor Sie gehen?«

»Aber sicher. Ich werde alles tun, was Sie mir raten.«

»Ich hätte gerne, dass Sie dieses Stück Papier nehmen, es zerreißen und wegwerfen. Verschwenden Sie keinen einzigen Blick mehr darauf.«

Sie fragte: »Denken Sie wirklich, dass ich das tun soll?«

»Ich *weiß*, dass Sie es tun sollen.«

»Okay, dann werde ich es tun.« Und sie machte es. Als ich ihr das nächste Mal begegnete, konnte man sehen, dass ihre Lebensfreude wieder zurückkam.

Wenn Sie Ihren Schmerz hegen und pflegen und immer wieder aufwärmen, kann es sein, dass Sie schließlich eine Neurose entwickeln – das, was Psychologen ein abnormes Interesse an krankhaften Gefühlen nennen. Und das wird Sie schlechter und nicht besser machen.

Sie sollten Ihren Schmerz besser wieder loswerden, anstatt ihn zu hegen und zu pflegen.

3. *Werden Sie Ihren Schmerz wieder los!* Es lässt sich wahrscheinlich nicht verhindern, dass der Schmerz zu uns kommt, aber wir können durchaus etwas dazu beitragen, dass er nicht bei uns *bleibt*. Mit Gottes Hilfe und durch die Kraft des Gebetes können wir jeden Schmerz besiegen. Ich weiß, dass das stimmt. Aber wir müssen in der rechten Weise beten.

Ein Freund, der einmal Probleme mit einem Konkurrenten hatte, wurde von einer Reihe von negativen Gefühlen überschwemmt. Ich schlug ihm vor, doch darüber zu beten.

»Aber was soll ich beten?«, fragte er. »Soll ich vielleicht darum beten, dass der Kerl Erfolg hat?«

»Nun, ich weiß nicht. Bitte einfach darum, dass Gott dir zeigt, wofür du beten sollst«, antwortete ich. Eine Woche später konnte er mir berichten, dass er um zwei Uhr nachts wach geworden sei und plötzlich wusste, wie er zu beten habe. Ich fragte ihn nach diesem Gebet, und er sagte Folgendes:

»Lieber Gott, mache diese Person zu dem Menschen, den du aus ihm machen willst. Und hilf ihm, dass sich sein Geschäft so entwickelt, wie du es haben möchtest. Amen.«

Mein Freund fuhr dann mit großer Aufrichtigkeit fort: »Das hat mich vollkommen geheilt. Denn wenn dieser Bursche jetzt geschäftlich erfolgreich ist, kann ich mich unmöglich darüber ärgern. Dann weiß ich, dass Gott seinen Erfolg will.«

Wenn Sie an etwas leiden und darüber beten, aber es hilft nicht, dann haben Sie vielleicht falsch gebetet. Fragen Sie doch Gott, wie Sie beten sollen.

Eines ist jedenfalls sicher – der Schmerz, der heute an Ihrer Seite ist, möchte weiter und Sie wieder verlassen. Lassen Sie ihn bitte gehen!

Wenn Sie Ihren Schmerz wirklich wieder los sein möchten, dann sollten Sie damit beginnen, sich selbst zu prüfen. Sie müssen herausfinden, wo Sie etwas falsch gemacht haben. Wenn Sie Schwierigkeiten mit einem anderen Menschen haben, dann bin ich völlig sicher, das liegt nicht nur an der anderen Person. Das härteste aber heilsame Wort in der Bibel heißt Umkehr beziehungsweise Buße. Vielleicht ist es das, was Sie tun müssen.

Wenn Ihre Beziehung zu Gott wieder in Ordnung gekommen ist, dann können Sie auch Ihren Schmerz wieder loswerden.

Leiden Sie an einem Schmerz, den Sie sich selbst zugefügt haben? Hassen Sie sich für etwas, das Sie getan haben? Vielleicht betrügen Sie Ihre Frau, oder Sie werden von ihr betrogen. Vielleicht sind Sie unehrlich und bestehlen Ihren Arbeitgeber und verabscheuen dann diese Person, die Ihnen aus dem Spiegel entgegenblickt, aufs Heftigste. Vielleicht sagen Sie:»O Gott, wenn ich doch nur diese schmutzige Seite aus meinem Leben entfernen und ganz von vorne beginnen könnte!«

Sie können! Es gibt einen Weg, auch diesen Schmerz los zu werden!

Beten Sie:»Jesus Christus, hier bin ich, reinige mich und vergib mir. Gott, wenn du mir vergibst, dann kann auch ich es wieder mit mir selbst aushalten.« Fangen Sie ganz frisch und rein von vorne an!

Wie gehen Sie mit Ihrem Schmerz um? Verwünschen Sie ihn nicht, hegen und pflegen Sie ihn nicht. Sondern werden Sie ihn los und verkehren Sie ihn schließlich ins Gegenteil.

4. *Verkehren Sie Ihren Schmerz ins Gegenteil!* Je mehr ich über besondere Menschen lese und je öfter ich einem von ihnen begegne, desto überzeugter bin ich von einem: Es gibt auf dieser Erde keinen wirklich großen Menschen, der nicht auch tiefen Schmerz erlebt hätte.

Lassen Sie uns die Geschichte zweier Menschen betrachten, die diese vier Regeln befolgten und ihre alten Narben in leuchtende Sterne verwandelten: Dr. Dan Poling und eine junge Frau, die ein Hilfsprojekt unserer Gemeinde leitet.

Als junger Pastor wurde ich einmal eingeladen, in der »Marble Collegiate Church« in New York zu predigen. Dr. Norman Vincent Peale war Hauptpastor dieser Gemeinde, aber die Abendpredigt wurde damals immer von Dr. Daniel A. Poling gehalten. Ich kannte Dr. Poling nicht. Als ich zum Predigen in diese Gemeinde kam, hatte ich meinen Talar nicht dabei. Darum suchte man nach einem, der mir passen würde. Sie griffen in den Schrank und sagten:»Hier, dieser Talar von Dr. Poling dürfte Ihnen passen.«

Ich schlüpfte hinein. Als ich die Knöpfe bis nach unten zuknöpfte, ging einer davon ab. Ich steckte ihn in meine Hosentasche. Ein paar Tage später schickte ich ihn zusammen mit einem Brief an Dr. Poling zurück:»Bitte entschuldigen Sie, aber hier ist ein Kopf, der von Ihrem Talar stammt.«

Er schrieb mir einen Brief zurück, der einfach unglaublich war. Vergessen Sie nicht, dass ich damals ein völlig unbekannter junger Mann war, der erst wenige Jahren von der Farm in Iowa weg war. Dr. Poling schrieb:»Der Verlust eines Knopfes kann die Ehre nicht aufwiegen, dass jemand wie Sie meinen Talar getragen hat.«

Später sollte ich das Geheimnis von Dr. Poling's Größe kennen lernen. Er war im 1. Weltkrieg als Kaplan zwischen den Schützengräben hin und her gelaufen, die nur knapp 100 Meter voneinander entfernt lagen. Rings um ihn ging ein Kugelhagel nieder und viele Soldaten fielen, aber er kam durch. Es wird auch berichtet, dass er einer von vier Männern war, die eine Bahre trugen, auf der ein deutscher Gefangener mit einem verstümmelten Bein lag. Eine Granate explodierte direkt neben ihnen im Schlamm. Alle anderen wurden in Stücke gerissen, aber Dan Poling überlebte.

Jahre später sollte ihn sein Sohn Clark, der als Teenager eine Privatschule außerhalb der Stadt besuchte, vor eine unglaubliche Herausforderung stellen. Clark schickte ihm ein Telegramm folgenden Inhalts: »Komme dieses Wochenende nach Hause und muss dich allein sprechen. Bitte hol mich am Bahnhof ab.«

Dr. Poling fragte sich, in welchen Schwierigkeiten sein Junge wohl stecken möge, als er zum Bahnhof fuhr. Sie gingen in Dr. Polings Büro in der »Marble Collegiate Church«. Als der Junge bemerkte, dass man die Tür nicht zusperren konnte, nahm er einen Stuhl und klemmte ihn unter dem Türgriff fest, um sicher zu stellen, dass sie ungestört blieben.

»Spätestens jetzt«, sagte Dr. Poling später, »fing ich an, innerlich zu zittern. Ich saß hinter meinem Schreibtisch, und mein Junge zog sich einen Stuhl zu mir heran. Er legte seinen Kopf in die Hände, stützte sich mit den Ellenbogen auf dem Tisch ab und saß nur stumm da. Ich habe eine Menge Fehler in meinem Leben gemacht«, sagte der Vater, »aber hier beging ich nicht den Fehler, ihn zu fragen, ob etwas nicht stimmt. Ich wartete einfach.

Schließlich blickte er auf und sagte: ›Papa, sag mir, was weißt du über Gott?‹

Ich sah ihm in die Augen und sagte: ›Über Gott? Sehr wenig, mein Sohn, sehr wenig. Aber es genügt, um mein ganzes Leben zu verändern.‹

Der Junge hielt meinem Blick stand und sagte: ›Das genügt, ja, das genügt wirklich. Ich denke, ich werde Pfarrer werden wie du, wenn ich erwachsen bin.‹ Und das tat er auch. Er absolvierte das Predigerseminar, heiratete und wurde selbst Vater.«

Dann fielen am 7. Dezember 1941 die Bomben auf Pearl Harbour. Clark ging zu seinem Vater und sagte: »Papa, ich werde mich als Kaplan für die Armee melden. Das einzige Problem, das ich damit habe, liegt darin, dass ich denke, ich mache es mir zu leicht.«

Dr. Poling blickte seinen Sohn an und sagte: »Das solltest du nicht sagen. Du musst wissen, dass der gefährlichste Posten, den man im Krieg innehaben konnte, der Posten eines Kaplans war. Prozentuell betrachtet kamen im 1. Weltkrieg mehr Geistliche als Infanteristen ums Leben – einer von 93, um genau zu sein. Wenn du dich als Kaplan meldest, kann es dich das Leben kosten, Clark.«

Clark wurde Kaplan. Sein Vater war gerade in London, als er in den Nachrichten hörte, dass das Truppenschiff S.S. Dorchester in der Nähe von Grönland von einem Torpedo getroffen worden war. Von den über 900 Mann an Bord hatte nur eine Handvoll überlebt, alle übrigen waren mit dem Schiff untergegangen.

Einer der Überlebenden sagte, dass das letzte, das zu sehen war, bevor der Bug des Schiffes im kalten Wasser verschwand, der Anblick der vier Geistlichen auf diesem Bug war. Jeder von ihnen legte seine Rettungsweste ab und gab sie einem Soldaten, der ins Wasser sprang und so gerettet wurde.

Dann gingen die vier Kaplane, die ihre Schwimmwesten einem anderen gegeben hatten, unter – zwei Protestanten, ein Katholik und ein Jude. Einer von ihnen war Clark Poling. Von dieser Zeit an wurde Dr. Dan Polings Herz so groß, dass er jedem Jungen in der Welt darin einen Platz geben wollte. Er wollte für jeden Vater sein.

Dan Poling hat seine Wunden in leuchtende Sterne verwandelt. So wie die ehrenamtliche Mitarbeiterin, die unser Hilfsprogramm leitet.

Es ist schon eine Weile her, als ich aus meinem Büro trat, um meiner Sekretärin etwas mitzuteilen. Da öffneten sich die Türen des Aufzugs und ich sah eine junge Mutter mit einem kleinen Mädchen, das an ihrem Rock hing. Die Mutter sah aus, als wäre sie sehr in Eile und ein wenig gestresst.

Ich fragte meine Sekretärin: »Wer ist das? Was macht diese Frau hier zu dieser Tageszeit?«

Meine Sekretärin erinnerte mich daran, dass sie die Leiterin eines unserer Hilfsprojekte sei. Diese junge Frau verbrachte viele Stunden in der Gemeinde. Um was zu tun? Um Dosen mit Suppe und Bohnen einzusammeln.

In unserem Telefonseelsorgezentrum »New Hope« (neue Hoffnung) kann man rund um die Uhr anrufen. Wir sind die erste Gemeinde in den Vereinigten Staaten, die täglich 24 Stunden lang telefonische Hilfe anbietet, die ausschließlich von Gemeindegliedern geleistet wird. Wir haben den Grundsatz, Bedürftigen kein Geld zu geben. Aber wenn jemand nichts zu essen hat, wird er von uns mit Lebensmitteln versorgt.

Diese junge Mutter, die eigentlich selbst genug zu tun hatte, setzte jede Woche viele Stunden ein, um das ganze Unternehmen zu leiten. Nur wenige wissen, wie viel Zeit und Arbeit dahinter steckt. Ich äußerte mich anerkennend dazu, und meine Sekretärin sagte: »Können Sie sich noch an den Brief erinnern, den Sie einmal von ihr bekamen? Er hat Sie sehr bewegt und beeindruckt. Ich habe ihn aufgehoben.« Sie holte den Brief und las:

Lieber Dr. Schuller,

ich kann Ihnen nicht genug für Ihre Gemeinde und die wunderbaren Menschen danken, denen ich dort begegnete. Mein Mann war monatelang bettlägerig und konnte nicht arbeiten. Wir hatten ein Baby, das krank war, darum konnte auch ich nicht arbeiten.

Als Ihre Gemeinde davon erfuhr, schickte man diese Frauen vorbei, die uns morgens, mittags und abends zu essen brachten. Sie kamen Tag für Tag und Woche für Woche. Wie kann ich mich nur dafür bedanken? Wie kann ich das je vergelten?«

Sie hat einen Weg gefunden.

Wenn ich einem großartigen Menschen begegne, passiert es immer wieder, dass ich denke: Dieser Mensch muss irgendwo tiefen Schmerz erlitten haben.

Man kann sein Leid in etwas Gutes verwandeln. Wunden und Narben können zu leuchtenden Sternen werden! Das wird auch von einem kreativen Perser bezeugt.

Wir sollten uns von der Hoffnung in unserem Herzen leiten lassen – und nicht von unserem leidenden Herzen.

Ich habe überall auf der Welt prächtige Königspaläste besucht, aber der Palast in Teheran ist etwas Einmaliges! Es gibt meines Wissens nach nichts auf der Welt, das ihm ähnlich wäre. Man betritt diesen Palast, und die große Eingangshalle erstrahlt in glitzerndem, funkelnden Glas. Einen Augenblick denkt man, dass die kuppelförmige Decke, die Wände und die Säulen überall mit Diamanten besetzt sind ... bis man erkennt, dass man keine Diamanten, sondern geschliffenes Glas vor sich hat. Es sind lauter kleine Spiegelstücke. Die Kanten unzähliger kleiner Spiegel reflektieren das Licht und erstrahlen in den Farben des Regenbogens! Es ist ein Mosaik aus Spiegeln!

Wahrlich ein spektakuläres Schauspiel!

Sie werden nicht glauben, wie es dazu kam. Als man den Palast plante, ließen die Architekten aus Paris Spiegel kommen, um die Eingangshalle damit zu verkleiden. Als sie schließlich ankamen und die Kisten geöffnet wurden, fielen ihnen aber lauter Scherben entgegen. Die Spiegel waren auf der Reise alle zerbrochen! Man wollte sie gerade wegwerfen, als ein kreativer Mann sagte: »Halt! Vielleicht wird die Halle noch schöner, nachdem die Spiegel zerbrochen sind.«

Er nahm einige der größeren Stücke und zerschlug auch sie. Dann sammelte er alle kleinen Stücke ein und setzte sie in einem abstrakten Muster wieder zusammen. Wer es sieht, wird feststellen, dass ihre Reflexion enorm verzerrt ist und sie wie Diamanten in den Farben des Regenbogens funkeln.

Ein Zerbrechen, das zu mehr Schönheit führte!

Haben Sie etwas, das Ihnen wehtut? Wenn ja, dann geben Sie es Gott, und er wird es ins Gegenteil verkehren. Er wird es in eine neue Richtung lenken, und Ihr Leid wird zu einem Juwel in Ihrer Krone werden.

Warum widerfährt guten Leuten Schlimmes?
Diese Frage ist falsch gestellt. Denn darauf gibt es keine Antwort.
Die richtige Frage lautet: Was geschieht mit guten Menschen, denen Schlimmes widerfährt?
Die Antwort heißt: Sie werden zu besseren Menschen!

Kapitel 6

Fällt es mir schwer, mir von anderen helfen zu lassen?

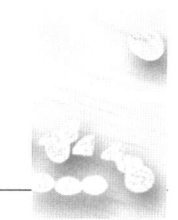

Vor einigen Monaten saßen meine Frau und ich in einem Restaurant, um zu frühstücken, als ein Mann mit seinen zwei kleinen Söhnen hereinkam und sich an den Nebentisch setzte.

»Was hast du denn mit deinen Socken gemacht?«, fragte der Vater einen der Söhne. Der Ton seiner Stimme ließ auf eine väterliche Ermahnung schließen. Der Dialog ging noch weiter, aber ich konnte ihn nicht verstehen. Dann sagte der Vater jedoch streng und keineswegs leise: »Fällt es dir schwer, dir von anderen helfen zu lassen?«

Diese Frage verfolgte mich. Fällt es Leidenden schwer, sich von anderen helfen zu lassen? Wenn ja, sind sie sich dessen bewusst? Und wenn auch das stimmt: Warum sollten Leidende anderen weh tun, die ihnen zu helfen versuchen?

Erinnern Sie sich an die Dame, die auf Hawaii zu mir sagte: »Was mir am meisten weh getan hat, war weniger das, was er mir angetan hat, sondern zu sehen, was er sich selbst antat. Es tut so weh, zusehen zu müssen, wie jemand, den man liebt, sich selbst weh tut und alle Bemühungen von sich weist, ihn von etwas abzubringen, das nur in Schande und Verderben führt.«

Die eigentliche Frage heißt: Warum weisen Menschen alle Hilfe zurück? Warum ergreifen sie die ihnen angebotene Hilfe nicht, sondern verwehren sich dagegen?

Meine Antwort auf diese entscheidende Frage lautet in aller Kürze: Wenn Menschen verletzt sind, dann kann es sein, dass sie den negativen Gefühlen, von denen sie überschwemmt werden, instinktiv nachgeben. Und dann machen sie es anderen bewusst oder unbewusst außerordentlich schwer, ihnen zu helfen.

Kontrolle

Wahrscheinlich ist für starke Menschen nichts schwerer, als in dunklen Zeiten zugeben zu müssen, wie hilflos sie plötzlich und seltsamerweise geworden sind. Reife und intelligente Menschen zeichnen sich durch Charakterzüge aus, die sie dazu zwingen, für alles eine hohe persönliche Verantwortung zu übernehmen. Wenn sie nun mit einem schlimmen Schmerz konfrontiert werden, der sie für alle praktischen Belange hilflos macht, kommen sie damit in eine Lage, wo sie zugeben müssen, dass sie nicht mehr alles selbst meistern können.

Es gibt für uns alle Zeiten, in denen wir nicht mehr alles selbst unter Kontrolle haben können. Das ist eine vernichtende emotionale Erfahrung, die wir nie zuvor machten! Das Letzte, das wir uns wünschen, ist zugeben zu müssen, dass wir hilflos sind und dass uns die Probleme über den Kopf wachsen.

Das ist auch der Grund, warum die Anonymen Alkoholiker nur den wirklich hilflosen Fällen helfen können – erst wenn jemand seine Verleugnung durchbrochen hat. Das kann und wird aber erst geschehen, wenn ein Süchtiger zugibt:»Ich habe ein Problem, mit dem ich nicht fertig werde. Ich kann meine Sucht nur überwinden, wenn mir eine höhere Macht dabei hilft.«

Was treibt uns dazu, die Realität zu verleugnen?

Menschen haben eine beinahe unbegrenzte Fähigkeit, Dinge zu rechtfertigen. Sie wollen nicht zugeben, dass sie Hilfe brauchen. Aber Leidende werden niemals Hilfe und Heilung finden, wenn sie ihre Hilflosigkeit nicht ehrlich und demütig zugeben:»Ich brauche Hilfe. Ich kann es nicht allein und aus eigener Kraft schaffen.«

Meine Frau musste das nach ihrer Operation lernen. »Das Schwierigste lag darin«, sagte sie,»dass ich mich so hilflos fühlte. Ich konnte nicht einmal meinen Kopf ohne fremde Hilfe heben. Andere mussten ihre Hände unter meinen Kopf legen und ihn anheben, damit ich einen Schluck Wasser trinken konnte. Nie zuvor war ich auf die Hilfe anderer Menschen so angewiesen gewesen. Diese Hilflosigkeit war etwas, auf das ich nicht vorbereitet war.«

Kürzlich hatten wir in der »Crystal Cathedral« Scott McClung, einen jungen Mann aus dem südlichen Kalifornien, zu Gast. Scott kommt aus einer überzeugten christlichen Familie und besitzt die nötigen finanziellen Mittel für einen erstaunlichen Dienst. Er und sein Vater bieten staatlich genehmigte Meeresexpeditionen auf einem Schiff an, das Jugendliche zu den der kalifornischen Küste vorgelagerten Inseln und in den Golf von Mexiko bringt. Sie hören von Gott und kommen auch mit seiner Schöpfung durch Kajakfahren, Tauchen und weitere sportliche Aktivitäten im Wasser und an Land in Berührung.

In ihrem Bemühen, diesen Dienst auszuweiten, ließen die McClungs vor Kurzem ein zweites Schiff in Florida erbauen, ein wunderschönes Frachtschiff, das 150 Jungendliche beherbergen kann. Als Vater, Sohn und die Mannschaft dabei waren, dieses Schiff nach Kalifornien zu bringen, ging etwas schrecklich schief, das außerhalb ihrer Kontrolle lag.

In Scotts eigenen Worten: »Wir hatten eben den Golf von Mexiko durchquert. Am Abend, bevor wir in Cozumel einliefen, stießen wir zufällig auf einen Schwarm von etwa 100 Haien. Wir tauchten mit ihnen und machten Unterwasseraufnahmen. Es war ein eindrucksvolles Erlebnis. Aber dann bekamen wir technische Probleme, die uns dazu zwangen, Cozumel anzulaufen.

Wir gaben den örtlichen Behörden, die auf einem Boot zu uns herausgekommen waren, an, wie viel Bargeld und welche Schusswaffen wir mit uns führten. Der Beamte sagte, dass alles in Ordnung sei, spielte mit uns Fußball, trank eine Cola und verließ uns wieder.

Später am Abend kam er aber mit zwei anderen Booten wieder, die voll von Marinesoldaten waren. Diese waren schwer bewaffnet und nahmen mich, meinen Vater und unseren ersten Offizier in Untersuchungshaft. Nachdem man uns voneinander getrennt hatte, wurden wir von halb acht Uhr abends bis halb zehn Uhr morgens verhört. Man ging ziemlich grob mit uns um und gab uns weder zu essen noch erlaubte man uns, Wasser zu trinken. Die meisten der Fragen bezogen sich auf Geld. Ironischerweise trat man mit einer Bestechungssumme von genau 10.000 Dollar an uns heran. Das war die Summe, die wir deklariert hatten. Das war das Geld, das für den Treibstoff in Costa Rica bestimmt war.«

Scott und sein Vater weigerten sich, auf die Forderung einzugehen, und wurde daraufhin verhaftet. Nach 9 Tagen entließ der korrupte Beamte den Vater wieder aus der Haft. Scott selbst wurde jedoch 40 Tage lang festgehalten. Es brauchte ein ganzes Team von Anwälten in den Vereinigten Staaten und in Mexiko, um Scott aus dem Gefängnis herauszuholen und das Schiff und all ihre Habe wieder freizubekommen. Diese leiteten Ermittlungen ein und gingen damit an die Öffentlichkeit. Durch die vereinten Bemühungen des amerikanischen Botschafters, des amerikanischen Justizministers und des Vorsitzenden der Menschenrechtsorganisation in Mexiko kam Scott wieder frei und mit ihm 50 weitere Menschen, die unschuldig im Gefängnis saßen!

Die Zeit, die Scott allein im Gefängnis verbrachte, gab ihm reichlich Gelegenheit, um über Gottes Güte nachzudenken. »Gott offenbarte sich mir auf vielerlei Weise«, sagte Scott. »Unsere Mannschaft stand immer auf meiner Seite. Wenn mein Glaube schwach war, stellte mir Gott einen von ihnen als Beispiel vor Augen, um nicht aufzugeben.«

Scott bestätigt auch, dass das Schlimmste an dieser 40-tägigen Inhaftierung in seinem Gefühl der Hilflosigkeit lag – er hatte keinerlei Kontrolle mehr. »Ich liebe es, die Dinge selbst in die Hand zu nehmen, was immer ich mache«, gibt Scott zu. »Wenn man aber im Gefängnis sitzt, hat man die Kontrolle vollkommen verloren. Man ist von Gott und von anderen vollkommen abhängig, beispielsweise in der Frage, woher die nächste Mahlzeit kommt oder ob das Fenster geöffnet wird. Darum bedeutete es mir sehr viel, von Gott zu hören, dass es völlig in Ordnung ist, die Kontrolle aufzugeben. Er fordert jeden von uns auf, wie Kinder zu werden, und nicht wie starke Erwachsene, die alles selbst in Händen haben. Es war eine große Chance für mich, mich auf die Mannschaft, auf meinen Vater und auf alle verlassen zu müssen, die für mich beteten.«

Auch wenn keiner von uns es liebt, die Kontrolle aufgeben zu müssen, bestätigt uns Scotts Geschichte doch, dass sich Gott manchmal gerade auf diese Weise zu erkennen gibt. Wenn wir etwas loslassen und es Gott überlassen, geschehen oft Wunder!

Manchmal kann der Heilungsprozess, den Gott uns anbietet, von negativen Gefühlen blockiert sein. Menschen können auf Gott zornig werden und ihm fälschlich die Schuld an ihrem Schmerz zuschieben. Solche Gefühle können uns während des Trauerprozesses überschwemmen, wenn wir verletzt sind, und selbst dem geübten Auge verborgen bleiben. Das geschah auch bei Karen Johnson.

Karen hatte sich entschlossen, nicht arbeiten zu gehen, sondern zu Hause zu bleiben und ganz für ihre Kinder dazusein, bis sie in der Schule einigermaßen zurechtkamen. Als ihr Sohn und ihre beiden Töchter ins Gymnasium kamen, übernahm sie die Leitung einer Schwangerschaftsberatung. Ihr Dienst an unverheirateten Teenagern und ungeliebten Müttern war eine Herausforderung, die sie sehr erfüllte. Sie hatte täglich mit Krisen wie Vergewaltigung, Missbrauch und ungewollten Schwangerschaften zu tun. Sie bot alleinstehenden Müttern und Großfamilien Rat und Hilfe an. Sie wurde zur Expertin für Familienkrisen. Aber seltsamerweise gab es dabei nichts, das sie auf den Schmerz hätte vorbereiten können, dem sie selbst begegnen sollte.

Als JoAnne, ihre älteste Tochter, in der Oberstufe des Gymnasiums war, wurde Karens perfekte Welt vollkommen auf den Kopf gestellt. Die attraktive blonde JoAnne war ein Vorzeigekind: Sie gab die Schulzeitung heraus, hatte schriftstellerisches Talent und war Mitglied der Schwimmmannschaft. Sie war außerordentlich vielversprechend und begabt. Einen Monat vor ihrem Schulabschluss veränderte sich aber alles. JoAnne wurde von einem Freund im Wohnzimmer ihres eigenen Hauses vergewaltigt.

Die Vergewaltigung passierte, als Karen gerade nicht in der Stadt war und ihr Mann und ihr Sohn zu einem Baseballspiel gegangen waren. Mike* (Name geändert), ein Mitglied ihres Schwimmvereins, war zum Lernen gekommen. Die beiden Teenager waren einfach gute Freunde. Sie waren gerne zusammen. Mike überwältigte JoAnne ohne jede Vorwarnung und vergewaltigte sie. Als Karen zwei Tage später von ihrer Reise zurückkam, lag JoAnne zusammengerollt wie ein Fötus in ihrem Bett. Die Tochter teilte der Mutter die schreckliche Wahrheit mit.

So traumatisch die Vergewaltigung bereits war, die nachfolgenden Ereignisse schienen sogar noch schlimmer zu sein. Es kam zu Aussagen vor dem Bezirksstaatsanwalt, zu demütigenden medizinischen Untersuchungen und einem auf Tonband aufgezeichneten Geständnis ihres Vergewaltigers. Für Karen hatte der Trauerprozess begonnen. Sie blieb aber schnell im Zorn stecken.

»Ich war so zornig«, erinnert sich Karen, »dass ich nichts als Rache wollte.«

JoAnne brachte ihre Trauer anders zum Ausdruck, was für Vergewaltigungsopfer nicht ungewöhnlich ist. Ihr Verhalten änderte sich schlagartig. »Ich bemerkte es sofort«, sagte Karen. »Sie zog sich von allen Freunden aus der Gemeinde zurück, mit denen sie sonst Umgang hatte. Stattdessen fing sie an, sich mit einer Gruppe herumzutreiben, die gerne auf Partys ging. Das ist eine Folge, die ich nun bei vielen Mädchen verstehe«, sagte Karen. »Ihr Verhalten schlägt vollkommen ins Gegenteil um. So als ob jemand in ihrem Gehirn ein Hebel umlegen und zu ihnen sagen würde: Wenn dir jemand so etwas antun kann, dann muss das etwas über dich zu sagen haben.«

Der darauf folgende Sommer sollte von einer kleinen Krise in die nächste führen. Der Herbst kam und JoAnne suchte sich ein kleines, aber strenges christliches College aus. Dort brach sie dann zusammen.

»Jedes Mal, wenn wir sie anriefen, war sie völlig aufgelöst. Der Bezirksstaatsanwalt, der die Sache vorantreiben wollte, rief ständig bei ihr an. Sie wollte aber nicht, dass die anderen Mädchen, mit denen sie das Zimmer teilte, davon erfuhren. Ihre Mitbewohnerinnen waren ein wilder Haufen, der gerne feierte und sie in Kneipen in Mexiko mitnahm.«

JoAnne beschloss, ihre Ausbildung abzubrechen, nach Hause zu kommen und die Anklage gegen ihren Vergewaltiger fallen zu lassen. Das war eine Entscheidung, die ihre Mutter jetzt für richtig hält, aber während ihrer Trauerphase konnte sie ihren Zorn darüber nicht überwinden.

»Ich hielt an diesem Zorn fest«, sagte Karen, die viele Gründe angeben kann, warum sie das tat. »Wir hatten einen Antrag auf Übernahme der Therapiekosten gestellt, der vom Staat jedoch abgelehnt wurde, weil meine Tochter die Anklage fallen gelassen hatte. Inzwischen war ich so weit, dass ich dachte: Mike hat das alles verursacht. Er kommt ungeschoren davon, aber meine Tochter muss die Zeche allein bezahlen. Sie muss zur Therapie gehen. Sie hat ihr Studium abgebrochen, und wir müssen noch immer ihre Studiengebühren bezahlen. Ich sammelte alle Zeitungsausschnitte über den Fall und hob sie in einem Ordner auf. Ich denke, dass ich alles wegpackte und auf Gottes Rache wartete. Aber sie kam nicht.«

Trotz aller Therapieerfahrungen, die Karen hatte, konnte sie ihre eigenen emotionalen Probleme nicht erkennen. Und sie kaute schwer an dem Gedanken, warum Gott sie nur so im Stich lassen konnte.

»Ich hatte eine zweigeteilte Sicht des Universums – dass solche Dinge nur den anderen passieren, aber nicht Menschen, die Jesus wirklich nachfolgen und überzeugte Christen sind. Ich denke, dass ich mit Gott unbewusst eine Vereinbarung getroffen hatte: Er würde dafür sorgen, dass uns nie etwas Böses zustößt. Aber das war ziemlich einseitig, denn er hat diesen Vertrag nie unterschrieben.«

Während Karen ihren Zorn auf Gott und auf den jungen Mann, der ihre Tochter überfallen hatte, kultivierte, nahm das Leben ihrer Tochter weiterhin überraschende Wendungen. Sie begegnete einem Marinesoldaten, verliebte sich in ihn und wurde gerade an dem Wochenende schwanger, an dem er seine intensivste Ausbildung abgeschlossen hatte. Die Mutter, die selbst schwangere Teenager in der Beratung hatte, musste jetzt hilflos mit ansehen, wie ihre eigene Tochter in eine weitere Krise hineinschlitterte.

Karen musste ihre Annahme in Frage stellen, dass nur »schlechte« Mädchen als Teenager schwanger werden. Sie fragte sich, ob ihre religiöse Erziehung bei ihrer Tochter etwas bewirkt hatte und ob sie die richtige Entscheidung treffen würde. Karen wurde belohnt, als sie es tat.

JoAnne und ihr Freund Sean entschieden sich dafür, das Baby zu behalten. JoAnne und Sean heirateten am 30. April, genau 364 Tage nach ihrer Vergewaltigung. Rückblickend kann Karen jetzt erkennen, dass sie sich die ganze Zeit über in einem Trauerprozess befunden hatte. Sie bestätigt auch, dass die Heilung erst in Gang kam, als sie ihren Zorn aufgeben konnte, nachdem sie in ihrer Gemeinde eine für sie sehr wichtige Predigt gehört hatte.

Wenn sich Karen heute daran erinnert, klingen ihre Worte wieder weise und verständig wie die einer Beraterin. Mit dem einen Unterschied, dass sie alles selbst durchlebt hat. »Man erlaubt uns zu trauern, wenn jemand gestorben ist«, sagt sie, »aber niemand sagt uns, dass man auch über die verlorene Zukunft seiner Tochter trauern kann. Oder darüber, dass man seine Rolle als Mutter so schnell verloren hat. Oder über die Tatsache, dass die eigene Tochter ihre Jungfräulichkeit auf diese Weise verloren hat. Oder dass man den Glauben daran verloren hat, dass Gott auch weiterhin für sie sorgen wird.«

Karen kann jetzt sehen, dass Gott die ganze Zeit über da war. »Er schien das Problem nicht so zu lösen, wie ich es erwartete hatte, nämlich ohne jede Auswirkung auf JoAnnes Leben. Ich hatte so etwas wie einen Zauberstab erwartet. Ich erkenne nun, wie naiv und falsch diese Erwartungen waren. Ich kann jetzt das große Bild sehen und fange an zu verstehen, dass Gott am Wirken ist. Er schenkt Heilung. Er führt uns alle mehr in die Tiefe. Aber wenn man zu dieser Erkenntnis kommen will, muss man loslassen. Ich musste alles loslassen und zulassen, dass Gott den ihm zustehenden Platz in meinem Leben, im Leben meiner Tochter und auch im Leben meines Enkels einnimmt. Gott hat das Sagen, nicht ich.«

Nach 50-jähriger Erfahrung als Pastor bin ich vollkommen überzeugt davon, dass es für jeden Menschen, der gerade durch tiefes Leid geht, unzählig viele Hilfsangebote gibt.

»Gott liebt Sie und ich liebe Sie auch« – das ist das berühmte Motto, das wir uns für unseren weltweiten Dienst aussuchten.

Wo ist Gott, wenn Sie durch tiefes Leid gehen? Wie können Sie weiter daran glauben, von Gott geliebt zu sein, wenn Sie einen schmerzlichen Verlust erlitten haben? Er ist in den Gesichtern von Menschen, die mit Ihnen weinen. Wenn Sie ihre Tränen sehen, können Sie wissen, dass Gott Ihnen sagt, wie sehr er mit Ihnen leidet.

Er wird auf wunderbare Weise viele Signale in Ihr leidendes Herz schicken. Vielleicht entdecken Sie eine neue Hoffnung. Oder Sie hören den Gesang eines Vogels. Oder Sie sehen ein lachendes Kind, das auf Sie zuläuft. Vielleicht hören Sie eine Melodie, die Sie seit Jahren nicht mehr gehört haben. Oder Sie spüren die Wärme der Sonne auf Ihren Wangen. Oder Sie sehen, wie sich ihr Licht in einem Wassertropfen spiegelt. Ihr leidendes Herz wird unerwartet dazu eingeladen, wieder ruhig zu schlagen.

Gott lebt! Er ist wachsam, voller Energie und kämpferisch. Er ist unentwegt in Bewegung. Lassen Sie sich von diesem lebendigen Fluss mitnehmen! Er wird viele Signale in Ihr Bewusstsein senden. Dadurch können Sie Gott erfahren. Das ist die heilsamste Erfahrung, die ein Mensch machen kann: Wenn sich der Geist Gottes mit unserer menschlichen Persönlichkeit verbindet!

Diese geistlichen Anregungen kann und wird man mitunter auf seltsame Weise durch fremde Menschen und an merkwürdigen Orten spüren. Sie sollten bereit sein, den starken geistlichen Signalen Glauben zu schenken, die Ihnen vom Himmel her über den Weg geschickt werden.

Warum fällt es manchen Menschen schwer, sich von anderen helfen zu lassen?

■ Sie haben nicht gelernt, das Mitgefühl anderer als Signale zu deuten, die Sie auf die Gegenwart eines liebenden Gottes hinweisen!

■ Solange sie diesen liebenden Gott nicht kennen, wird es ihnen vielleicht nie gelingen, die negativen Gefühle in ihrem leidenden Herzen loszuwerden, die sie daran hindern, von anderen Hilfe anzunehmen.

Warum weise ich Hilfe zurück?

Sie sollten sich jetzt der Frage stellen: Warum fällt es mir schwer, von anderen Hilfe anzunehmen? Denken Sie darüber nach und gehen Sie die Liste negativer Reaktionen durch, die auf Sie zutreffen könnte:

- Bin ich zornig? Dann legen Sie diesen Zorn ab! Er wird Sie zerstören. Werden Sie diesen Feind Ihrer Gefühle los.
- Fühle ich mich schuldig? Dann werden Sie diese Schuld los! Sprechen Sie mit Jesus Christus über Ihre Schuld, auch wenn Sie ihn nicht kennen. Auch wenn Sie nicht an ihn glauben. Sprechen Sie Ihre Schuld laut aus und sagen Sie zu ihm: »Jesus Christus, sei mein Retter. Reinige mich von meiner Schuld. Ich kann damit nicht mehr leben. Hilf mir. Amen.«
- Habe ich einen destruktiven Stolz? Stolz kann im besten Fall ein gesundes Selbstbewusstsein sein, denn ein geringes Selbstwertgefühl wird Sie dazu verleiten, ehrlich gemeinte Hilfe abzulehnen. Sie werden keinerlei Hilfe annehmen, wenn Sie sich dieser Hilfe nicht würdig fühlen. Destruktiver Stolz kann aber auch in Form von krankhaftem Geltungsbedürfnis in Erscheinung treten. Er ist das Gegenstück zu einer gesunden Selbstachtung und wird Sie daran hindern zu sagen: »Hallo! Ich brauche Hilfe!«
- Habe ich Angst, mich zu blamieren? Lehnen Sie Hilfe ab, die Ihnen von anderen angeboten wird, weil Sie sich in Ihrem Beruf oder in Ihrem Geschäft, in Ihrer Familie oder in Ihrem Glauben nicht blamieren wollen? Ich erinnere mich an einen Mann, der zu mir sagte: »Jeder denkt, dass ich zu den Säulen der Gemeinde gehöre. Aber das stimmt nicht. Ich kann diese Menschen nicht enttäuschen, indem ich meine Fehler zugebe und ihnen zeige, wie sehr ich leide.« (In diesem Fall sollten Sie zum ersten Kapitel dieses Buches zurückgehen und es noch einmal lesen: »Herzlich willkommen im Menschsein!«) Vielleicht denken Sie auch: Ich habe es ja versucht, mehr als einmal, aber es hat nichts gebracht. Meine Antwort lautet: Warum versuchen Sie es nicht noch einmal?
- Habe ich Angst, Fehler zu machen? Was ist, wenn ich es versuche und es klappt nicht? Was ist, wenn ich mich verletzlich mache und die anderen lehnen mich ab?
- Habe ich Angst vor Erfolg? Was ist, wenn mir wirklich geholfen wird und ich dann jemandem zu Dank verpflichtet bin? Oder was

ist, wenn ich in meinem tiefsten Inneren fürchte, einen Schmerz zu verlieren, an den ich negativ gebunden bin?

- Habe ich Angst, wieder verletzt zu werden? »Es tut viel zu weh, nur daran zu denken.« Mein Bruder Henry war im Zweiten Weltkrieg als Sanitäter eingesetzt, aber er sprach nie über seine Erfahrungen. Ich nahm an, dass er vom Krieg nicht viel mitbekommen oder ihn längst vergessen hatte, weil seine Erinnerungen auf natürliche Weise geheilt waren. Dann sah ich 50 Jahre später den Film »Der Soldat James Ryan«. Dabei wurde der 2. Weltkrieg auf dem Bildschirm lebendig wie nie zuvor. Als ich mit Henry darüber reden wollte, sagte er: »Ich kann mir solche Filme nicht ansehen. Es tut viel zu weh, auch nur daran zu denken.« Ich kenne eine Frau, deren erste Ehe scheiterte. Sie war nie in der Lage gewesen, eine glückliche und erfüllte sexuelle Beziehung einzugehen. In der Therapie kam ans Licht, dass sie als kleines Mädchen missbraucht worden war. Der Psychiater, den ich hinzugezogen hatte, sagte: »Es gibt zwar Hilfe für Leute wie sie, aber die wenigsten von ihnen nehmen sie in Anspruch. Sie müssen bei der Therapie in ihre Kindheit zurückgehen, den schrecklichen Augenblick noch einmal durchleben und anfangen, ihr Leben von diesem Punkt an neu zu ordnen. Das tut den meisten Erwachsenen viel zu weh. Die Angst vor diesem Schmerz ist einfach zu groß.«

- Habe ich Angst vor meinen Genen? »Es liegt in meinen Genen. Ich kann meine DNS nicht ändern. Das liegt einfach in meiner Natur. Ich muss lernen, damit zu leben. Finde dich damit ab – du wirst immer dick sein, egal wie sehr du auch darunter leidest.«

- Habe ich Angst, bloßgestellt zu werden? Hilfe anzunehmen könnte bedeuten, dass ein sorgfältig gehütetes dunkles und gefährliches Geheimnis ans Licht kommt. Das könnte zur Scheidung, ins Gefängnis, zu einer Operation oder zu einer unehrenhaften Entlassung führen. An diesem Punkt kommt wieder die Schuld ins Spiel!

Wie kann ich es anderen leicht machen, mir zu helfen?

Fangen Sie an, aufrichtig und demütig zu sein. Diese zwei wertvollen menschlichen Eigenschaften können Wunder wirken. Sie können Menschen mit Problemen zu Menschen machen, die offen für alle Hilfe werden, die ihnen angeboten wird.

Und das ist eine Beziehung, bei der alle Beteiligten nur gewinnen können! Eines unserer tiefsten Bedürfnisse ist das Bedürfnis, gebraucht zu werden. Vielleicht wollen Sie keine Hilfe annehmen, weil Sie andere nicht belasten wollen, aber glauben Sie mir: Sie belasten andere nicht damit! Sie werden für jeden zum Segen, den Sie um Hilfe bitten oder dem Sie erlauben, Sie zu trösten. Hören Sie auf mich! Ich fasse es stets als Kompliment auf, wenn ich als Pastor von jemandem gefragt werde, ob ich ihm helfen kann!

Ihre Demut ist ein Riesenkompliment für Ihre Freunde, Familie oder Kollegen. Sie bringen damit zum Ausdruck: »Ich wage es, dir ehrlich zu sagen, wie sehr ich leide, weil ich ...

- dir vertraue. Du bist keiner, der tratscht! Du bist ein Freund, auf den ich mich verlassen kann!
- deine Einsichten und dein Urteil schätze. Ich halte dich für einen weisen, einfühlsamen und verständigen Menschen. Ich werde deine Einschätzung und deine Kritik gern annehmen. Ich glaube, dass du mir helfen kannst herauszufinden, welche Richtung ich einschlagen soll.
- viel von dir halte. Du behandelst mich so, als ob ich ein guter Mensch wäre. Das macht dich zu einem guten Menschen. Das muss so sein, denn nur ein guter Mensch kann in einem anderen das Gute sehen!
- auf dich hören will. Ich werde vollkommen ehrlich sein. Das ist Neuland für mich. Sag mir, wenn meine Antworten falsch sind. Ich war früher immer absolut sicher, alles selbst zu wissen. Wenn ich kritisiert wurde, nahm ich ganz selbstverständlich an, dass sich mein Kritiker irrt und dass ich recht habe.

Sei ehrlich mit mir, auch wenn du weißt, dass ich nicht gern höre, was du mir zu sagen hast. Glaub mir, ich habe mich verändert! Ich möchte aufhören, meine Fehler ständig wiederholen zu müssen.

Ich bin nicht Gott. Ich bin nur ein Mensch, und das heißt, dass ich nicht vollkommen bin. Ich habe nicht mehr ausschließlich mich selbst, sondern den Erfolg im Blick! Ich bin nicht auf Komplimente aus, sondern ich suche nach Weisheit! Ich möchte nicht mehr meinen eigenen Willen durchsetzen, sondern den richtigen Weg finden.«

Wenn Sie nun offen für Hilfe sind, dann suchen Sie nach einem kleinen Kreis von Menschen, die Ihnen sagen können, wer, was und wo Sie sind. Sie werden Ihnen helfen, auf dem Weg der Demut und Ehrlichkeit weiter voranzukommen.

Die Kraft von Kleingruppen

Eine Selbsthilfegruppe mit enormen Erfolgen sind die »Anonymen Alkoholiker«. Ich kann diese Organisation nur wärmstens empfehlen, wenn Alkohol oder Drogen ein Teil Ihres Problems sind.

Es gibt sicher auch in Ihrer Nähe eine betende Kleingruppe, die sich im Stillen trifft, Ihren Schmerz versteht und sich um ihn kümmert, wie schlimm er auch sein mag. Suchen Sie nach einem Haus, in dem ein positiver Glaube gelebt wird. Sie werden bestimmt ein solches finden.

In unserer »Crystal Cathedral« gibt es über 20 Kleingruppen, die sich um Menschen kümmern, die Schweres durchlebt haben. Die erste Gruppe für »Anonyme Selbstmordgefährdete« wurde vor über 30 Jahren gegründet. Wir haben allein drei Kleingruppen, deren Teilnehmern Opfer eines Inzests waren.

Beten Sie um Hilfe und Führung, und Gott wird Sie mit Menschen zusammenführen und an einen Ort bringen, an dem Sie aufrichtig und demütig alles sagen können. Diese Menschen werden mit ihnen lachen und ehrlich genug sein, um Ihnen zu sagen, was Sie hören müssen. Und man wird Sie nicht ablehnen, wenn Sie nicht tun, wozu Ihnen die Gruppe rät. Die Menschen in diesen Gruppen wissen, dass sie mit einem Leidenden zu tun haben, der noch eine ganze Wegstrecke vor sich hat, bis er Hilfe von anderen annehmen kann, die ihm wirklich zu helfen versuchen.

Diese Menschen lieben Sie! Das müssen Sie glauben. Gott lebt und er liebt Sie. Er streckt seine Hand nach Ihnen aus und benutzt dabei die Gesichter, die Augen, die Stimmen und die Arme dieser Menschen. Lassen Sie sich in Ihrem Leid von Gott in die Arme nehmen durch die Arme und mitfühlenden Herzen von Menschen, die Ihnen nahe sind.

Wenn Sie den »Anonymen Alkoholikern« oder einer Klein-gruppe für Menschen beitreten, die mit Drogenabhängigkeit oder anderen Süchten zu tun haben, sollten Sie bereit sein, Ihr ganzes Leben darauf einzurichten. Wenn es Ihnen aber wieder besser geht, sollten Sie aufhören, diese Clique als Kuschelecke zu benutzen. Fangen Sie mit einer eigenen Kleingruppe an. Stellen Sie sich zur Verfügung, damit auch andere in Ihrer Umgebung mit dieser heilsamen Therapie erreicht werden.

Suchen Sie als nächstes nach einem wirklich guten Freund und geben Sie dieser Beziehung Priorität vor allen übrigen Beziehungen mit Freunden, Bekannten und Verwandten.

Unser bester Freund

Unser bester Freund ist der Mensch, bei dem wir niemals Angst zu haben brauchen, abgelehnt zu werden. Für mich wurde meine Frau zum allerbesten Freund. Arvella und ich heirateten 1950. Wir gehen inzwischen auf unsere Goldene Hochzeit zu. Gott allein weiß, wie sehr Arvella mir half, aus meinen Verletzungen etwas Gutes zu machen. Wie schnell sie bemerkt, wenn ich negativ auf Dinge reagiere. Wie energisch und geschickt sie mich darauf hinweist, wenn ich mit einer Sache nicht gut und weise umgehe. Und wenn sie mir rät, mit dem einen oder anderen zu reden, dann mache ich das mit einem demütigen, offenen und hörenden Herzen.

Ich kann Ihnen nicht sagen, wo Ihr bester Freund zu finden ist. Aber versuchen Sie es in einem Haus, in dem ein positiver Glaube praktiziert wird, weil Sie einen Freund brauchen, der Sie in Ihrem geistlichen Wachstum begleitet. Dann werden Sie auch eine erfrischende, neue Beziehung mit dem Gott der Bibel finden.

Suchen Sie nach einer Gemeinde, in der tiefgehendes Bibelstudium angeboten wird. Überprüfen Sie diese Gemeinde. Wenn sie hält, was sie verspricht, dann bleiben Sie. Wenn sie sich aber als negativ, dogmatisch und nicht demütig erweist oder andere Gemeinden und Kirchen kritisiert, dann gehen Sie wieder weg. Sie können mit Ihrer Zeit etwas Besseres anfangen.

Bleiben Sie dort, wo Sie etwas von einem Gott der Liebe durchspüren. Bleiben Sie dort, wo Jesus Christus, der größte Denker und religiöse Führer aller Zeiten, geehrt und geachtet wird und wo man ihm gehorcht. Es gibt keinen Glauben, der Ihnen mehr helfen könnte als der christliche Glaube. Jesus steht Gott näher als jeder andere religiöse Lehrer. Viele von uns glauben, dass er auf diese Erde kam, um Gott für uns Menschen real zu machen.

Er ist mein Erlöser. Er ist mein allerbester Freund für alle Ewigkeit! Sein Geist und seine Gegenwart lehren mich, demütig und ehrlich zu sein.

Kapitel 7

Hinter jedem Leid und Schmerz versteckt sich etwas Gutes

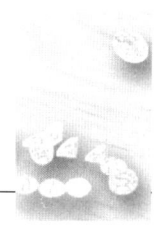

Machen Sie sich bereit, dieses Gute zu entdecken!

Versäumen Sie nicht, all das Gute zu sehen, von dem Sie umgeben sind. Ich denke dabei auch an Menschen, denen es gelungen ist, ihr Leid mit einem Heiligenschein zu krönen. Auf jeder Altersstufe, in jeder Rasse oder Kultur und auf jedem Bildungsniveau kann man diesem unauslöschlichen menschlichen Geist begegnen. Was für ein wunderbarer Beweis für die Gegenwart des ewigen, kreativen Heiligen Geistes, den wir Gott nennen!

Ja, wir alle sehen das, wonach wir suchen. Ein negativ denkender Mensch sieht nur das Leid, die Trauer und die Krankheit, während ein Möglichkeitsdenker leidende Menschen sieht, die einen Heiligenschein tragen.

Aber Sie sollten nicht nach sündlosen Heiligen suchen. Die werden sie nicht finden. Sie sollten auch nicht nach Leuten suchen, denen niemals Fehler von der Art unterlaufen, wie sie jedem von uns täglich passieren. Solche Heiligen gibt es nicht.

Wo also könnte man nach ihnen suchen? In Klöstern? In Kirchen? In heiligen Hallen, in denen Gott angebetet wird? Ja, dort könnte man sie finden. In Krankenhäusern? Unter Krankenschwestern und Ärzten? Ja. Aber achten Sie auch auf Patienten, insbesondere auf die, die unheilbar krank sind. Sie sind immer noch am Leben. Sie haben sich nicht für den Selbstmord entschieden. Sie kämpfen täglich tapfer mit allem, was auf sie zukommt und geben nicht auf, wie schlimm es auch sein mag.

Wenn Sie nach Menschen suchen, deren Leid von einem Heiligenschein gekrönt ist, dann sollten Sie nach sechs Eigenschaften Ausschau halten. Suchen Sie als erstes nach Menschen, denen es gelingt, auch größte Nöte zu besiegen.

1. *Menschen, die selbst größte Nöte besiegen.* Ich war gerade in Hawaii, um mein Buch zu Ende zu schreiben. Raten Sie mal, was da passierte! In meinem Zimmer kam ein Fax an. Mein Freund, Senator Max Cleland, hatte in Kalifornien in meinem Büro angerufen, weil er mich sprechen wollte. Man sagte ihm: »Er ist nicht da. Er ist zur Zeit auf Hawaii.«

Er sagte: »Aber von da aus rufe ich gerade an!«

Wir nahmen also miteinander Verbindung auf. Es war schon ein paar Jahre her, seit wir uns das letzte Mal gesehen hatten. Wir begrüßten uns herzlich, als er in seinem Rollstuhl in die Hotellobby kam.

Nachdem wir einige Stunden miteinander verbracht hatten, stellte ich ihm die eine Frage, die ich ihm im Laufe unserer 20-jährigen Freundschaft nie zu stellen wagte: »Max, du hast in Vietnam beide Beine und deinen rechten Arm verloren. Wie kommt es, dass du daran nicht verblutet bist? Meine Tochter Carol hat bei ihrem Unfall nur ein Bein verloren und benötigte fast 10 Liter Blut.«

»Ich brauchte 22 Liter, Bob! Der einzige Grund, warum ich nicht innerhalb von fünf Minuten verblutete, lag darin: Die Granatsplitter, von denen ich getroffen wurde, schlugen so nahe an den Flammen ein, dass die durchtrennten Blutgefäße in meinem Arm und meinen Beinen zum Teil versengt wurden.«

»Sag mir, Max, was war das Schlimmste an dieser furchtbaren Erfahrung?«, fragte ich ihn.

»Als ich wieder nach Hause kam, war ich über ein Jahr lang völlig am Boden zerstört. Ich konnte nur dasitzen, mit einem verstümmelten Körper, und nichts tun. Ich hatte keinen Job. Ich hatte nur noch einen Arm und eine Hand. Tag für Tag und Monat für Monat waren einfach grässlich – das ist das einzige Wort, das mir dazu einfällt. Hier war ich also, 28 Jahre alt und keine Zukunft vor mir. Sicherlich, ich war ein Held. Darum hatte ich wenigstens eines – einen Namen, der in meiner Stadt in Georgia bekannt war. Dann kam mir plötzlich eine verrückte Idee. Ich würde für ein politisches Amt kandidieren! Das tat ich und wurde in den Bundessenat gewählt.

Sicher, ich habe aus meinen Wunden Kapital geschlagen. Das gebe ich gerne zu. Als dann Jimmy Carter, mein Gouverneur, zum Präsidenten gewählt wurde, wurde ich zum Leiter der Veteranenpolitik in Washington ernannt. Als Senator Sam Nunn in den Ruhestand ging, kandidierte ich für sein Amt, wurde gewählt, und hier bin ich jetzt! Ich habe jetzt einen Sitz im Senat der Vereinigten Staaten, worüber ich immer noch ganz aufgeregt bin. Sogar mein Name steht auf meinem Sitz im Senat! Ja, Bob, ohne diese Wunden wäre ich jetzt nicht, wo ich bin. Es dauerte zwar verdammt lange, bis ich dort ankam. Aber jetzt bin ich da und freue mich über jede Minute!«

Ich blickte ihn an und sah ihn – diesen hellen Schein. Ja, es geht ein strahlendes Licht davon aus, wenn jemand so ungeheure Nöte und Schwierigkeiten überwindet!

Blicken Sie um sich: Ein Kind mit Beinstützen. Ein alter Mann mit zwei Stöcken. Ein Teenager im Rollstuhl. Sie alle demonstrieren diesen unbesiegbaren menschlichen Geist, der etwas Beeindruckendes ist. Ihr Heiligenschein verdient es, wahrgenommen zu werden!

Wenn Sie noch mehr leidende Menschen sehen möchten, die von einem solchen Heiligenschein umgeben sind, dann suchen Sie nach Menschen, die sich weigern, ihren Glauben aufzugeben.

2. *Menschen, die sich weigern, ihren Glauben aufzugeben.* J. Wallace Hamilton berichtet von seiner Schwester Jan und ihrem Mann Reg, die als Missionare nach Kenia gingen. Die beiden hatten einen 9-jährigen Sohn. Der Junge, ein glückliches und sehr begabtes Kind, wurde in einem Internat für Missionarskinder untergebracht, das 500 Kilometer von dem primitiven Gebiet entfernt lag, in dem seine Eltern arbeiteten. Eines Tages bekam das Kind eine Lungenentzündung und starb, bevor seine Eltern zu ihm kommen konnten. Die anderen Schulkinder sammelten Nelken und Rosen aus den umliegenden Gärten. Die Eingeborenen machten einen Sarg aus Zedernholz, und der Junge wurde unter einem Baum begraben.

Seine Mutter schrieb ihrem Bruder, Pastor J.Wallace Hamilton, einen Brief, der mit den Worten anfing: »Der Herr hat uns ein großes Leid anvertraut.« Das ist ein leuchtendes Beispiel für den Bibelvers, in dem es heißt: »Wir rühmen uns sogar der Leiden« (Römer 5,3; Gute Nachricht).

Suchen Sie nach solchen Helden um sich herum! Sie besiegen große Nöte und weigern sich, ihren Glauben und ihre Träume aufzugeben, obwohl das vielleicht schwerer ist, als man sich vorstellen kann.

3. *Menschen, die sich weigern, ihre Träume aufzugeben.* Als mein Sohn im ersten Semester auf der Universität war, hatte er im Russischkurs große Schwierigkeiten. Er sagte: »Papa, ich denke, ich gebe es auf.« Er tat es aber nicht. Vielleicht konnte ich ihm durch etwas helfen, das ich getan habe.

Als ich in New York war, entdeckte ich ein großes Poster. Darauf war ein Footballspieler zu sehen, der auf einer Bank saß und seinen Helm zu Boden geworfen hatte. Er stützte die Ellenbogen auf seine Knie, sein Gesicht war schlammbespritzt und Tränen standen in seinen Augen. Man konnte sehen, wie niedergeschlagen er war. In großen Buchstaben stand darunter: »Ich gebe auf!«

In einer Ecke des Posters konnte man wie aus weiter Entfernung ein Bild sehen. Auf diesem Bild war ein dunkler Hügel, und darauf ein Kreuz. Darunter stand in Großbuchstaben: »Ich tat es nicht.«

Ich kaufte das Poster und gab es meinem Sohn.

Nehmen Sie Verbindung mit einem Sieger auf. Sein Name ist Jesus Christus. Dann werden Sie eine neue Sicht davon bekommen, wer Sie sind. Sie sind ein einmaliges Kind Gottes. Wenn Sie Jesus Christus nachfolgen, wird Aufgeben ab sofort keine Alternative mehr für Sie sein.

Wenn Sie noch weitere dieser leidenden Menschen sehen möchten, die einen heimlichen Heiligenschein tragen, dann suchen Sie nach Menschen, die das Unmögliche erreichen und ihren Umständen nicht gestatten, sie am Erreichen ihrer großen Ziele zu hindern.

4. *Menschen, die das Unmögliche erreichen.* Vor nicht allzu langer Zeit sah ich im Fernsehen eine Sendung, die mich mit Bewunderung erfüllte. Es war ein äußerst interessantes Interview mit einer dynamischen und schönen jungen Frau. Ich habe selbst einige außergewöhnliche Menschen interviewt, die unglaubliche Dinge besiegten und in etwas Gutes verwandelten. Aber die Beharrlichkeit dieser jungen Frau beeindruckte mich tief.

Evelyn Glennie wurde in Schottland geboren und wuchs auf einem Bauernhof auf. Sie hatte ein lebhaftes Interesse an Musik. Evelyn zeichnete sich besonders am Schlagzeug aus, und zwar so sehr, dass sie 1982 am Königlichen Konservatorium für Musik in London als Studentin aufgenommen wurde. Das ist schon für einen normalen Musiker keine geringe Leistung. Aber Evelyn ist hochgradig schwerhörig!

Sie wurde mit funktionierendem Gehör geboren, aber als sie 6 Jahre alt war, fingen ihre Ohren an sich zu verschlechtern. Mit 11 war Evelyn so schwerhörig, dass sie ein Hörgerät brauchte. Aber der Verlust ihres Gehörs sollte, was Evelyn betraf, nicht das Ende ihrer Liebe zur Musik sein.

»Ich hatte keinesfalls vor, wegen dieser Kleinigkeit mein Leben zu verändern«, sagte sie zu Ed Bradley bei diesem Fernsehinterview.

Wegen dieser *Kleinigkeit*? Schwerhörigkeit sollte eine Kleinigkeit sein? Erstaunlich! Spätestens jetzt wusste ich, dass ich einen außergewöhnlichen Menschen vor mir hatte. Für die meisten Menschen wäre der Verlust des Gehörs so schwerwiegend, dass er sie vollkommen niederschmettern würde. Aber Schwerhörigkeit als einen nur geringfügigen Sachverhalt zu betrachten, deckt die innere Stärke und den Mut dieser erstaunlichen jungen Frau auf, die ihre Prioritäten vollkommen neu setzen musste.

Evelyn warf ihr Hörgerät weg, weil es »den Klang im musikalischen Sinn verstärkte, was bedeutet, dass seine Klarheit damit verloren ging.« Sie griff stattdessen auf ihre anderen Sinne zurück, die ihr helfen sollten, die Musik zu »hören«.

Ihre Intuition und ihre Beharrlichkeit machten sich bezahlt. Evelyn sollte bald nicht nur in den größten Konzerthallen auftreten, sondern sie wurde auch von den besten Orchestern der Welt begleitet. Sie gab musikalische Darbietungen zum Besten, die ihre härtesten Kritiker begeisterten und sprachlos machten.

Das größte Geheimnis liegt darin, wie sie es schafft, ihren Einsatz nicht zu versäumen. Sie beherrscht die Bühne vom ersten Schlag ihrer Kesselpauke an mit Kraft und Anmut. Aber sie kann die Musik nicht hören, von der sie begleitet wird. Sie muss dem Dirigenten alles von seinem Gesicht und seinen Gesten ablesen, was dadurch noch weiter verkompliziert wird, dass sie sein Gesicht nicht immer sehen kann, wenn er das Orchester dirigiert. Doch Evelyn scheint ihren Einsatz niemals zu versäumen.

Evelyn zeichnet sich in ihren Konzerten an über einem Dutzend von Instrumenten aus, von Xylophon bis zur Marimba, von Klavier bis zur Trommel. Ihr Mann, ein Toningenieur, hilft mit, ihre ausgedehnten Reiseverpflichtungen zu koordinieren, einschließlich des Transports ihrer vielen Instrumente. Sie kann sich jetzt den Luxus leisten, den Komponisten selbst auszusuchen, der Konzerte speziell für sie schreibt.

Evelyn Glennie sprühte in diesem Interview vor Begeisterung. Wer sie beobachtet, vergisst schnell, dass sie taub ist. Sie las Ed Bradley fehlerfrei von den Lippen und stellte sogar die Vermutung an, dass er einen amerikanischen Akzent habe! Die Art, wie er seine Lippen bewegte, habe ihr das verraten, sagte sie. Ihre Liebe zum Leben sprang förmlich aus dem Bildschirm heraus, und ich wünschte mir sehr, wenigstens eines ihrer Konzerte hören zu können. Denn ich wusste, das würde eine äußerst bewegende und eindrucksvolle musikalische Darbietung sein.

Während ich diese dynamische Person beobachtete, kam mir der Gedanke, wie leicht ihr Leben einen anderen Weg hätte einschlagen können. Einen Weg, der in Bitterkeit, Zorn und Groll hätte führen können, weil sie das Leben um den kostbaren Anspruch betrogen hatte, Töne und Klänge zu hören. Was für ein herber Verlust wäre es für die Welt gewesen, wenn Evelyn sich in ihrem Schmerz verkrochen hätte. Wenn er sie dazu verleitet hätte, die eine Sache aufzugeben, in der sie besonders gut war – Musik.

Evelyn kann die Musik nicht hören, die sie produziert. Sie kann sich nicht am Klang ihrer Instrumente erfreuen. Sie kann den Applaus nicht hören, der ihr am Ende jeder Vorstellung entgegenbrandet. Diese junge Dame würde sicher alles dafür geben, um das zu ändern.

Ed Bradley fragte sie: »Wenn das Wunder geschähe, dass Sie wieder hören könnten – wie würden Sie darauf reagieren?«

Ich hätte die Antwort erraten können. Es war an ihrem Leben abzulesen. Aber nein. Es traf mich wie ein Schock.

»Ich denke, Sie wissen«, sagte sie, »dass ich bereits das Wunder erlebte, Musikerin zu werden ... und das im Leben zu tun, was mir wirklich Freude macht. Mehr kann ich nicht verlangen. Mehr will ich auch nicht.«

Sehen Sie sich in Ihrem Umfeld nach solchen Helden um! Es sind Menschen, die ihre Not besiegen und ihren Glauben nicht aufgeben; die sich weigern, ihre Träume aufzugeben und das Unmögliche erreichen; die den Traum eines anderen weiterführen.

> »Es gibt in jedem Herzen einen Funken himmlischen Feuers, der im hellen Tageslicht des Wohlstands schlummert, aber erst in der dunklen Stunde unserer Not aufflammt und zu strahlen beginnt.«
>
> Washington Irving, Essayist, Romanautor und Historiker (1783–1859)

5. *Menschen, die den Traum eines anderen weiterführen.* Linda Biehl ist ein solcher Mensch. Im Oktober 1992 verabschiedete sie sich von ihrer Tochter Amy, die für 10 Monate nach Südafrika gehen wollte, um die Anti-Apartheid-Bewegung zu unterstützen.

Amy war Mannschaftskapitän eines Tauchteams, das einen Meisterschaftstitel gewann. Sie hatte in Stanford internationale Beziehungen studiert und 1989 nach Abschluss ihres Studiums angefangen, sich mit der Politik Südafrikas zu beschäftigen. 1992 erhielt die 26-jährige ein Fulbright-Stipendium, um Frauen und Kinder in dieser jungen Demokratie zu studieren.

Als Amy sich anschickte, in Los Angeles an Bord des Flugzeugs zu gehen, beruhigte sie ihre in Tränen aufgelöste Mutter: »Nicht weinen, Mama!«

Linda musste oft an diese Worte denken, während ihre Tochter in den kommenden Monaten so weit weg in einem von Unruhen und Auseinandersetzungen zerrissen Land war. Zwei Tage bevor Amy wieder nach Hause kommen wollte, um ihre Eltern wiederzusehen und ihren Doktor zu machen, befand sie sich tragischerweise zur falschen Zeit am falschen Ort.

Die blonde Studentin brachte ein paar ihrer südafrikanischen Freunde zurück in ihre schwarzen Townships. Sie fuhr mitten in eine aufgebrachte Menge hinein, die gerade von einer politischen Kundgebung kam, bei der man das Motto ausgegeben hatte: »Ein Siedler, eine Kugel.« Diese Versammlung hatte die Menge aufgepeitscht und in einen rasenden Zustand versetzt, so dass sie davon überzeugt waren, den nächstbesten Weißen töten zu müssen, der ihnen über den Weg lief.

Amy war die einzige Weiße in diesem Auto. Sie hatte nicht die geringste Chance. Es war eine Ironie, dass sie gerade von den Menschen brutal umgebracht wurde, denen sie eigentlich helfen wollte.

Die Nachricht von der Ermordung ihrer Tochter setzte dem ruhigen Leben von Linda Biehl ein Ende. Der erste Gedanke, der ihr kam, waren die Worte: »Vater, vergib ihnen, denn sie wissen nicht, was sie tun.«

Linda und ihr Mann Peter befanden sich plötzlich mitten im Zentrum politischer Unruhen. Die vier Südafrikaner, die ihre Tochter umgebracht hatten, wurden vor Gericht gestellt und verurteilt, aber die Biehls wussten, dass die Tür damit noch nicht ganz zu war. Amy hatte ihren Eltern von einer Kommission erzählt, die sich um Versöhnung und Wahrheit bemühte und in der jungen Demokratie

Südafrikas Bedingungen aushandeln sollte, um für Verbrechen, die aus politischen Gründen begangen wurden, Straffreiheit und Amnestie zu gewähren. Es lag auf der Hand, dass auch Amys Mörder bald um Amnestie ansuchen würden.

Im Mai 1997 teilten die südafrikanischen Behörden den Biehls mit, dass Amys Mörder tatsächlich Amnestie beantragt hatten. Bischof Desmond Tutu, der dieser Kommission für Wahrheit und Versöhnung vorstand, hatte eine lange Unterredung mit den Biehls. Er sagte zu ihnen: »Sie müssen bei der Anhörung vor Gericht das aussprechen, was in Ihrem Herzen ist.«

Linda und Peter Biehl kannten die Überzeugungen ihrer Tochter. Amy hatte zusammen mit Dela Omar, der nun in Südafrika Justizminister ist, viele Stunden Arbeit in die Erklärung der Menschenrechte investiert. Die Biehls wussten, dass 80 Prozent der Bevölkerung Südafrikas von den übrigen 20 Prozent beherrscht wurden. Sie wussten, dass es richtig war, den vier jungen Männern zu vergeben und sie zu ermutigen, ein gutes Leben zu führen.

»Wir waren uns im Klaren, dass dieser Prozess für Südafrika wichtig ist«, erklärte Linda, »und wir wussten auch, dass Amy die Unterdrückung verstanden hatte. Wir wussten, warum diese jungen Männer Amy umgebracht hatten. Als wir zur Gerichtsverhandlung nach Südafrika kamen, besuchten wir die illegalen Siedlungen und Townships außerhalb Kapstadts und sahen die Bedingungen, unter denen die Menschen dort lebten. Wenn ich ein junger Südafrikaner wäre, würde mich das auch sehr beschäftigen.

Die vier jungen Männer gestanden bei der Verhandlung den Mord an Amy ein und baten uns um Vergebung. Wir waren ganz in Frieden darüber, dass wir ihnen vergeben konnten.« (Die vier Männer wurden im Sommer 1998 aus der Haft entlassen, nachdem sie 4,5 Jahre im Gefängnis verbracht hatten.)

Die Biehls vergaben nicht nur den Mördern ihrer Tochter, sondern sie richteten auch eine Stiftung in ihrem Namen ein, die ihre Arbeit weiterführen sollte. Die »Amy Biehl Stiftung« stellt jungen Südafrikanern Stipendien und soziale Programme zur Verfügung, um ihnen einen erfolgreichen Start ins Leben zu ermöglichen. In vielen Gegenden Südafrikas sind 80 bis 90 Prozent der Leute arbeitslos und haben keinerlei Ausbildung. Diese Stiftung hilft Südafrikanern, eine Lehre zu absolvieren und sich eine Zukunft aufzubauen.

Im März 1998 erfuhren die Biehls, dass sich Victor, der Fahrer des Rettungswagens, der Amy begleitet hatte, einer Therapie unterziehen musste. Er hatte in den 17 Jahren, in denen er einen Rettungswagen fuhr, viel Gewalt und Unschönes gesehen, aber dass Amy ermordet wurde, hatte ihm offensichtlich den Rest gegeben.

Sein Therapeut bat die Biehls, mit dem Fahrer zu sprechen. Bei einem gemeinsamen Essen sagten sie beiläufig: »Victor, in den Schulen der Townships gibt es keine Erste Hilfe.«

Victor wurde darüber ganz aufgeregt und sagte: »Ich könnte das ändern.«

Seit diesem Treffen haben die Biehls zusammen mit Victor mehr als 300 Menschen in den Vororten Kapstadts in Erster Hilfe geschult, einschließlich südafrikanischer Polizisten und Lehrer, die keinerlei Ausbildung darin hatten und heute eine vollständige Ausrüstung für die medizinische Erstversorgung besitzen.

»Ich fühle mich befreit und voll neuer Energie«, sagte Linda zum Schluss. »Ich kann die Welt nun viel besser verstehen. Es gibt Dinge, die man erst versteht, wenn man an eine Grenzen kommt. Amy sprach viel davon, wie es ist, wenn man als Schwimmer seine Schmerzgrenze überschreitet. Wer das einmal getan hat, möchte es immer wieder tun.«

Ein Professor aus Stanford schrieb Amys Eltern nach ihrem Tod einen Brief, in dem er unter anderem sagte: »Hin und wieder hat man einen Schüler, der hinaus ins Leben geht und das tut, was man ihm beigebracht hat.« Linda wünscht sich nichts mehr, als dass Jesus Christus ebenso von ihr denkt. »Ich wünsche mir, dass er mich als einen seiner Jünger betrachtet, die seinen Willen tun.«

Das sind die Worte einer trauernden Mutter, die ihren Schmerz mit einem hellen Schein umgeben hat. Wenn Sie noch mehr solcher Menschen kennen lernen möchten, dann halten Sie Ausschau nach Menschen, auf die Gott stolz ist!

6.

Menschen, auf die Gott stolz ist. Manche Menschen haben etwas an sich, das auf den Stolz unseres himmlischen Vaters auf eines seiner Kinder schließen lässt, dem es gelungen ist, sein Leid und seinen Schmerz zu verwandeln. Die Bibel spricht immer wieder von Gott als unserem himmlischen Vater. Er spürt sicherlich den heiligen Stolz eines Vaters, der sich über alles freut, was einem seiner Kinder gelungen ist.

Ich bin sicher, dass dieser himmlische Vater stolz auf William und Kay Keck und deren Tochter Anne ist.

Der Morgen des 12. September war ein ganz normaler Schultag. William weckte wie üblich die Kinder auf, während seine Frau unter die Dusche ging. Aber dieser Morgen sollte anders verlaufen als alle anderen. Als William Anne aufwecken wollte, sah er, dass sie mit glasigem Blick und zusammengekrümmt in ihrem Bett lag. Sie war vollkommen steif und konnte sich nicht bewegen.

William schrie nach seiner Frau. Kay kam angerannt und erkannte sofort, dass Anne einen epileptischen Anfall hatte. Die nächsten zwölf Stunden gingen wie ein Wirbelwind über sie hinweg. Als es Abend wurde, wussten die Kecks ein wenig mehr. Sie werden nie vergessen, was der Arzt an diesem Abend zu ihnen sagten: »Wir denken, wir wissen jetzt, was bei Anne nicht stimmt. Sie hat eine bestimmte Art von Sklerose (krankhafte Gewebeverhärtung). Das ist eine genetische Störung, die in vielen größeren Organen gutartige Tumore verursacht. Alles, was Sie tun können, besteht darin, sie wieder mit nach Hause zu nehmen und mit viel Liebe zu umgeben.«

Als William und Kay diese niederschmetternde Nachricht hörten, wussten sie zuerst nicht, was das bedeuten sollte. Würde Anne leben oder sterben? Der Arzt konnte es nicht sagen. Dann stieg Zorn in ihnen auf. »Gott, wie kannst du uns so etwas antun? Was haben wir nur als Eltern falsch gemacht? Von welcher Seite der Familie kommt dieser genetische Defekt?« In ihrem Verstand arbeitete es in den folgenden Tagen unentwegt.

In den kommenden Wochen schienen die Kecks keine Antwort auf ihre Gebete zu bekommen. Kay und William weinten und beteten viel im Stillen. Was lag vor ihnen? Die Angst vor dem Unbekannten schien übermächtig zu sein.

Aber mit jedem Tag wurde es etwas besser. Sie fingen an, medizinische Bücher und Zeitschriften zu durchsuchen, um sich Informationen über Annes Erkrankung zu beschaffen. Sie holten von anderen Ärzten einen zweite Meinung ein. Ja, Anne hatte Sklerose. Das stand fest.

Sie erkannten bald, dass sie zwei Alternativen hatten. Sie konnte der Krankheit erlauben, ihr Leben, ihre Familie und ihre Ehe kaputt zu machen, oder sie konnten die Hand ergreifen, die sie schlug, und daran vorwärts gehen. Als Kay und William einander in ihrem Schmerz in den Armen hielten, schworen sie sich und Gott, dass sie nicht aufgeben wollten.

- Als Ann in die Schule kam, sagten die Ärzte, dass sie möglicherweise nie in der Lage sein werde, schreiben zu lernen.
- Am Ende der 1. Klasse gewann Anne einen Preis für gutes Schreiben.
- In der Mitte des ersten Schuljahres sagten die Ärzte, dass Phonetik für Anne keinen Sinn habe. Sie müsse wahrscheinlich nach einer anderen Methode lesen lernen.
- Am Ende der 5. Klasse sagten Anns Lehrer, dass sie besser lesen könne als 95 Prozent ihrer »normalen« Klassenkameraden. (Nein, Anne ist im Lesen nicht auf dem Stand ihrer Klasse, doch sie macht große Fortschritte.)
- Als Anne in der 3. Klasse war, fing ihre Familie an, anderen von ihrer genetischen Störung und ihren besonderen Herausforderungen zu erzählen. Sie schrieben ihre Geschichte auf und gaben jedem Kind in der Klasse eine Kopie. Annes Lehrer ermutigten die Kinder, mit ihren Eltern über Anne und deren Krankheit zu sprechen. Daraufhin war Anne bei ihren Klassenkameraden bald mehr akzeptiert. Sie wurde zu Geburtstagsfeiern und zum Übernachten eingeladen.
- Zur Zeit ist Anne in der 7. Klasse. Sie ist Cheerleaderin, besucht das Gymnasium und singt im Chor der Gemeinde mit, zu der ihre Familie gehört. Sie wacht morgens mit einem Lächeln auf ihrem Gesicht auf. Gott ist stolz auf Anne Keck und ihre Eltern.

Gott ist auch stolz auf uns, wenn wir am Glauben festhalten und Zorn und Bitterkeit keinen Raum in uns geben. Gott ist stolz darauf, wie wir mit unseren Nöten umgehen. Nachbarn, Freunde und auch Leute, die wir gar nicht kennen, werden wunderbare Dinge über unsere Haltung und Einstellung sagen.

Wir tragen dann einen Heiligenschein, auch wenn dieser nicht im Spiegel zu sehen ist, denn wir vermitteln allen Mut und Hoffnung, die uns beobachten! Diese heilige Ausstrahlung hat mit der Gegenwart Gottes, unseres himmlischen Vaters, zu tun. Gott zeigt, wie stolz er auf uns ist! Unsere Persönlichkeit spiegelt die Schönheit Jesu Christi wieder, der in uns lebt!

Ja, dieser Heiligenschein ist auch dort zu finden, wo die Würde eines Menschen über seine Not triumphiert. Der Geist eines Menschen kann seine Not überstrahlen. Vor kurzem las ich eines meiner Lieblingsbücher von J. Wallace Hamilton, »What About Tomorrow?« (Was wird morgen sein?). Er war einer der größten christlichen

Schriftsteller seiner Zeit. Er hatte eine erstaunliche Einsicht, wie sich Leid in etwas Gutes verwandeln kann. Seine Worte berührten mich sehr, darum beschloss ich, einige Sätze aus seinem wunderbaren Buch hier aufzunehmen. Man kann dort folgendes lesen:

»Ich liebe es mir vorzustellen, dass Gott stolz auf seine Kinder ist, so wie auch wir oft stolz auf unsere Kinder sind, wenn sie auf einen Berg zugehen und ihn ersteigen, wenn sie ihren Kummer tapfer tragen, sich dem Sturm entgegenstemmen und ihn schließlich bezwingen.

Sind Sie nicht auch der Meinung, dass Gott stolz auf Hiob war an dem Tag, an dem ihm alles genommen wurde, als er seinen mit Eiterbeulen bedeckten Arm zum Himmel streckte und schwor: ›Ich will an ihn glauben, auch wenn er mich schlägt‹?

Ich sage Ihnen, dass die Würde eines Menschen in der Niederlage, diese Widerstandskraft des menschlichen Geistes, der sich ungebrochen über jede Not erhebt, zu den Dingen in der Schöpfung gehört, über die sich Gott in seiner Herrlichkeit freut. Das ist auch der Sinn des Kreuzes, zumindest teilweise, das ist der Grund, warum es unser Herz zum Schweigen bringt. Es wurde nicht zum Symbol einer Tragödie, sondern vielmehr zu einem Siegessymbol – ein Mann, der den Hügel hinaufgeht, das Kreuz und die Hammerschläge auf sich nimmt und in Segen verwandelt.

Vielleicht ist es das, was auch wir tun müssen: unser Kreuz, worin immer es besteht, den Hügel hinauftragen, auch wenn kein Wunder in Sicht ist, das unsere Last erleichtern könnte.

Eine Frau, die gerade schwere Zeiten durchlebte, sagte einmal: ›Ich wünschte, man hätte mich nie gemacht!‹

Und ein Freund antwortete ihr: ›Meine Liebe, du bist noch nicht gemacht, du wirst gerade erst gemacht.‹

Das ist gute Theologie. Der Mensch ist noch nicht, was er sein soll, er ist im Werden. Er wird dazu gemacht durch seinen Kampf mit dem Unvollkommenen und Unfertigen, er wird dazu gemacht durch den großen Traum, der in ihm lebt und ihn nach oben zieht, auch wenn er ihn vielleicht nie erreichen wird. Und er wird dazu gemacht durch die Hammerschläge des Lebens, durch die Nöte, die über ihn kommen und durch das Kreuz, das er trägt. Es sind starke Hände über unserem Leben, aber es sind die Hände eines Vaters, wie Jesus sagt.

Suchen Sie in Ihrer Umgebung nach solchen Helden!

Es sind Menschen, die ihre Nöte besiegen.

Die sich weigern, ihren Glauben oder ihre Träume aufzugeben.
Die das Unmögliche erreichen.
Die den Traum eines anderen weiterführen.
Menschen, auf die Gott stolz ist, und Menschen, die ein Wunder erlebten.«

**Ich würde es jederzeit vorziehen, mein Leben mit Gott
in diesem Rollstuhl zu verbringen, als ohne ihn auf meinen Füßen.
Ich freue mich darauf, diesen Rollstuhl im Himmel einmal
zusammenklappen und Jesus überreichen zu können.
Ich werde dann aufrichtigen Herzens sagen: Danke, ich hatte ihn nötig.**

Joni Eareckson Tada, querschnittsgelähmte Schriftstellerin und Künstlerin

7.

Menschen, die ein Wunder erlebten. Phil Gilbert arbeitete hart und erreichte viel. Sein Erfolgsrezept hatte er von seinem Vater übernommen: »Wenn du Problemen begegnest, dann arbeite daran.« Er dachte, dass er damit auch seine neueste Schwierigkeit überwinden könnte – seine Unfruchtbarkeit.

Phil und seine Frau Marilyn suchten die beste Fruchtbarkeitsklinik des Landes auf. Die Ärzte schränkten das Problem auf Phil ein und stellten rasch einen Plan für eine Reihe von Untersuchungen und Behandlungen auf. Er war voller Zuversicht, dass diese medizinische Institution das Problem lösen würde und befolgte alle Ratschläge und Behandlungsmethoden der Ärzte genau.

Drei Jahre später war aber noch immer alles beim Alten. Phil und seine Frau konnten kein Kind bekommen. Nachdem alle medizinischen Möglichkeiten erschöpft waren, wurde Phil zu einer Besprechung bestellt. Man sagte ihm: »Es tut uns Leid, aber es gibt nichts mehr, was wir für Sie tun könnten.«

Phil verließ das Sprechzimmer des Arztes niedergeschlagen und deprimiert. Zum ersten Mal in seinem Leben gab es keine Lösung, wie sehr er sich auch anstrengte. Es war ein Schmerz, den er bisher nicht gekannt hatte. Wie sollte er das nur seiner Frau beibringen? Wie sollten sie über ihre zerbrochenen Träume hinwegkommen? Wie sollten sie weiterleben mit der Aussicht, nie eine richtige Familie zu werden?

Am nächsten Morgen stieg Phil unter die Dusche, bevor er zur Arbeit ging. Als das warme Wasser über ihn floss, strömten auch

Tränen über seine Wangen. Es war der schlimmste Schmerz, dem er je begegnet war. Er fühlte sich so einsam und hoffnungslos, dass er seine Gedanken auf Gott richtete. Er hatte Gott bisher nicht viel gebraucht. Seine autarke Haltung ließ wenig Raum für einen Gott, der sich für ihn persönlich interessierte. Aber jetzt war Gott vielleicht seine einzige Hoffnung. Also wandte Phil sich an Gott.

»Da hörte ich plötzlich eine Stimme in mir sagen: ›Knie dich hin!‹«, erinnert sich Phil. »Es war keine hörbare Stimme, sondern eher eine Stimme im Innern, die keinen Widerspruch duldete. ›Ich werde mich nicht hier in dieser Dusche hinknien‹, verwehrte ich mich. Aber dann spürte ich wieder dieses Drängen: ›Knie dich hin‹! Ich zögerte wieder, aber das Drängen hörte nicht auf: ›Knie dich hin‹! Es war ganz eindeutig, darum machte ich es. Die Zeit stand still, während ich in dieser Dusche kniete und weinte. Ich weiß nicht, wie lange ich dort auf meinen Knien lag und betete und weinte, aber als ich schließlich wieder aufstand, war alles anders. Ich hatte zum ersten Mal in meinem Leben den Frieden Gottes erfahren. Und ich wusste im selben Augenblick, dass ich geheilt bin.«

Phil wartete an diesem Tag sehnsüchtig darauf, dass seine Frau nach Hause kam. Als sie kam, war sie sehr niedergeschlagen. »Ich dachte, dass ich vielleicht schwanger bin«, sagte sie. »Meine Periode hat sich verspätet, darum ging ich zum Arzt in der Hoffnung ... aber ich bin es nicht.«

Phil tröstete seine Frau, nahm ihr Gesicht in seine Hände und sagte: »Ich bin nicht sicher, ob ich es erklären kann, aber ich weiß, dass du bald schwanger sein wirst. Denn ich bin geheilt.« Und er erzählte ihr die ganze Geschichte.

Drei Monate später war Phil ein glücklicher werdender Vater! Er ging in die Klinik, um seinen Arzt mit dieser guten Nachricht zu konfrontieren. Vier Kinder später schreiben Phil und seine Frau Marilyn das Wunder ihrer Familie immer noch Gott allein zu.

Der helle Glanz, der diese Familie umgibt, erinnert alle daran, dass Gott Wunder wirken kann.

Wunder! Es gibt sie überall um uns herum. In einem Lied heißt es: »Es passieren jeden Tag Abertausende von Wundern.« Wie ist es möglich, dass es in einer Welt, die so in Sünde, Leid, Ungerechtigkeit und Böses verstrickt ist, immer noch so viele Menschen gibt, die emotional gesund sind? Ganz einfach – weil die Wunder nicht aufhören! Es gibt immer neue Hochzeiten und immer neue Kinder, die empfangen und geboren werden. Halten Sie Ausschau nach

glücklichen und fröhlichen Menschen, und Sie werden etwas spüren, von dem ein Strahlen ausgeht. Das hat mit der Anwesenheit
Gottes zu tun, der da ist, um unseren Dank entgegenzunehmen.

Wir sollten dieses helle Strahlen nicht übersehen, das uns überall umgibt!

Kapitel 8

Geben Sie die Hoffnung niemals auf!

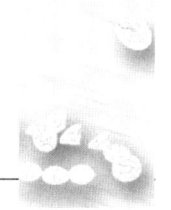

Charles Beard war einer der großen amerikanischen Historiker. Gegen Ende seiner beruflichen Laufbahn wurde er einmal gefragt, was er aus der Geschichte gelernt habe. Er antwortete: »Ich habe vier Dinge gelernt. Erstens: Wen die Götter vernichten wollen, den lassen sie als erstes machtgierig werden. Zweitens: Gottes Mühlen mahlen langsam, aber sicher. Drittens: Die Biene, die eine Blüte beraubt, befruchtet sie auch. Und viertens habe ich gelernt, dass die Sterne erst zu sehen sind, wenn es dunkel geworden ist.«

Werden Sie darum zu einem Menschen, der die Hoffnung niemals aufgibt. Ich lebe mit einer Hoffnung, der ich hoffnungslos verfallen bin. Ich habe eine unheilbare, instinktive, impulsive und unverschämte Neigung, mich immer und überall der Hoffnung zu überlassen, was auch immer geschieht, weil ich weiß, dass es ein Morgen gibt. Ich weiß, dass jeder vergangene Tag wie ein stornierter Scheck für mich ist. Der heutige Tag ist das Bargeld in meiner Hand, über das ich nach Belieben verfügen kann. Der morgige Tag ist ein Schuldschein bzw. ein Versprechen des allmächtigen Gottes. Das ist meine Lebensphilosophie. Das macht mich zu einem hoffnungslos der Hoffnung verfallenen Menschen. Und die Hoffnung, über die ich spreche, die ich auch Ihnen verspreche, wird uns nie enttäuschen. Vielleicht wird sich nicht jede Hoffnung erfüllen, aber sie wird unseren heutigen Tag mit dem Geschenk des Optimismus füllen. Darum führt die Hoffnung ihren eigenen Lohn mit sich.

Geben Sie nie, niemals und unter keinen Umständen die Hoffnung auf, was auch immer jemand sagt!

Es hat schon immer böse Zungen gegeben, die über die Hoffnung herfielen. Ärzte, die Dinge für möglich halten, werden dafür kritisiert, dass sie »falsche Hoffnungen« aufbauen. Der bekannte Arzt Dr. Bernie Siegel hat vor Jahren in brillanter Weise auf diese Kritik geantwortet: »Die einzige falsche Hoffnung liegt darin, keine Hoffnung zu haben.«

Wir müssen bis zur Philosophie der Griechen zurückgehen, um zu sehen, was uns mit der Hoffnung verloren gehen kann. In der griechischen Mythologie wird uns erzählt, dass Zeus sehr zornig darüber war, wie die Menschen miteinander umgingen und einander betrogen. Darum beschloss er, die Menschheit zu bestrafen. Er schickte Pandora mit einer Büchse zu ihnen, die alle Übel dieser Welt enthielt. Wenn man den Deckel hob, wurde das Böse freigelassen und bestrafte die Menschen so, wie sie es verdienten.

Nun, Sie kennen die Geschichte. Die Büchse der Pandora wurde geöffnet und alle Übel außer einem kamen heraus. Ein Übel namens Hoffnung. Die Griechen – auch die Philosophen Sokrates, Aristoteles und Plato – betrachteten die Hoffnung als ein Übel, weil sie die Menschen betrügt. Sie dachten: »Wir werden zuletzt alle einmal sterben. Darum ist alle Hoffnung letztlich eine falsche Hoffnung.«

Das ist auch der Grund, warum die Theaterstücke in der griechischen Tradition nie einen guten Ausgang haben. Sie enden immer tragisch. Die größte griechische Tragödie besteht aber darin, dass weder Aristoteles noch Sokrates noch Plato mit all ihrer Philosophie, noch irgend jemand sonst in dieser hochentwickelten Kultur entdeckte, dass die Hoffnung kein Übel, sondern eine überaus positive Tugend ist.

Dann kam der Apostel Paulus, der ebenfalls hochgebildet war. Er diskutierte mit seinen griechischen Freunden und stellte ihnen die Hoffnung als eine der drei größten und heiligsten Tugenden des Lebens vor Augen: Glaube, Hoffnung und Liebe. Man stelle sich vor, wie schockierend und revolutionär dieses Denken gewesen sein muss.

Woher nahm Paulus diese Gedanken? Er war ein gebildeter Jude. Er kannte sein Altes Testament. Und das Thema des Alten Testaments heißt, in einem Wort zusammengefasst: Hoffnung.

Die Hoffnung kam nicht durch Philosophie, Psychologie oder irgendeine andere wissenschaftliche Erkenntnis in das Denken der Menschen. Sie hat ihre Wurzeln im Alten Testament. Sie ist ein Geschenk, das Gott dem jüdischen Volk gegeben hat. Jesus Christus wurde in diesen Gedanken erzogen, er wuchs mit diesem Glauben auf und machte sich die Hoffnung zu eigen. Darum ist auch das Neue Testament das Nonplusultra der Hoffnung.

Wir können uns dafür entscheiden, auch in Leid und Schmerz
die Hoffnung niemals aufzugeben.
Denn es hat in der ganzen Geschichte noch niemals einen Tag
wie den morgigen gegeben.

1959 hielt Dr. Karl Menninger, einer der führenden Psychiater des
vergangenen Jahrhunderts, beim jährlichen Treffen amerikanischer Psychiater in Philadelphia, Pennsylvania, eine Rede, die welt-
weite Bedeutung erlangte. Ich bin sehr stolz darauf, dass er mir eine
signierte Kopie dieses Vortrags zukommen ließ. Der Titel seiner
Rede bestand in einem Wort und hieß »Hoffnung.«

1967, also acht Jahre später, war ich zusammen mit 4.000 Psy-
chiatern aus der ganzen Welt beim »4. Internationalen Psychiatrie-
kongress« in Madrid, Spanien. Dort hörte ich von dem deutschen
Psychiater H. W. Janz einen Vortrag über die Hoffnung. Ich be-
sorgte mir vom Kongresszentrum eine Kopie des vollständigen Vortrags mit dem Titel: »Hoffnung in der Psychotherapie. Vortrag von
H. W. Janz, 1967.« Gleich auf der ersten Seite wird gesagt, wie
wenig sich die Psychiatrie bis jetzt um dieses Thema gekümmert
habe:

»Psychologie und Psychiatrie haben sich von diesem Thema
weitgehend abgewandt, weil darin religiöse Untertöne mitschwin-
gen. Die einzige Arbeit, die wirklich von Bedeutung ist, geht auf
Karl Menninger im Jahr 1959 zurück.«

Die Menschen möchten gerne daran glauben, dass man trotz
Zynismus, säkularem Denken und dem allerorten um sich greifen-
dem Agnostizismus und Atheismus ein schmerzfreies, erfülltes und
glückliches Leben ohne Religion, ohne Gott und ohne Hoffnung
führen kann. »Die Psychiatrie hat Angst vor der Hoffnung«, hörte
ich Dr. Janz auf diesem internationalen Treffen sagen. »Denn sie
führt dazu, dass Menschen geistlich denken. Und dabei könnten sie
auf etwas stoßen, das vielleicht religiös ist.«

Aber wohin führt es, wenn man leidenden Menschen die Hoffnung vorenthält? Dr. Janz beantwortete diese Frage mit einer Geschichte: »Ich möchte Ihnen gerne von einer meiner Patientinnen
erzählen. Sie ist 42 Jahre alt und unverheiratet. Ihr Leben ist völlig
ohne jede Hoffnung.« Die folgenden Sätze stammen von dieser Pa-
tientin: »Da ich in der Liebe keine Erfüllung fand, habe ich mich aus
der Welt völlig zurückgezogen. Nicht nur aus der Welt der Männer,

sondern aus der Welt insgesamt. Das hat mich vollkommen steif gemacht. Ich fühle mich leer und ausgebrannt. Ich bewege mich wie eine Marionette mit steifen, ruckartigen Bewegungen. Die ständige Depression frisst Löcher in meine Seele wie Krebs. Ich bin zerrissen. In bin wie in Stücke zerbrochen. Es gibt keine Impulse mehr für mich. Ich kann nicht mehr spontan sein. Die Musik tut mir weh.«

In der zweiten Hälfte des 20. Jahrhunderts fing die Psychiatrie an, die Hoffnung als positive, heilende Kraft zu entdecken. Das ist ein wichtiger Entwicklungsschritt in der Psychiatrie, denn Sigmund Freud hielt nichts von Religion. Manche Gelehrte vermuten, dass das Auftauchen dieser jungen Wissenschaft namens Psychiatrie im 20. Jahrhundert der Versuch war, ein emotionales System zu erfinden, das den Atheismus stützen sollte. Die Bibel hat über Jahrtausende Menschen zu einem positiven Glauben inspiriert, der die tiefsten emotionalen Bedürfnisse leidender Menschen erfüllte. Darum kann man gut verstehen, warum die Erfinder dieses emotionalen Unterstützungssystems für nichtreligiöse Menschen dazu neigten, die Hoffnung abzulehnen.

Doch dann führte Dr. Karl Menninger seinen Berufsstand auf revolutionäre Weise dazu, die Hoffnung zu respektieren. Er benutzte dazu wissenschaftliche empirische Testverfahren. In seiner klassischen Vorlesung über Hoffnung berichtet er über Experimente, bei denen Scheinmedikamente eingesetzt wurden, um neue Arzneimittel auszutesten. Er schreibt: »Das Schockierende daran war nicht, dass es den Menschen, die diese neuen Medikamente bekamen, eindeutig besser ging, was für die Arzneimittel sprach. Doch es passierte immer wieder, dass Patienten, denen man Placebos verabreicht hatte, dieselben aufsehenerregenden Heilungserfolge vorweisen konnten.« Warum ging es diesen Menschen plötzlich besser? Der Placeboeffekt hatte ihnen Hoffnung gegeben! »Damit ist die geheimnisvolle Heiligungskraft, die in der Hoffnung steckt, wissenschaftlich erwiesen«, behauptete Dr. Menninger in dieser historischen Rede.

Ich erinnere mich an eine Frau aus unserer Gemeinde, die sehr krank wurde. Ihre schwere psychische Erkrankung verlangte, dass sie in einem Zimmer eingesperrt wurde. Ich besuchte sie dort oft. Ich weiß nicht mehr, wie viele Monate sie in diesem Zimmer verbrachte, ohne dass sich an ihrem Zustand das Geringste verändert hätte.

Aber als ich sie eines Tages wieder besuchte, war sie ein vollkommen anderer Mensch. Sie war wieder normal und jugendlich frisch. Ich fragte: »Mary* (Name geändert), was ist passiert?«

»Oh«, sagte sie, »wie Sie wissen, war ich krank. Ich weiß jetzt, wie krank ich war. Aber wissen Sie auch, warum ich so krank war, Dr. Schuller? Ich dachte, ich sei in der Hölle. Aber vor etwa zehn Tagen bekam ich einen neuen Arzt. Er kam herein und begrüßte mich mit den Worten: ›Mary, ich bin Ihr neuer Arzt. Mein Name ist Dr. Himmel.‹ Ich sagte: ›Was?‹ Er wiederholte: ›Mein Name ist Dr. Himmel.‹ Ich konnte es nicht glauben und sagte: ›Das kann nicht sein. Hier ist die Hölle. Wie kann der Himmel in der Hölle sein?‹ Er aber sagte: ›Ich bin Dr. Himmel. Sie sind jetzt bei mir.‹ Daraufhin fing ich an, mir immer wieder vorzusagen, dass ich nicht mehr in der Hölle sein kann, weil ja der Himmel da ist.«

Vollkommen unlogisch, jawohl. Aber Mary wiederholte diese Gedanken immer wieder. Und plötzlich glaubte sie daran, nicht mehr in der Hölle, sondern im Himmel zu sein. Das genügte, um ihr Denken zu verändern und sich für die Hoffnung mit ihrer heilenden, lebensverändernden und aufbauenden Kraft zu öffnen. Ihre Hautfarbe veränderte sich, und ihre Augen blickten nicht mehr leer und ausdruckslos. Sie sprühten wieder vor Leben und Energie.

Diese Hoffnung hat mit der Gegenwart eines Geistes zu tun, der den Namen Gott trägt. Marys Heilung trat vor 33 Jahren ein und hielt bis zu ihrem Tod an. Hoffnung ist oft ein Hinweis darauf, dass Gott mit seiner Kraft in einem Menschen anwesend ist. Um der heilenden Kraft der Hoffnung zu begegnen, muss man zu ihrer geistlichen Quelle gehen – zum Glauben. Ein positiver Glaube weicht auch den letzten Fragen nicht aus und löst die Frage des Todes. Wer Hoffnung hat, für den ist der Tod keine Tragödie, sondern ein Happyend. Wir haben unser Leben gelebt und Frucht gebracht. Die Blüten sind nun verblüht und die Blätter fallen zu Boden. Wir haben den Lauf vollendet in der Kraft, die uns ins Leben rief, uns zu überleben half und uns wieder zum Leben erwecken wird. Wir wissen, wohin wir gehen, und diese Hoffnung wird uns niemals enttäuschen!

Diese Hoffnung und dieser Glaube sind in der Bibel zu finden. Diese Dinge sind in Jesus Christus zu finden. Er wird Sie niemals enttäuschen. Machen Sie Jesus zu Ihrem Freund. Freunden Sie sich mit der Bibel an. Sie werden einen Glauben finden, der die Hoffnung für alle Zeiten am Leben halten wird.

Wie ich zu einem »Hoffnungssüchtigen« wurde

Hier ist mein persönliches Zeugnis. Ich kann nicht wie andere bezeugen, dass ich »in Drogen, Alkohol und sexuelle Sünden verstrickt war, bevor ich Jesus gefunden habe; dass ich mich dann bekehrte, wiedergeboren wurde und alle diese Sünden aufgab.« Nein, mein Zeugnis sieht anders aus.

Meine Eltern waren Menschen, die Gott gehorchten. Sie lasen täglich in der Bibel. Sie nahmen ihre Kinder jeden Sonntag mit zur Kirche. Sie beteten für uns, und wir beteten täglich miteinander beim Frühstück, beim Mittagessen, beim Abendessen und wenn wir zu Bett gingen. Sie spielten Klavier und wir sangen Kirchenlieder. Als Kind saß ich neben meiner Mutter auf der Klavierbank und lernte das Lied: »Jesus liebt mich, das ist wahr, denn die Bibel sagt es klar. Die Kleinen gehören zu ihm, denn sie sind schwach, doch er ist stark.« [1]

Das ist die Quelle, aus der mein Glaube kommt. Darum kann ich die Wahrheit des Bibelverses bezeugen: »Du bist meine Hoffnung, Herr, dir habe ich von Jugend auf vertraut« (Psalm 71,5; Gute Nachricht). Ich hatte eine glückliche Kindheit, weil sie mit Hoffnung gefüllt war. Und diese Hoffnung führte zu wunderbaren Träumen.

Wir brauchen Hoffnung ...

- wenn wir einen Traum haben. Die Hoffnung führt zum Traum und schenkt uns Schwung und Energie, egal wie alt wir sind, bis wir uns aufmachen und unser Glück versuchen. Wir brauchen Hoffnung, wenn wir von der Zukunft träumen.

- wenn diese Träume auf Probleme, Hindernisse, Schwierigkeiten oder Enttäuschungen stoßen. Wir brauchen Hoffnung, um uns vor dem Ansturm von Zorn, Angst und Sorgen zu schützen. Wir brauchen Hoffnung, um unsere Träume in die Tat umzusetzen.

- wenn wir gesund sind. Und auch wenn wir krank sind.

- wenn wir uns um einen Studienplatz bewerben oder wenn wir die Ausbildung abgeschlossen haben. Und wenn wir uns für einen Beruf entscheiden, brauchen wir Hoffnung, die uns trägt, führt und weiter voranbringt.

- wenn wir jung sind und nach einem Lebensgefährten suchen. Und wenn wir uns verlieben, brauchen wir Hoffnung, um jemandem einen Heiratsantrag machen zu können. Wenn wir verheiratet sind, brauchen wir immer noch Hoffnung, vielleicht mehr denn je. Wir brauchen Hoffnung, wenn ein Baby kommt und wenn wir dieses Kind in unsere Arme nehmen.

■ Und wenn wir sterben. Wir brauchen sie unser ganzes Leben lang.

Es gibt keine Liebe ohne Hoffnung. Hoffnung ist das, was unseren Glauben am Leben hält. Das ist auch der Grund, warum die Hoffnung in dieser heiligen Trinität menschlicher Gefühle von Glaube und Liebe eingerahmt wird.

Was ist unter Hoffnung zu verstehen?

Hoffnung. Sie ist etwas Wunderbares, das geheimnisvoll und urplötzlich von uns Besitz ergreift. Die Last hebt sich von der Brust, die Farbe kehrt in die Wangen zurück und die Augen fangen wieder an zu strahlen. Was ist diese Hoffnung? Man könnte sie als ein wissenschaftliches Experiment bezeichnen, mit dem die Anwesenheit Gottes nachzuweisen ist, der in unserer Persönlichkeit wirkt.

Sind Sie ein Agnostiker oder ein Atheist? Sie sagen, dass Sie nicht an Gott glauben? Warten Sie einen Moment! Gott glaubt an Sie. Es hat in Ihrem Leben sicher Zeiten gegeben, in denen Sie verzweifelt waren und die Sie dennoch überstanden haben. Irgendjemand oder irgendetwas ist auf Sie zugekommen, um Sie zu ermutigen. Oder sie hatten eine glänzende Idee. Oder die Lage veränderte sich. Oder Sie hatten einfach Glück. Das Glück, das Sie immer und immer wieder haben, ist im Grunde nichts als Ihr guter Gott.

Es kann sein, dass Sie nicht an Gott glauben, aber Gott glaubt an Sie, auch wenn Sie Atheist sind. Er wird Ihnen nicht die Türe vor der Nase zuschlagen, ohne Ihnen Hilfe anzubieten. Hoffnung ist etwas Geheimnisvolles. Wenn ein Mensch von ihr ergriffen wird, kann man das nur als die Gegenwart eines liebenden Gottes beschreiben, der in unseren Verstand, in unsere Gefühle, in unseren Körper und in unsere Persönlichkeit kommt. Es ist Gott selbst. Das ist Hoffnung!

Unser Dienst im letzten halben Jahrhundert war ganz auf Hoffnung ausgerichtet. Auf Hoffnung und immer wieder auf Hoffnung. Sie werden sich am Ende unserer Gottesdienste jedes Mal besser fühlen. Kritiker sagen vielleicht: »Nun, es ist eben eine Wohlfühl-Religion.« Aber sicher, das ist sie auch. Wenn wir Gott in das Leben von Menschen bringen, dann ist zu erwarten, dass Sie sich deswegen nicht schlechter fühlen. Wir sind eine Kirche, die das Evangelium verkündet, und Evangelium bedeutet »gute Nachricht.«

Wenn wir Menschen eine gute Nachricht verkünden, dann werden sie auch von Hoffnung ergriffen. Suchen Sie nach einem Glauben, der Sie zu einem »Hoffnungssüchtigen« macht!

Wie kann man einen solchen Glauben finden? Versuchen Sie diese fünf Ziele zu Ihren eigenen zu machen:

1. *Suchen Sie nach einem Glauben, der einen gesunden Optimismus in Ihnen weckt.* Sie können sich dafür entscheiden, auch in Schmerz und Leid die Hoffnung zu ergreifen, denn es hat in der Geschichte noch niemals einen Tag wie den morgigen gegeben. Morgen ist der Tag, den es noch nie zuvor gegeben hat.

Unser Morgen wird anders sein als unser Heute oder unser Gestern. Ja, was gestern war, ist vorbei. Aber was morgen sein wird, kommt erst. Und dieses Morgen ist ein Geschenk! Wir brauchen nichts dafür zu bezahlen. Jeder Sonnenaufgang ist gratis! Dieses Morgen könnte besser sein, als Sie zu träumen wagen. Ja, der heutige Tag geht schwanger mit dem morgigen. Dieses kommende Morgen ist unausweichlich – es gibt nichts, das sein Kommen verhindern könnte. Es liegt nur ein paar Stunden vor uns. Das einzige, das zwischen Heute und Morgen liegt, ist die Nacht. Und das ist die Zeit, in der die Sterne zu sehen sind!

Darum geben Sie niemals die Hoffnung auf! Lassen Sie den Vorhang nicht vorzeitig fallen!

> **Sieh! Dein Morgen kommt auf die Bühne ... Du kannst zusehen, wie der Vorhang aufgeht! Es erwartet dich eine glückliche Überraschung!**

2. *Suchen Sie nach einem Glauben, der den einzelnen Menschen im Blick hat.* Der Glaube sollte uns zu der Erkenntnis verhelfen, dass wir als individuelle Persönlichkeiten geplant und geschaffen wurden und nicht bloß Teil einer Menschenmenge sind. Unser Dienst versucht Menschen zu Persönlichkeiten zu machen. Es macht einen großen Unterschied aus, ob jemand eine Persönlichkeit ist oder nicht. Eine Persönlichkeit ist ein Mensch, der sich darüber im Klaren ist, dass er Entscheidungen treffen muss, die kein anderer für ihn fällen kann. Sich für den Glauben zu entscheiden ist eine sehr persönliche, private Angelegenheit. Der Glaube hilft uns zu reifen und motiviert uns dazu, für uns selbst zu denken.

Ich komme gerade aus China zurück. Ich hatte die Ehre, die erste Person zu sein, der in China offiziell gestattet wurde, ein Seminar in einem Hotel abzuhalten, das für die Öffentlichkeit frei zugänglich war! Aber es war nicht leicht, diese offizielle Genehmigung zu bekommen. Ich musste schriftlich einreichen, worüber ich sprechen wollte. Das ging durch mehrere Ebenen und scheiterte beinahe daran, dass es die chinesische Regierung problematisch fand, den Menschen sagen zu wollen, dass sie »denken« sollten.

»Wir wollen nicht, dass unsere Leute denken«, wurde mir von den chinesischen Behörden mitgeteilt. »Wir wollen, dass sie lernen. Wir wollen, dass sie zuhören. Wir wollen, dass sie gehorchen. Aber wenn man die Leute dazu motiviert, selbst zu denken, dann gehen wir auf die Anarchie zu. Wir haben es hier immerhin mit einer Milliarde Menschen zu tun!«

Ein Glaube, der auf Hoffnung aufbaut, kommt aus dem Alten und Neuen Testament. Das ist ein Glaube, der lehrt, dass jeder einzelne Mensch von Gott als unverwechselbare Persönlichkeit geschaffen wurde. Wir müssen für uns selbst denken. Wir müssen unsere eigenen Entscheidungen treffen. Das gehört wesentlich dazu, wenn man Christ ist! Das heißt, zu einer Persönlichkeit zu werden, die mit Gedanken und Ideen wohl überlegt umgehen kann.

Gestern ist ein für allemal vorbei ...
Heute ist der Tag, an dem sich unser Leben abspielt.
Morgen ist das Ziel, auf das wir zugehen.
Ja, dieses Morgen kommt auf uns zu!
Seine Großeltern heißen Gestern,
und seine Mutter nennt sich Heute.
Aber das Kind wird Morgen genannt.
Die nächste Generation.

3. *Suchen Sie nach einem Glauben, durch den Sie motiviert werden, mit Ihren Gedanken überlegt umzugehen.* Es gibt heute überall auf der Welt eine große Auswahl an Seminaren für Führungskräfte, aber der Dienst unserer »Crystal Cathedral« hat dazu etwas Entscheidendes beizutragen, das sich von allem anderen abhebt.

Man kann zur Universität gehen und Kurse über den Umgang mit Geld belegen. Gut. Oder mit Zeit. Auch gut. Wir konzentrieren uns auf den Umgang mit Gedanken. Das ist entscheidend. Das ist etwas Grundlegendes. Von vielen säkular denkenden Menschen wird das jedoch als eine Bedrohung empfunden. Denn wenn man Menschen dazu trainiert, mit ihren Gedanken richtig umzugehen, könnten sie zu Möglichkeitsdenkern werden. Dann könnten sie dazu gebracht werden, sich bewusst für die revolutionäre Möglichkeit zu öffnen, dass es einen guten Gott gibt, der sich in unser kosmisches Universum investiert. Für nicht gläubige, säkulare Menschen scheint es ziemlich bedrohlich zu sein, wenn man versucht, Menschen zum Denken zu bringen.

Um die Hoffnung am Leben zu halten, muss man lernen, alle negativen Gedanken, die uns durch den Kopf schießen, in positive Gedanken zu verwandeln. Wir sollten keine große Idee überhören, die zu uns kommt.

Als nächstes sollten Sie nach einem Glauben suchen, der Sie stolz auf sich macht.

4. *Suchen Sie nach einem Glauben, der Sie stolz auf sich macht.* Sie sollten nichts von dem Gedanken halten, der von so vielen gelehrt wird – dass Stolz immer als Sünde zu werten ist. Das ist falsch.

Diese Woche verbrachte ich einige Stunden mit Sir John Templeton, dem Gründer der renommierten Templeton-Fonds, mit dem ich befreundet bin. Ich fragte ihn, womit er sich gerade beschäftige.

»Nun«, sagte er, »ich bin gerade dabei, einen Vortrag über Demut vorzubereiten.«

»Gut«, sagte ich, »aber du solltest bedenken, dass Demut nicht das Gegenteil von Stolz ist.«

Er fragte: »Wie meinst du das?«

»Nun, das Gegenteil von Stolz ist nicht Demut.«

»Tatsächlich nicht?«, fragte er.

»Nein, das Gegenteil von Stolz ist Scham. Demut und ein gesunder Stolz sind nur zwei verschiedene Seiten ein und derselben Münze. Und eine Münze hat immer denselben Wert, egal ob Kopf oder Wappen nach oben zeigt.

Das Gegenteil von Stolz ist nicht Demut.
Das Gegenteil von Stolz ist Scham.

Ein wahrhaft demütiger Mensch schämt sich in seiner Demut nicht,
er fühlt sich dabei gut. Er hat einen gesunden Stolz.

Ein gesunder Stolz lässt zu, dass der Glaube zu einer wirklichen Selbstachtung führt. Ich bin stolz auf das, was ich bin. Ich bin stolz auf meine Frau. Ich bin stolz auf meine Kinder. Ich bin stolz auf meine Gemeinde. Ich bin stolz auf meinen Glauben. Ich bin stolz auf meine Arbeit.«

Sir John wandte ein: »Aber die Bibel sagt, dass der Stolz der Anfang vom Ende ist.«

»Das stimmt«, entgegnete ich, »aber unser Wort Stolz deckt nicht voll ab, was in der Bibel damit gemeint ist. Es wäre besser, hier zu übersetzen: Hochmut kommt immer vor dem Fall.«

Hochmut ist dämonisch und sehr destruktiv. Das ist ein Unterschied. Ein dynamischer Glaube wird uns stolz auf das machen, was wir sind. Wohin wird uns das führen? Das kann dazu führen, dass wir zu Menschen werden, die ihre Hoffnung niemals aufgeben! Nun können Sie zu einem positiven Möglichkeitsdenker werden. Sie brauchen die Hoffnung niemals aufzugeben, egal wie alt Sie sind!

5. *Suchen Sie nach einem Glauben, den Sie niemals aufgeben müssen.* Einige meiner Leser werden sich noch an Oberst Norman Vaughn erinnern, über den ich schon in anderen Büchern geschrieben habe. Er ist einer meiner großen Helden. Oberst Norman Vaughn übertrifft alle, denen ich je begegnete. Er begleitete Admiral Byrd 1928, also vor über 70 Jahren, auf seiner Expedition in die Antarktis. Das letzte Mal, als ich von ihm hörte, hatte er – im Alter von 90 Jahren! – gerade den »Mount Vaughn« bestiegen. Admiral Byrd hatte diese 3.000 Meter hohe Erhebung in der Antarktis nach ihm benannt!

Vor kurzem schrieb er mir einen Brief, in dem er über sein jüngstes Vorhaben berichtete. Er träumte von einem neuen Vorhaben – was bei ihm nichts Neues ist!

»Im Jahr 2005 werde ich 100 Jahre alt. Zur Feier meines 100. Geburtstages plane ich, noch einmal den Mount Vaughn zu besteigen. Ich habe sechs Bergführer, die alles vorbereiten. Sie haben bereits zu sparen begonnen, damit sie ihr Flugticket bezahlen können. Aber ich hoffe, noch ein paar Sponsoren zu finden, die ihnen unter die Arme greifen können. Sie werden mich sicher fragen: Wie kann ein 100 Jahre alter Mann einen 3.000 Meter hohen Berg in der Antarktis besteigen? Nun, das ist etwas, das ich zusammen mit Freunden unternehme. Wenn ich zu ermüden beginne, werde ich mich einfach auf einen Schlitten setzen und mich von den anderen auf den Gipfel ziehen lassen!«

Was für ein kraftvoller, hoffnungsfroher Mensch!

Hoffnung schöpfen – das ist es, was wir durch unseren Glauben an Gott und Jesus Christus und durch das Lesen in der Bibel machen. Und das alles läuft auf Realität hinaus.

Wie kann man zu einem hoffnungsfrohen Menschen werden, der Schmerz und Leid überwindet?

Wagen Sie das Mögliche zu denken, denn wenn Sie das tun, begeben Sie sich in die Gegenwart Gottes. Wenn Sie dann vorangehen und sich von ihm führen lassen, wird nichts unmöglich sein! Er selbst wird Ihre Hoffnung aufrechterhalten.

Leland Stanford Junior starb an Typhus, noch ehe er seinen 16. Geburtstag feiern konnte. Seine Eltern beschlossen nach seinem Tod, zu seinem Gedenken eine Stiftung ins Leben zu rufen. Sie besuchten verschiedene Universitäten an der Ostküste und diskutierten mit den dortigen Präsidenten über ihre Vorstellungen. Als sie sich mit dem Rektor von Harvard trafen, fragten sie ihn, wie viel es kosten würde, eine Universität aufzubauen, einschließlich der Kosten für Grundstück und Gebäude. Er sagte: »Ich würde nicht versuchen, mit einer Stiftung daranzugehen, die unter fünf Millionen Dollar liegt.« (Das war 1919).

Lelands Eltern schwiegen einen Augenblick. Dann sagte Mr. Stanford mit einem Lächeln: »Nun, ich denke, das lässt sich machen, nicht wahr, Jane?« Und Mrs. Stanford nickte.

Mr. und Mrs. Stanford gingen zurück nach Kalifornien und gründeten die Stanford-Universität. Die Stanfords haben ihren Schmerz verwandelt und zu einem leuchtenden Stern gemacht!

Auch Sie können zu einem Menschen werden, der unter keinen Umständen von der Hoffnung lässt. Aber um das zu werden, müssen Sie nach einem lebendigen Glauben an Gott suchen.

Ein lebendiger Glaube an Gott

»Einverstanden«, sagen Sie vielleicht, »ich bin bereit, an Gott zu glauben. Aber wie soll ich ihn mir vorstellen? Ich kann mir kein Bild von ihm machen.«

Das kann ich Ihnen verraten. Versuchen Sie, sich Jesus Christus vor Augen zu malen. Er kam in diese Welt, um Gott für uns real zu machen, und er sagte: »Wer mich sieht, hat den Vater gesehen.« Möchten Sie Gott mit Ihrem Herzen und in Ihrer Vorstellung sehen? Dann sehen Sie Jesus Christus an und folgen Sie ihm nach!

Ich glaube, dass eben ein positiver Gedanke bei Ihnen Fuß zu fassen versucht. Er fordert Sie auf, an eine Hoffnung zu glauben, die sowohl Ihren Schmerz heilen als auch neuen Träumen erlauben kann, an die Oberfläche zu kommen. Das ist natürlich riskant! Denn wenn Sie die Welt des Glaubens betreten und von Gott geführt werden, dann werden Sie immer nach seinen Vorstellungen leben, denken und handeln müssen.

Gott fordert uns ständig heraus, unseren Horizont zu erweitern. Er will, dass wir fliegen!

»Komm mit an den Rand«, sagte er zu mir.

»Das ist mir zu gefährlich«, antwortete ich.

»Komm mit an den Rand«, sagte er.

»Das ist mir zu riskant. Ich könnte abstürzen«, antwortete ich.

»Komm mit an den Rand. Vertrau mir!«, sagte er.

Und als ich es wagte, da gab er mir einen Schubs – und ich flog!

Kapitel 9

Berühmte Leidenshelden

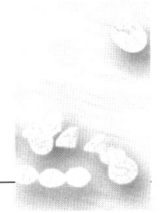

Die inspirierenden Geschichten von Menschen, denen es gelang, über ihren Kummer hinauszuwachsen, führen mich zu dem Schluss, dass jedes Leid und jeder Schmerz verwandelt werden kann.

In diesem Kapitel werden drei wahre und äußerst beeindruckende Geschichten von Menschen erzählt, die ich für ihre Fähigkeit bewundere, sich über ihren Schmerz zu erheben. Sie leuchten wie Lichter in der Finsternis und verkünden damit allen, dass das Leben weitergeht, selbst wenn man unvorstellbar Schlimmes erlebte.

Ich hoffe, Sie werden von diesen Geschichten genauso inspiriert wie ich. Die ersten, denen Sie auf den folgenden Seiten begegnen werden, sind Steve und Mary Turville. Steve ist schon seit langem mein persönlicher Lieblingsfotograf. Er ruft jedes Jahr meine Familie zum Weihnachtsfoto zusammen und wartet geduldig, bis unsere Enkelkinder still sitzen oder die Teenager aufhören, sich zu beschweren. Er fotografierte auch bei den Hochzeiten meiner Kinder und ist zu einem guten Freund geworden. Seine Geschichte, die hier erzählt wird, ist so tragisch, dass einem fast das Herz darüber bricht. Aber sie ist nicht ohne Hoffnung! Es ist seiner Frau und ihm gelungen, ihren Schmerz mit einem hellen Schein zu umgeben!

Steve und Mary Turville

Es war ein ganz normaler Arbeitstag in ihrem Fotostudio, als Steve und Mary Turville sich Zeit für eine Pause nahmen. Sie gingen in ein nahegelegenes Restaurant und setzten sich zu einer stillen Mahlzeit hin. Steve betete wie üblich vor dem Essen und vergaß auch nicht, Gott dafür zu danken, dass seine Familie gesund und munter war. Wie reich waren sie damit beschenkt, dass alle ihre Kinder die Liebe zu Gott mit ihnen teilten.

Steves Piepser beendete diese Stille unvermittelt. Es war ein Anruf aus dem Studio. Als er zum Telefon des Restaurants ging, war er ganz ruhig. Das friedliche Gefühl wich erst von ihm, als sein Studioleiter den Telefonhörer abnahm.

»Mr. Turville«, sagte er atemlos, »es hat jemand aus Colorado angerufen. Ich wurde nicht recht schlau daraus, aber es sieht aus, als ob etwas wirklich Schlimmes passiert wäre. Der Mann sagte, es sei dringend und hat seine Nummer hinterlassen.«

Ihr 21 Jahre alter Sohn Josh war vor drei Monaten von Südkalifornien nach Bayfield in Colorado gezogen. Josh arbeitete nebenher auf Baustellen, aber sein eigentliches Ziel bestand darin, in Bayfield eine Jugendarbeit aufzuziehen. Seine Liebe für Jugendliche zeigte sich auch darin, dass er ehemaligen Häftlingen bei ihrer Resozialisierung half. Josh und seine beiden Freunde, John Lara Ill und Steven Bates, hatten sich um einen solchen 18-jährigen gekümmert und Joseph Gallegos sogar angeboten, bei ihnen zu wohnen.

Als Mr. Turville die Nummer aus Colorado wählte, versuchte er ruhig zu bleiben und die Angst unter Kontrolle zu bringen, die in ihm hochstieg.

Jeb Bryant, der Pastor von Bayfield, teilte ihm die schreckliche Nachricht mit. »Ich ging heute Morgen, nachdem mich die Polizei angerufen hatte, zu dem Haus«, stotterte er. »Joe hat sie als Geiseln genommen«, sagte er weinend. »Er hat sie alle drei umgebracht – Josh, Steve und John.« Das Echo seines Schluchzens hallte im Telefon wider.

Dann trat Stille ein. Mr. Turvilles Herz setzte aus, als er sich fragen hörte: »Was? Wie? Was haben Sie gesagt?«

Der Pastor redete weiter: »Es sieht aus, als ob Joe plötzlich den Verstand verloren und die drei Jungen erschossen hat. Der Umstand, dass seine Freundin die Beziehung zu ihm abbrechen wollte, muss ihn völlig aus der Fassung gebracht haben. Es scheint ihn in den Wahnsinn getrieben zu haben. Nachdem Joe die drei getötet hatte, nahm er Joshs Auto und fuhr damit nach Greely zur Universität von North Colorado, wo seine Freundin das College besucht, um auch sie zu töten. Er nahm sie und ihre drei Mitbewohnerinnen vier Stunden lang als Geiseln, bevor er von Scharfschützen erschossen wurde.«

Mr. Turville legte wie betäubt den Hörer auf. In seinem Kopf drehte sich alles, als er durch ein Meer von Leuten ging, um nach

seiner Frau zu suchen, die immer noch am Tisch saß. Ein Telefon-
anruf wie dieser verkörperte die schlimmsten Befürchtungen aller
Eltern. Sie brachen zusammen. »Warum?« fragte Mary irgendwann, ohne diese Frage an jemanden speziell zu richten. »Joe hatte
sich doch so gut entwickelt! Warum sollte er sich seinen Helfern
gegenüber so verhalten?«

Diese Frage war ein Rätsel, das sich bald lösen sollte. Joe Gallegos, der bei der örtlichen Polizei als »verrückter Joe« bekannt war,
hatte ein erfolgreiches Doppelleben geführt. Während er vorgab,
wieder vollkommen resozialisiert zu sein, und sich aktiv in der Gemeinde engagierte, handelte er insgeheim mit Drogen, die er in der
gemeinsamen Wohnung der Jungen zusammenbraute.

Auch Jeb Bryant, den Pastor der Gemeinde, hatte er hinters
Licht geführt. Joe war seine »Erfolgsgeschichte«, der eine krimi-
nelle Teenager, der sich wirklich bekehrt und sein Leben geändert
hatte. Joe war von dem Pastor und seiner Frau aufgenommen worden, als er auf einer Baustelle arbeitete. Er hatte an allen Gemein-
deaktivitäten teilgenommen und sich sehr darum bemüht, als die
Person in Erscheinung zu treten, die der Pastor und seine neuen
Freunde in ihm sahen.

Nur seine Freundin Holly konnte Wahrheit und Lüge aus-
einanderhalten. Die beiden hatten sich in der Gemeinde kennen gelernt und schienen eine ganz normale Teenagerbeziehung zu haben,
die immer wieder zerbrach und von neuem aufgenommen wurde.
Keiner bekam jedoch mit, dass die häufigen Zeiten der Trennung
meist darauf zurückgingen, dass Joe regelmäßig ausflippte und
Holly verprügelte, wenn er voll Alkohol und Drogen war. Trotz seiner nächtlichen Orgien gelang es Joe jedoch immer, sich sonntags in
der Gemeinde zu zeigen und an Joshs Bibelstunden teilzunehmen.

Nur zwei Wochen zuvor hatten Pastor Bryant und Josh bei einer
Verhandlung zugunsten von Joe ausgesagt, weil sie von seinem
Wandel aufrichtig überzeugt waren. Aus Polizeiberichten, die nach
den Morden freigegeben wurden, geht hervor, dass Joe bereits
mehrere Male wegen Ladendiebstahls, Körperverletzung und
Autodiebstahl in Haft genommen wurde, als er noch jünger war.
Der Überfall auf einen Mann hatte dann 1995 zu seiner letzten Haft-
strafe geführt. Nachdem er seine Jugendstrafe zur Hälfte abgebüßt
hatte, kam er nach 14 Monaten im Jugendgefängnis in eine offene
Anstalt und zu Jeb Bryant, der ihn in Pflege nahm. Bryant hatte
schließlich Josh dazu ermutigt, Joe unter seine Fittiche zu nehmen.

Josh hatte Joe nicht nur dazu eingeladen, bei ihm zu wohnen, sondern ihm auch den Job auf der Baustelle verschafft. Sie fuhren morgens miteinander zur Arbeit und studierten abends gemeinsam die Bibel. Josh hatte es sich zur Aufgabe gemacht, dem jungen Mann zu helfen, der zu seinem Mörder werden sollte.

Die problematische Beziehung mit Joes Freundin Holly dauerte die ganze Zeit über weiterhin an. Holly zog in ein Studentenwohnheim einer Universität im Norden Colorados, das über 600 Kilometer entfernt lag. Ihr soziales Umfeld weitete sich aus, ebenso wie ihr Interesse an anderen Männern. Als sie versuchte, die Beziehung zu Joe endgültig abzubrechen, rastete dieser aus.

Aus keinem ersichtlichen Grund griff Joe gerade die an, die ihm zu helfen versuchten. In rasender Wut erschoss er seine drei Mitbewohner. Als er Stunden später in Hollys Studentenwohnheim auftauchte, hatte er seiner Freundin angeblich eine Tonbandkassette vorgespielt und erklärt: »Diese Musik hörte ich, als ich sie tötete. Und jetzt werde ich auch dich umbringen.«

Nachdem sich Joe die Polizei vier Stunden lang vom Leibe gehalten hatte, wurde er von einem Scharfschützen erschossen, als er am Fenster des Wohnheims zu sehen war. Der verrückte Joe hatte Holly ins Bein geschossen, aber die drei anderen Studentinnen blieben unverletzt.

Die ganze Geschichte schien Steve und Mary so sinnlos zu sein. Josh war ein so vielversprechender junger Mann gewesen, der sich darum bemühte, ein Licht in dieser dunklen Welt zu sein. Sie fanden Trost in ihrer Familie, als sie in ihrem Schmerz mit der Frage kämpften: *Hatte er Angst? Hat er gekämpft?* Sie suchten aber auch nach Trost im Glauben, als sie um ihren Sohn trauerten. Sie erkannten schnell, dass Josh in Gottes Hand war, nicht aufgrund ihrer Gebete, sondern weil er selbst ein betender Mensch gewesen war. Aus seinem Tagebuch ging hervor, wie sehr er sich wünschte, nach Gottes Willen zu leben und wie ernstlich er daran interessiert war, die Beziehung zu seinem Schöpfer zu vertiefen.

Steve und Mary kamen in ihrer Trauer beide zum gleichen Schluss. Wenn sie Gott bei so alltäglichen Dingen wie Geld, Geschäft, Gesundheit und Erziehung vertrauen konnten, sollten sie ihm dann nicht auch vertrauen, wenn sie von einer solchen Tragödie betroffen wurden? Sollten sie Gott nicht auch dann vertrauen, wenn die Gewalt ungebeten und unerwartet in ihr Leben einbrach und es für immer veränderte?

Allmählich zog der Friede Gottes in die Familie der Turvilles ein. »Der schwere Stein hob sich von unserem Herzen«, schrieb Steve Turville später, »und unser Verstand fand Frieden bei dem Gedanken, dass Gott Joshs Tod aus seiner eigenen Perspektive sah ... und einen Sinn für ihn hatte. Wir fühlten uns von der Liebe Gottes umgeben. Wir fühlten uns sicher. Als wir erkannten, dass nichts geschehen kann, was Gott nicht zulässt, konnten wir unsere Schultern wieder entspannen, die sich dem Schmerz so lange entgegengestemmt hatten. Es konnte weder uns noch Josh etwas zustoßen, das außerhalb des Planes Gottes für unser Leben lag.«

»Jeder von uns hat die Wahl«, sagt Mr. Turville, »etwas aus seiner eigenen menschlichen Perspektive zu betrachten – oder es aus der Perspektive Gottes zu sehen. Ich hatte den Eindruck, dass Gott zu mir sagt: ›Josh ist jetzt bei mir. Er ist nicht mehr bei dir, aber ich bin immer bei dir und werde mich um alle deine Bedürfnisse kümmern.‹ Diese Botschaft Gottes, die er in unser blutendes Herz hineinsprach, half uns, die vor uns liegenden schweren Tage zu überstehen.«

Viele Menschen riefen bei den Turvilles an, um sie auf Bibelverse wie Römer 8,28 hinzuweisen: »Was auch geschieht, das eine wissen wir: Für die, die Gott lieben, muss alles zu ihrem Heil dienen.« Oder auf Römer 8,38–39: »Weder Tod noch Leben ... nichts in der ganzen Welt kann uns jemals von der Liebe Gottes trennen, die uns verbürgt ist in Jesus Christus, unserem Herrn.« Freunde kamen vorbei, um sie zu trösten, und Reporter kamen vorbei, um in den Medien darüber zu berichten. Die Nachricht von der Ermordung der Jungen füllte die Lokalzeitungen, die sich den Kopf über die Motive zerbrachen und die Taten der guten Samariter analysierten. Es tauchten auch Reporter auf, um Fotos der trauernden Familie zu schießen, die sich mit geballten Fäusten ihrem Zorn hingibt. Einer der Journalisten fragte Steve und Mary verdutzt: »Sind Sie denn nicht zornig? Sie scheinen den Mörder ihres Sohnes ja gar nicht zu hassen.«

Der Zorn, der so oft Familien anderer Opfer zu verzehren scheint, war für die Turvilles nie ein Problem gewesen. Ja, der Verlust war schrecklich und ihr Herz blutete, aber sie waren nicht zornig. Als sie nach einer Antwort auf das Warum suchten, wurde ihnen klar, dass Joshs Leben nicht vorzeitig beendet worden war. Es stimmte zwar, dass er in jungen Jahren starb, aber sein Leben hatte genau so lange gedauert, wie Gott es für ihn geplant hatte. Darum gab es trotz allen Schmerzes über den Verlust keinen Grund, zornig zu sein.

Während man in ihrer Heimatgemeinde in Orange daran ging, Vorbereitungen für den Gedenkgottesdienst zu treffen, flogen Steve und Mary nach Bayfield, um Joshs Sachen zu holen, einschließlich seines Autos. Als Steve das Autoradio andrehte, plärrte ihnen aus der immer noch eingelegten Kassette die Musik entgegen, die Joe gehört hatte, als er unterwegs nach Greely war.

Steve erschauderte bei dem Klang und konnte seinen Ohren kaum glauben. Diese abstoßend hässliche Musik sprach von der Gewalt, die ihrem Sohn das Leben genommen hatte. Die Bewohner von Bayfield und die Gemeinde bildeten einen scharfen Kontrast dazu, als man ihnen mit offenen Armen entgegenkam, um sie zu trösten.

Beim Gedenkgottesdienst erinnerte Jeb Bryant alle an den Lohn, der Josh im Himmel erwartet. »Josh ist heute morgen nicht unter uns«, sagte er. »Wir wissen, dass er jetzt bei Gott ist und eine Riesenparty feiert. Wir trauern aufrichtig und ehrlich um ihn. Doch wenn wir mit den Trauernden trauern und mit den Weinenden weinen, sollten wir darüber nicht vergessen, uns auch mit denen zu freuen, die sich freuen. Und wir wissen, das Josh jetzt große Freude hat.« Dann fuhr er fort: »Zwei Tage, nachdem das alles passierte, sprach ich mit Joshs Vater. Er sagte zu mir: Gott hat uns Josh für 20 Jahre geliehen. Er war nur leihweise hier bei uns.«

Der 24. September wird für die Turvilles immer ein Tag sein, der sie an ihren schrecklichen Verlust erinnert. Aber der Friede und die Gnade, die Steve und Mary auch weiterhin erfahren, wurde besonders am ersten Jahrestag des gewaltsamen Todes ihres Sohnes sichtbar. Sie hatten Frieden, obwohl ihr Schmerz keineswegs vorbei war und auch immer noch Tränen flossen. An diesem Tag, ein Jahr nach Joshs Tod, zeigte Steve ein Mitgefühl für andere, die das seines Sohnes widerspiegelte. Er rief jemanden an, der an diesem Tag ebenfalls einen Sohn verloren hatte – die Mutter des verrücken Joe Gallegos.

»Wir wollten Ihnen unser Mitgefühl zum Tod Ihres Sohnes ausdrücken, der heute vor einem Jahr gestorben ist«, sagte Steve leise, aber fest.

Am anderen Ende der Leitung gab es eine lange Pause. Dann kam zögernd und defensiv: »Ich dachte, Sie würden mich und meinen Sohn hassen.«

»Das könnte ich nicht«, sagte Steve ruhig, »auch wenn ich es wollte. Ihr Schmerz und Ihr Verlust ist mir genau so stark bewusst wie der meine. Aber vielleicht können wir einander von glücklicheren Zeiten und dem Trost erzählen, den Gott in unser Herz brachte.« Im Laufe des Gesprächs konnte Steve diesen Trost noch verstärken. Schließlich fragte er: »Darf ich für Sie beten?«

Und dann betete er: »Lieber Herr Jesus, wir kommen heute mit einem schweren Herzen zu dir. Keiner von uns kann ungeschehen machen, was geschehen ist. Keiner von uns kann die Vergangenheit ändern. Wir wissen auch nicht, was die Zukunft bringen wird. Aber wir wissen, dass du der Herr über unsere ungewisse Zukunft bist und die Macht hast, unsere leidenden Herzen wieder zu heilen. Deine Gegenwart gibt uns heute, an diesem schweren Tag, den Mut, wieder nach vorne zu blicken. Wir wissen, dass unser Schmerz in den kommenden Tagen nachlassen wird, auch wenn wir unsere Lieben, die von uns gegangen sind, niemals vergessen werden. Bitte segne auch unsere Familien. Das bitten wir in Jesu Namen. Amen.«

Steve hörte ein leises Schluchzen am anderen Ende. Er sprach noch ein paar tröstende Worte und legte dann auf.

Die Turvilles nahmen an Trauerseminaren teil und lernten dabei, dass der anfängliche Schockzustand und die Erstarrung bei solchen Erfahrungen ganz normal sind. Sie akzeptierten die Tatsache, dass Zorn, Angst und unkontrollierbare Emotionen wie aus dem Nichts auftauchen können. Es ist auch normal, dass man in solchen Lebensphasen von Schuldgefühlen, Panikanfällen, Einsamkeit und Depressionen überfallen wird. Aber keines dieser Seminare konnte ihnen beibringen, was sie bereits wussten, das, worauf sie ihr Leben aufgebaut hatten – die Grundlage ihres Glaubens.

Steve schrieb diese Worte, als er Trost im Glauben suchte: »Das Tal der Todesschatten ist tief, und es ist nicht leicht, es wieder zu verlassen. Das scheint am Anfang fast zu schwer zu sein. Aber wenn man neue Beziehungen eingeht und sich wieder auf das Leben einlässt, wenn man neue Kräfte in sich entdeckt, kommt auch die Hoffnung zurück. Wenn die Hoffnung kommt, dann werden wir gestärkt. Schließlich nehmen wir auch andere wahr, die ebenfalls leiden. Wir erkennen, dass sie unsere Hilfe brauchen. Denn auch wir haben durchlitten, was sie gerade durchmachen und es mit Gottes Hilfe überstanden. Vielleicht kann er auch zu ihrer Stärke werden. Wir hören auf, nur an uns selbst zu denken, und wenden uns anderen zu. Und eines Tages werden wir an den Punkt kommen, an dem wir unseren Verlust akzeptieren und uns dafür entscheiden können, wieder ins Leben zurückzukehren. Unser Erlöser wird uns aus dem Tal der Todesschatten wieder herausführen, zur Auferstehung und zum Leben. Er kennt den Weg. Er ist diesen Weg schon vor uns gegangen.«

Die Turvilles sind Helden, die ihr Leid erfolgreich verwandelten.

June Scobee Rogers

June Scobee Rogers ist eine Frau, die angesichts einer überwältigenden Niederlage einen triumphierenden Glauben bewies. June erzählt die ganze Geschichte ihres inspirierenden Lebens in ihrem Buch »Silver Linings« (Lichtstreifen am Horizont), das 1996 bei Peake Road erschienen ist. Ich schrieb das Vorwort zu ihrer Geschichte, die mich tief berührte und von Neuem davon überzeugte, dass Gott alle unsere Verletzungen benutzen kann, um daraus etwas Gutes zu machen.

Lassen Sie sich von ihrem Beispiel inspirieren, jeden Kummer, von dem Sie betroffen werden, in einen Sieg zu verwandeln.

»Der 28. Januar 1986 war ein bitterkalter Tag an der Küste Floridas. Die Raumfähre *Challenger* hob sich auf ihrer Abschussrampe im *Kennedy Space Center* glitzernd gegen den kalten blauen Himmel ab. An Rumpf und Flügeln des Raumschiffs hingen Eiszapfen herab. In ihrem Inneren wartete eine Mannschaft von sieben Astronauten angespannt auf ihren Start ins All. Einer dieser Männer, Dick Scobee, der Kommandant der Besatzung, war mein Ehemann.

Draußen hatten sich in der frischen Morgenluft eine Menge Leute eingefunden, um dabei zuzusehen. Fernsehkameras standen bereit und waren auf das Raumschiff gerichtet, die einen beliebten Lehrer und die Mannschaft der *Challenger* ins All befördern sollte. Auch ihre Familien waren unter den Wartenden. Wir standen dicht aneinander gedrängt auf der Zuschauerterrasse der NASA. Meine Kinder und ich versuchten einander Mut zu machen, während wir auf den Countdown warteten, der ihren Vater ins All schießen sollte.

Erinnerungen an den vergangenen Tag tauchten auf, als ich mit meinem Mann am Strand einen Spaziergang gemacht hatte. Ich lächelte. Ich kehrte in Gedanken zu diesem Nachmittagsspaziergang zurück, zu den sich an der Küste brechenden Wellen, zum Gischt des Ozeans und der ungewöhnlich kalten Witterung. Dick hatte mich an sich gezogen, als wir über den feuchten Sand marschierten und dabei am Rande des Ozeans schwache Spuren hinterließen. Wir umarmten uns. Ich konnte seine Liebe spüren und war dankbar für seine zärtlichen Worte, die noch lange, lange in mir nachklingen sollten. Wir neckten einander. Er nahm meine Hand, als wir wieder zum Haus an der Küste zurückgingen, wo die anderen auf uns warteten.

Am nächsten Morgen hatten sich die Familienangehörigen der Astronauten im NASA-Hauptquartier eingefunden. Sie waren gekommen, um gemeinsam den Start der *Challenger* zu beobachten. Schließlich war es so weit, dass der Countdown für den Flug der Raumfähre 51–L beginnen konnte. Die Trägerraketen wurden gezündet. Wir applaudierten, und die Raumfähre hob mit ihrer kostbaren Fracht von der Startrampe ab. Die Spannung sollte nur noch wenige Augenblicke andauern. Wir sahen schweigend zu, als unsere Lieben der Sonne entgegenflogen. Ihr Raumschiff sah aus der Ferne aus, als würde es auf einer großen Rauchwolke sitzen. Der Boden unter uns bebte unter der schier unvorstellbaren Gewalt der Schubkraft.

Mein Sohn legte seine Arme um mich und seine Schwester. Ich wollte meiner Tochter gerade mit dem Baby behilflich sein ... als das Unfassbare geschah.

Wir standen da und sahen gemeinsam mit der ganzen Welt zu, wie die Raumfähre auseinanderbrach. Die Trägerraketen suchten sich kreischend ihren eigenen Weg, während der Flugkörper mit unseren Lieben an Bord in der kalten blauen Luft explodierte. Er zerbrach, wie unser Herz, in tausend Stücke.

Fassungslos und stumm blickten wir einander an und suchten nach einer Antwort, nach einer Erklärung. Gab es noch Hoffnung? Es gab keine Worte, keine Antworten, es gab nur Blicke. Ich sah die Panik in den Augen meiner Kinder. Wenn ich nur diese Zeit zurückdrehen und die Zeit anhalten könnte! Aber ich hatte nicht die Macht dazu, ich hatte keine Antworten. ›O Gott, das kann nicht sein!‹, schrie ich innerlich. ›Ich kann es nicht glauben. Warum hast du das zugelassen? Nicht meinen Mann! Nicht diesen Flug! Nicht seine Mannschaft! Das sind meine Freunde! Ich habe sie zu diesem Flug ermutigt. Ich habe die Risiken heruntergespielt. Warum, Gott? Warum gerade sie? Warum wir? Warum ich?‹

Mein Sohn nahm meinen Arm, um mich zu stützen. Meine Beine gaben unter mir nach. Sie wackelten unbeholfen. Ich stolperte. Schließlich sagte ich laut: ›Was ist mit den anderen? Wer wird den Kindern helfen?‹ O nein! Guter Gott, all diese Kinder!

Minuten später waren wir im Bus unterwegs zu den Mannschaftsquartieren. Hier setzt meine Erinnerung aus. Es ist alles verschwommen, wie ein Alptraum, dessen Teile kein rationales Muster ergeben, wenn man sie zusammenzusetzen versucht. Ich betete um ein Wunder. *Lieber Gott, lass sie überleben!* Mein Verstand sagte mir, dass sie tot waren, aber mein Herz wollte es nicht glauben.

Bei einer Verkehrsampel drehte ich mich steif zum Fenster und blickte hinaus. Überall standen Autos, auf der Straße, am Straßenrand und auf dem Bürgersteig. Einige Leute waren ausgestiegen und lehnten mit dem Kopf auf ihren Armen über der Autotür. Andere saßen schluchzend hinter dem Lenkrad. Eine Schockwelle hatte das Land erfasst und ging über die Menschen und die ganze Welt hinweg.

Meine Gedanken schwankten ständig zwischen mir und den anderen hin und her. Mein Leben, das ich bisher geführt hatte, der Weg, den Dick und ich 26 Jahre lang miteinander gegangen waren, war an ein Ende gekommen. Es gab keinen Weg mehr für uns beide, der in die Zukunft führte. Von diesem Augenblick an würde alles anders sein, ich würde ein anderer Mensch sein, ich war allein. Und Dicks Mission, seine Träume, sein Leben, seine Freunde – vorbei.

Der Bus setzte uns am Eingang der Mannschaftsunterkünfte ab, wo uns Beamte der NASA die tragische Nachricht überbrachten, dass keiner überlebt hatte. Es gab keine Hoffnung, kein Wunder, keine Chance. Ich stahl mich von den anderen weg und schlüpfte in Dicks Zimmer, um allein zu sein und weinen zu können. Stattdessen fiel ich auf die Knie und betete. Ich betete für meinen Mann, für mich selbst, für meine Familie, für unsere Freunde, für alle, die für die NASA arbeiteten, für die beteiligten Firmen. Was für eine Tragödie! Was für ein Verlust für die ganze Menschheit!

Die NASA sorgte dafür, dass wir an diesem Abend nach Houston in unser Zuhause zurückkehren konnten. Freunde erwarteten uns am Flughafen. Sie nahmen uns in die Arme, fuhren uns nach Hause und nahmen unsere Verwandten in ihre Häuser auf. Sie sorgten für Ordnung, wo alles durcheinander war. Sie organisierten Dinge für uns und schützten uns.

Ich ging und setzte einen Fuß vor den anderen. Ich ging und täuschte Stärke vor, aber innerlich war ich hoffnungslos, geschockt und fassungslos. Und was das Schlimmste war – ich fühlte mich wie tot und konnte nicht einmal meinen eigenen Kindern beistehen. Ich trauerte um meinen Mann, um meinen Partner, um meinen besten Freund, um meinen Liebsten. Und ich trauerte um den Verlust meiner selbst – ich war jemand anderes geworden, hatte mich verändert, war zur *Witwe* geworden. Dieses Wort blieb mir fast im Halse stecken.

Meine Schuldgefühle, die sowohl irrational als auch berechtigt waren, hörten nicht auf, wie Bomben in meinen Kopf einzuschlagen. *Warum habe ich diesen Flug nicht verhindert? Warum habe ich die Kinder nicht besser darauf vorbereitet?* Ich bekam es satt, mich selbst anzuklagen und weinte nur noch hilflos. Dann entschloss ich mich, um Vergebung zu bitten und um Stärke zu beten.

In den folgenden Tagen funktionierte ich wie ein Automat, während ich Vorbereitungen für den Gedenkgottesdienst traf, Besucher empfing oder Entscheidungen fällte. Ich fing an, Dicks Tod anzuerkennen, ohne ihn akzeptieren zu können. Dick und die anderen waren an einen besseren Ort gegangen.

Wochen später erfuhren wir, dass man ihre Überreste gefunden hatte, fast drei Monate nach ihrem Tod. Unglaube und Schmerz kamen zurück, und jetzt auch Zorn. Unser Verlust war so öffentlich. Gab es denn überhaupt keine Privatsphäre? Wir hatten sie begraben, oder ich hatte zumindest gedacht, dass sie Frieden hätten. Jetzt aber fing alles wieder von vorne an, als die Medien an meine Tür und an mein Telefon kamen. Viele Fragen wurden gestellt, manche davon einfühlsam, manche nicht. Schuldgefühle, Reue und Trauer schwappten erneut wie eine Riesenwelle über mich und rissen mich mit sich fort.

Ich war zornig auf Gott, der das alles zugelassen hatte. Die Energie, die ich für Zorn, Hass und Ärger verbrauchte, zehrte mein Leben völlig auf. *Wenn du mich schon nicht zu dir nehmen willst,* betete ich, *dann gib mir bitte Energie ... um dieses Leben zu leben. Hilf mir meine Probleme zu lösen und diese Schuldgefühle zu überwinden.*

In diesem Augenblick wurde ich wieder zu einem Kind. Ich legte mein Leben ganz in Gottes Hände. Gott ist Herr der Lage – nicht ich. Ich überließ ihm zum ersten Mal in meinem Leben, seit ich in meiner Kindheit mit Verlusten zu kämpfen hatte, völlig die Kontrolle.

Ein Geist der Freude erfüllte mich und forderte mich auf, zu leben, meine Schwierigkeiten anzunehmen und neue Freude in einem neuen Leben zu entdecken. Mein Glaube war neu zum Leben erwacht.

Ich war allein in meinem Haus, aber ich fühlte mich nicht allein. Da ich mein Schicksal nicht mehr selbst in die Hände nahm, wusste ich mit der Unschuld des Kindes, das ich einst war, dass Gott bei mir ist und alles unter Kotrolle hat. Druck, Zorn, Schmerz und alle Schuldgefühle wichen langsam von mir. Ein Teil von mir selbst war zwar gestorben, aber ein stärkeres, gefestigteres und gesünderes Selbst wurde geboren.

Ich blickte in den Spiegel und sah, dass ich ein anderer Mensch geworden war. Die Starre, in der ich mich viele Monate lang befunden hatte, klang allmählich ab. Ich fing an, Schritt für Schritt wieder lebendig zu werden. Ich ging hinaus auf den grünen Rasen und dankte Gott für das Licht des frühen Morgens, das die Dunkelheit verjagte. Ich blickte auf meine Hände und Arme. Sie waren nicht mehr verspannt. Ich war hellwach und nahm das Leben um ich herum wieder wahr. Ich spürte zum ersten Mal seit Monaten die frische Brise auf meiner Haut. Ein warmer Sonnenstrahl streifte meinen Rücken.

Eine einzelne gelbe Narzisse neigte sich vorwärts, so als ob sie mich in meinem neuen Leben begrüßen wollte. Tränen liefen mir über die Wangen – aber diesmal waren es keine Tränen der Trauer oder des Selbstmitleids, nein, diesmal nicht. Gott weiß, dass ich genug davon vergossen habe. Nein, diesmal waren es Tränen der Freude über das neue Leben, das ich mit meinen Kindern und Enkeln leben durfte. Es würde in eine neue Richtung führen, wohin immer Gott mich führen wollte.

Im Monat Mai arrangierten die sieben betroffenen Familien Trauergottesdienste und Begräbnisfeiern für ihre Lieben. Jede Familie plante gemäß ihres Glaubens oder ihrer Familientradition oder nach dem Wunsch des Verstorbenen. Protestantisch, katholisch, jüdisch, buddhistisch, im Stillen oder mehr in der Öffentlichkeit.

Ich sprach mit unseren Kindern, mit Dicks Eltern und unserem Pastor. Wir entschieden uns dafür, den Mann zu ehren, den wir geliebt hatten. Ein bescheidener Grabstein wurde als Symbol für das schlichte und einfache Leben, das er mochte, an seinem Grab nahe dem Denkmal für die Astronauten der *Challenger* am Friedhof von Arlington aufgestellt.

Wir arrangierten auch eine Gedenkfeier für die öffentliche Person, die er gewesen war – für den Astronauten, der sein Land geliebt und ihm nach Kräften gedient hatte. Bekannte und Verwandte kamen zu dieser formellen Zeremonie zusammen. Sie gingen mit uns von der Kapelle zum Grab, um ihm die letzte Ehre zu erweisen. Man spielte den Zapfenstreich, als ich Blumen auf Dicks Grab legte, das gegenüber dem Unbekannten Soldaten unter schattigen Bäumen liegt.

Er selbst ist jedoch nicht hier. Am 28. Januar kletterten er und seine sechs Mannschaftskollegen auf einem goldenen Strahl in den Himmel, der Sonne entgegen, um nach den Sternen zu greifen. ›Als sie aber ihre Hände ausstreckten, berührten sie stattdessen das Gesicht Gottes.‹

Die Familien der Astronauten kamen zusammen und trafen sich in meinem Wohnzimmer. Wir saßen da und überlegten, wie wir auf unseren Verlust reagieren und zu unserer Heilung beitragen könnten. Die Welt wusste, dass sieben *Challenger*-Astronauten gestorben waren, aber sie waren mehr als nur Astronauten. Sie waren unsere Männer und Frauen, unsere Väter und Mütter, unsere Brüder und Schwestern. Die Welt wusste, wie sie gestorben waren. Wir wollten, dass die Welt auch wissen sollte, wie sie gelebt hatten.

Ihre Mission wurde zu der unseren. Wir gaben ihr den Namen *Challenger Space Center for Space Science Education* (Challenger-Raumfahrtszentrum zur Erforschung des Weltraums). Sie würde sich auf mächtigen Flügeln aus der Asche erheben und ein lebendiger Tribut an die sieben *Challenger*-Astronauten sein. Wir fragten unser Team von Helfern, ob es möglich wäre, simulierte Raumflüge für Kinder zu organisieren, bei denen sie ganz hautnah etwas über Naturwissenschaft und Mathematik lernen könnten. Könnten Kinder durch ihre Erfahrungen bei diesen simulierten Raumflügen lernen, im Team zusammenzuarbeiten und Probleme zu lösen?

Manchmal gab es zwar dunkle Wolken der Frustration, die unseren Weg blockierten, aber auch den einen oder anderen unerwarteten Hoffnungsschimmer, der unseren Weg erhellte ... und eine wirkliche Antwort auf unsere Gebete war. Und das Team wuchs, sobald wir unsere Mission bekannt machten. Angefangen von Kindern, die uns ihre Spargroschen und ihre ausgefallenen Milchzähne schickten, über die Älteren, die immer noch an den amerikanischen Traum glaubten, bis hin zu führenden Männern der Politik, Wirtschaft und Erziehung.

Unser Freundeskreis wuchs in der Art eines ins Wasser geworfenen Steines, der immer weitere Kreise zieht, bis er schließlich Amerika und die ganze Welt erfasste. Und, was uns am wichtigsten war, auch viele Schulklassen, in denen Schüler und Lehrer nur darauf warteten, endlich über die Raumfahrt lernen zu dürfen.

Präsident Bush, der uns seine Unterstützung zusagte, sagte 1989 bei einer Benefizveranstaltung zugunsten des *Challenger*-Raumfahrtszentrums: ›Die Mission dieses Zentrums liegt darin, in jungen Menschen das Interesse und die Freude an den Naturwissenschaften zu wecken. Dieser kleine Funke könnte ihr Leben verändern und dazu beitragen, dass sie Großes erreichen.‹

Heute reisen Schüler und Lehrer durch ganz Nordamerika, um in den 35 *Challenger*-Lernzentren unterschiedliche Dinge zu lernen. Sie begeben sich dabei auf eine virtuelle Reise, die sie außerhalb der Grenzen unserer Erde und direkt zurück in ihre Lehrbücher führt. Die Lektionen, die ich dabei lernen konnte, hatten weniger mit Raumfahrt zu tun. Es ging eher um Vergebung und Überwindung von Nöten. Es waren Gelegenheiten, an der Hand Jesu Christi ein neues Leben zu beginnen.

Die größte Lektion, die ich aber lernte, war eine Lektion über die Liebe – über die Kraft der Liebe, die aus den Trümmern einer Tragödie einen wunderschönen Phoenix erstehen lässt.

Dr. Franklin Roosevelt sagte einmal: ›Es wird nicht immer möglich sein, für unsere Jugend eine Zukunft aufzubauen, aber wir können unsere Jugend für die Zukunft aufbauen.‹ Das haben all diese großartigen Menschen getan, als sie das *Challenger*-Zentrum ins Leben riefen. Das ist ein großer Unterschied. Sie griffen nach der Zukunft, nicht nur für das Astronautenteam der *Challenger*, das sich aufgemacht hatte, um den Weltraum zu erforschen, sondern auch für eine ganze Generation von Kindern, die nach den Sternen greifen wird, um ihre Träume zu verwirklichen.

Auch die größte Lektion, die Lektion über die Liebe Gottes, reicht weit in die Zukunft hinein. Sie kennt keine Grenzen und Einschränkungen. Sie kann das Aussehen des Universums und das Gesicht unserer Welt verändern und Katastrophen in Triumphe verwandeln.«

June Scobee Rogers lebt heute in Chattanooga, Tennessee. Sie wohnt dort mit ihrem zweiten Mann, Don Rogers, einem pensionierten General, dem sie einige Jahre nach der *Challenger*-

Katastrophe bei einem Ostermorgen-Gottesdienst am Friedhof von Arlington begegnete. Sie besucht regelmäßig die verschiedenen *Challenger*-Lernzentren, die sich über das ganze Land ausgebreitet haben und freut sich über jede Stunde, die sie mit einem ihrer 9 Enkelkinder verbringen darf.

> »Es gibt ein Licht in dieser Welt, einen Geist der Heilung,
> der stärker ist als alle Dunkelheit, die uns begegnet.
> Wir verlieren diese Kraft manchmal aus den Augen,
> wenn wir leiden und der Schmerz sehr groß ist.
> Aber es kann geschehen, dass dieser Geist durch das Leben
> ganz gewöhnlicher Menschen plötzlich wieder auftaucht, die einen Ruf
> hören und auf außergewöhnliche Weise darauf antworten.«

Mutter Teresa

Art Linkletter

Der Abend des 4. Oktober 1969 wird Art Linkletter immer in Erinnerung bleiben. Er denkt jeden Tag daran. Die Erinnerung an dieses Datum begleitet ihn bei jedem seiner Vorträge, die er jedes Jahr an die 100 Male vor unterschiedlichem Publikum hält. Es ist, als wäre es gestern geschehen. Dieser 4. Oktober 1969 war für Art Linkletter in gewisser Weise gestern, so lebhaft kann er sich an die Dinge erinnern, die sich an diesem Tag ereigneten.

Am 4. Oktober 1969 sprang ein 20-jähriges Mädchen, das von vielen als aufstrebender Star am Himmel Hollywoods angesehen wurde, aus dem Küchenfenster ihrer im 6. Stock liegenden Wohnung. Es stellte sich heraus, dass das Mädchen unter dem Einfluss von LSD gestanden hatte. Sie hieß Diane Linkletter und war Art Linkletters jüngste Tochter.

Art Linkletter war gerade mit seiner Frau Lois in Colorado Springs, um in der Akademie der amerikanischen Luftwaffe zu Kadetten über die Missstände zu sprechen, die eine Wohlstandsgesellschaft mit sich bringt. Da rief sein Sohn Robert an.

Robert hatte etwas früher an diesem Abend einen Anruf von Diane erhalten. Sie war in Panik und schrie etwas in der Art, dass sie ihren Verstand verliere. Robert versuchte sie zu beruhigen.

Schließlich legte er auf, rannte zu seinem Auto und raste zu ihrer Wohnung.

Er kam zu spät! Und nun stand er vor der schwierigen Aufgabe, seinen Eltern mitteilen zu müssen, dass seine Schwester, ihre Tochter, tot war.

Art und Lois waren vor Schock wie gelähmt. Jeder von ihnen durchlief Dutzende von Gefühlen gleichzeitig. Die Rede wurde kurzfristig abgesagt, und er flog mit Lois sofort nach Los Angeles zum Rest der Familie zurück.

Zuerst konnte Art die volle Realität dessen, was geschehen war, kaum ertragen. Wie konnte seine Tochter nur Selbstmord begehen? Wie war sie nur an Drogen gekommen? Nur »böse« Kinder nehmen Drogen, oder solche, die aus kaputten Familien kommen oder von ihren gleichgültigen Eltern vernachlässigt werden. Das passte nicht zu Diane. Die Familie der Linkletters – Art, Lois und ihre fünf Kinder – standen sich sehr nahe. Sie unternahmen vieles miteinander, machten gemeinsam Urlaub und gingen miteinander in die Kirche. Sie hatten ein glückliches Familienleben, in dem auch Gott Platz hatte, nicht wie das Zuhause so vieler anderer Hollywoodstars, die sie kannten.

Art war am Boden zerstört. Immer wieder fragte er sich, wie so etwas nur in seiner Familie passieren konnte. Er hatte sein ganzes Leben lang hart gearbeitet, um dahin zu kommen, wo er jetzt war. Angefangen von dem Tag, an dem er als Baby einem Pastor der Baptisten vor die Haustür gelegt worden war, der ihn später adoptierte, seine ganze Kindheit hindurch, während seiner Anfänge beim Radio, bis zu den Tagen, wo Programme wie »House Party«, »People Are Funny« und »Hollywood Talent Scout« Art Linkletter zu einer der größten Radio- und Fernsehpersönlichkeiten Amerikas machten. Bis zu dieser Zeit hatte er immer geglaubt, dass Gut und Böse zwei verschiedene Dinge waren, die man leicht auseinander halten konnte. Und es war definitiv nicht richtig, Drogen zu nehmen.

Heute, viele Jahre nach jenem schrecklichen Oktobertag im Jahr 1969, kann Art sehen, dass es Anzeichen dafür gab, dass Diane gelegentlich in Drogenexperimente verwickelt war, die er damals nicht sehen wollte.

»Ich konnte es mir einfach nicht vorstellen«, sagte er mir. »Als Eltern wollen wir nicht glauben, dass unseren Kindern so etwas passieren kann, und das ist oft unser größtes Problem. Ich ging davon aus, dass ich nach vier Kindern einfach alles über Kindererziehung wusste. Man entwickelt ein Muster, nach dem man sich verhält, und ist nicht darauf vorbereitet, dass es auch Abweichungen davon geben kann.«

Nachdem die anfängliche Entsetzensstarre nachließ, setzte der Zorn ein. Rasende Wut, verbunden mit einem Gefühl des ungeheuren Verlustes, bemächtigte sich Arts und wirkte sich auch auf seine Fähigkeit aus, klar zu denken und zu handeln. Art schäumte vor Wut und konnte damit nicht aufhören. Er erklärte allen Drogenkonsumenten und Dealern offiziell den Krieg, insbesondere den Dealern. Diese Leute hatten seine Tochter auf dem Gewissen, weil sie ihr Drogen gegeben hatten, und er würde sie rächen.

Art ist nach eigenen Worten kein ausgesprochener Pazifist, aber jeder, der ihn kennt, weiß, dass er keinerlei Freude daran hat, andere zu verletzen oder sich solche Dinge auch nur vorzustellen. Er weiß selbst sehr gut, dass man oft das Falsche erreicht, wenn man sich vom Zorn hinreißen lässt. Aber jetzt war er unfähig, auf seinen eigenen Rat zu hören. Die Dealer trieben sich da draußen auf den Straßen herum und verkauften ihre Ware an die Jugend Amerikas, verkauften Drogen an unschuldige Kinder wie Diane, und er würde alles tun, um sie zu stoppen.

Sein Hass und seine Wut waren so stark, dass er in einer geschlossenen Versammlung in Boca Raton, Florida, sogar damit drohte, einen anderen Menschen umzubringen. Das Objekt seines Hasses war ein Psychologe, Lehrer und selbsternannter Guru, der den Leuten predigte, dass LSD gut für sie sei. Mit Drogen hatte er eine Pseudoreligion aufgebaut, die Tausende von Jugendlichen in ihren Bann zog. Bei der Versammlung in Florida wurde Art nach seiner Meinung zum Drogenproblem befragt. Art griff diesen Mann an, ohne ein Blatt vor den Mund zu nehmen und endete seine Tirade mit den Worten: »Sollte ich diesen Kerl je zu fassen kriegen, dann werde ich ihn umbringen, so wahr mir Gott helfe.«

Trotz all seines Ärgers traf Art schließlich jedoch eine Entscheidung, die eine nachhaltige Wirkung auf ihn und seine Familie haben sollte und der gesamten Unterhaltungsindustrie Hollywoods einen tiefen Schock versetzte: Er beschloss, die Wahrheit zu sagen!

In Hollywood lernt man schnell, immer ein nettes Gesicht zu zeigen. Das Leben in dieser Scheinwelt hat stets angenehm und glücklich zu sein. Es geht niemals etwas schief, und wenn, dann darf die Öffentlichkeit nie davon erfahren. Presseagenten sind dazu da, um

Dinge zu beschönigen und alle Fragen abzuwenden, die zu unangenehmen Enthüllungen führen könnten.

Art beschloss, diese Regeln einfach zu vergessen und die Wahrheit zu sagen. Er berichtete seine Geschichte in den Zeitungen des Landes und gab öffentlich bekannt, dass seine Tochter nicht durch einen Unfall ums Leben gekommen war, sondern sich aus dem Fenster gestürzt hatte, als sie unter dem Einfluss von Drogen stand.

Die Reaktion darauf erfolgte unverzüglich und war irgendwie erschreckend. Die Gerüchteküche der Skandalblätter stürzte sich sofort darauf und bauschte die Geschichte auf. Wenn man sie las, konnte man denken, dass die gesamte Linkletter-Familie zerbrach und sämtliche Kinder drogenabhängig waren. Die Zeitungsschreiber spielten mit den Emotionen, die Art und seine Familie durchlitten, und schrieben immer wieder über ihren Verlust. Ihr privater Kummer wurde plötzlich zu einem öffentlichen Kummer.

Art hatte das alles geahnt und erwartet. Nach 40 Jahren in der Unterhaltungsbranche wusste er, was auf einen zukommt, wenn man etwas von dieser Art öffentlich macht. Was er aber nicht erwartet hatte, war eine Flut von Briefen aus Familien, die überall im Land ähnliche Tragödien erlebt hatten. Viele drückten ihr Mitgefühl aus und fragten, was sie falsch gemacht hätten, wo sie an ihren Kindern versagt hätten. Andere schrieben ihm, dass sie von ihren Kindern wussten, dass sie in Drogen verstrickt waren und Angst hatten, dass sie eines Tages dasselbe Schicksal wie Diane erleiden würden. Was konnten sie tun, um das zu verhindern?

Eines Tages erhielt er einen Brief, der so wie die meisten anderen anfing. Auch er brachte sein Mitgefühl für den Tod Dianes zum Ausdruck. Aber dieser Brief blieb dabei nicht stehen, sondern forderte Art auf, ihren Tod noch einmal zu überdenken und nach einem tieferen Sinn darin zu suchen.

Dieser Brief war von Dr. Norman Vincent Peale und hatte eine starke Auswirkung auf Arts Leben. Dr. Peale bat Art eindringlich, doch etwas Positives aus der Asche dieser Tragödie zu formen. Er forderte ihn auf, einen Feldzug gegen die Drogen zu beginnen, und Art beschloss, das zu tun. Er glaubt bis auf den heutigen Tag, dass Gott durch Dr. Peales Brief an diesem Tag zu ihm sprach und wieder Sinn in sein Leben brachte.

Aber Arts Geschichte ist damit noch lange nicht zu Ende. Als er anfing, über Drogenmissbrauch zu sprechen, bestand seine Botschaft darin, dass er strengere Gesetze für Dealer und bessere Erziehungsprogramme forderte, um Schülern zu zeigen, was passiert, wenn sie sich auf Drogen einlassen. Die Polizei sollte freie Hand bekommen, Drogenkonsumenten einzusperren und notfalls auch mit dem Knüppel zu schlagen.

Art dachte, dass Drogenmissbrauch etwas sei, das man schwarz-weiß sehen kann. Wer Drogen konsumiert, ist böse, und wer es nicht tut, ist gut. Das glaubte man damals allgemein, und Art kämpfte dabei an vorderster Front. Als er aber durchs Land zog, um vor Schülern und Studenten zu sprechen, als er ihre Reaktionen sah und sich ihre Standpunkte anhörte, kam er zur Überzeugung, dass Drogenkonsum keine so schwarz-weiße Sache ist, sondern eher unterschiedliche Grautöne aufweist. Es gibt keine schnelle, einfache Lösung für dieses Problem, es gibt keine Antwort, die man in einigen wenigen Wörtern zusammenfassen könnte.

Es dauerte über ein Jahr, bis Art seinen Zorn überwunden hatte und sich dazu zwang, einen langen und objektiven Blick auf dieses Problem zu werfen. Er fand heraus, dass es nicht immer die »Bösen« sind, die Drogen nehmen. Es sind oft ganz normale, intelligente Jugendliche, die Marihuana rauchen oder mit harten Drogen experimentieren. Eltern tragen oft die Verantwortung dafür, weil sie es unterlassen, ihre Kinder zu erziehen oder sich nicht genügend um sie kümmern, oder auch ins andere Extrem verfallen und zu streng und unnachgiebig sind.

Manchmal trifft die Eltern aber keine Schuld. Der Druck, der von Gleichaltrigen ausgeht, kann Jugendliche dazu bringen, mit Drogen zu experimentieren. Junge Leute wollen akzeptiert sein, und oft bekommen sie diese Akzeptanz nur dadurch, dass sie sich auf Drogen einlassen.

Art war nun in der Lage, die Energie, die er vorher dazu gebraucht hatte, um seinen Zorn aufrechtzuerhalten, darauf zu richten, alles über Drogen und Drogenkonsumenten in Erfahrung zu bringen, was er nur konnte – warum sie Drogen nahmen und woher sie diese bekamen. Er suchte Rehabilitationszentren für Drogenabhängige auf und arbeitete ehrenamtlich in der Telefonseelsorge mit. Allmählich fing er an zu realisieren, dass seine frühere Haltung wenig dazu beitragen würde, das Drogenproblem zu lösen.

Art setzte seinen Kampf gegen Drogen fort, aber auf völlig anderer Basis als vorher. Er ging in den Beratungsausschuss des amerikanischen Präsidenten für Drogenmissbrauch und wurde Vorsitzender eines Ausschusses, der Erziehung und Information bezüglich Drogen auf landesweiter Ebene koordiniert. 1971 hielt er vor der Generalversammlung der Vereinten Nationen eine Rede über Drogenmissbrauch. Er schrieb das Buch »Drugs at my Doorstep« (Drogen an meiner Haustür), in dem er detailliert über seine Erfahrungen berichtet. Es wurde rasch zu einem Bestseller. Er hat immer noch einen vollen Terminplan und legt jedes Jahr Tausende von Kilometern zurück, um vor verschiedenen Gruppen zu sprechen.

Wo immer er auftaucht, wird er von Eltern nach seinem Rat gefragt, wie man mit Kindern umgehen soll, die in Drogen verstrickt sind.

Arts Antwort ist ganz simpel: »Versuchen Sie an die Situation so emotionslos wie möglich heranzugehen und sie zu verstehen. Sprechen Sie mit ihren Kindern darüber«, rät Art. »Reagieren Sie nicht zu heftig. Lassen Sie Ihre Kinder ausreden. Verschließen Sie ihnen nicht den Mund, indem Sie ärgerlich werden. Sie werden oft entdecken, dass das Problem mehrere Ursachen hat: der Druck Gleichaltriger und der Wunsch, stets nur glücklich zu sein. Unsere Kinder wachsen heute anders auf.«

Da ich die Ehre hatte, zusammen mit Art im Fernsehen aufzutreten, und ihn auch mehrere Male zu Gast in unserer Sendung hatte, weiß ich aus persönlicher Beobachtung, dass der tragische Verlust seiner Tochter immer noch schwer auf ihm lastet. Wenn man ihn darauf anspricht, wird er stiller, aber das geht nie so weit, dass er sich weigert, darüber zu sprechen. Er hat sich vor vielen Jahren dazu durchgerungen, die Wahrheit zu sagen, und diese Wahrheit muss immer und immer wieder gesagt werden, auch wenn es wehtut.

Eine Nebenwirkung des Entschlusses, seine Tragödie öffentlich zu machen und die Wahrheit ans Licht zu bringen, liegt in den Nachwirkungen, die davon in die Filmindustrie ausgingen. Es veränderte die Art und Weise, wie viele Hollywood-Stars mit der Öffentlichkeit umgehen. Sie haben jetzt weniger Angst davor, die Wahrheit zu sagen und sich so zu zeigen, wie sie sind – nämlich als Menschen, die manchmal ernsthafte Probleme haben.

»Meine Äußerungen gaben auch anderen die Kraft, Dinge auszusprechen«, sagte Art. »Wenn wir uns schon den Beifall für gute Dinge gefallen lassen, dann sollten wir auch den Mut haben, unsere schwachen Seiten zu zeigen.«

Der tragische Tod von Diane hat Art und seine Familie verändert. Einerseits hat er eine Familie, die sich schon immer nahe stand, noch näher zusammengebracht. Was Art betrifft, so kann er auch einige Veränderungen bei sich selbst feststellen: »Ich habe mich insofern verändert, dass ich mitfühlender, verständnisvoller, toleranter, gläubiger und liebevoller wurde. Wenn man so viele leidende Menschen sieht wie ich, muss man solche Gefühle entwickeln. Nun sind Glück und Zufriedenheit die wichtigsten Dinge in der Welt für mich.«

Arts schlichte Botschaft an alle, die sich vor die Aufgabe gestellt sehen, nach einer vernichtenden Tragödie die Scherben ihres Leben wieder aufzusammeln und zusammenzufügen, liegt darin: »Bei Gott hat alles einen Sinn. Es ist zwar manchmal schwer, seine Gründe zu sehen oder zu verstehen, aber wir müssen die Tatsache anerkennen, dass es bei ihm immer Gründe gibt. Wir müssen nach dem Sinn suchen, den er in etwas hineingelegt hat, und uns dann dazu aufmachen, die Wunden unseres Lebens in leuchtende Sterne zu verwandeln.«

»Es gibt keinen Schmerz in meinem Leben, der dem Schmerz über den Verlust unseres Kindes vergleichbar wäre.
In den Monaten und Jahren unserer Trauer wurde der Glaube zu einer tragenden Kraft, die uns befähigte, den Schmerz zu ertragen und dennoch in Freude weiterzuleben.
Dieser Trauerprozess war ein Geschenk unseres liebenden himmlischen Vaters. Gott benutzte diese Trauer,
um uns heil zu machen und unseren Glauben zu stärken.
Er lockte uns damit in eine engere Beziehung zu sich hinein.«

Zig Ziglar, Autor und Redner

Kapitel 10

Es gibt ein Leben auch jenseits der Hoffnung

Es gibt einen Punkt, an den jeder Leidende durch seinen Schmerz geführt wird. Es ist ein Punkt, an dem eine Entscheidung von ihm verlangt wird. Man sollte sich dazu eine Zeit und einen Ort aussuchen, wo man allein ist. Ganz allein. Ein Moment der Einsamkeit. Ein reicher und riskanter, ein seltener, aber lohnender Augenblick. Haben Sie keine Angst. Sie sind zwar allein, aber Sie sind nicht verlassen. Sie sind hier allein an diesem Ort, um zu denken und um zu beten.

Sie können sich hier von allen Gefühlen losreißen und von allem frei werden, was Sie einschränkt und fesselt. Das sind mentale Barrikaden, die Sie daran hindern, die wichtigste persönliche Entscheidung Ihres Lebens zu fällen.

Und worin besteht diese?

Es ist die Entscheidung, an Gott zu glauben. »Komm mit an den Rand und wage es«, sagt er jetzt zu Ihnen. Es ist Zeit, sich für ihn zu entscheiden. Sie haben grundsätzlich drei Möglichkeiten, so wie jeder Mensch, der irgendwann einmal lebte oder leben wird. Sie haben die Wahl, zu einem Atheisten, zu einem Agnostiker, oder zu einem Menschen zu werden, der an Gott glaubt.

Drei Optionen

Ja, es ist an der Zeit, eine Entscheidung zu treffen. Diese Entscheidung absichtlich oder unabsichtlich zu versäumen wäre die unklügste und schlimmste Entscheidung von allen menschlichen Fehlentscheidungen, die Sie je treffen können.

»Warum entscheiden sich Menschen nicht dafür, an Gott zu glauben«, fragte ich Mutter Teresa, »obwohl es ihnen so wohl tut, in den Bereich seiner göttlichen Liebe zu kommen, die unser geistliches Universum für alle Ewigkeit am Leben hält?«

Ihre Antwort bestand in einem Wort: »Ablenkungen.«

Wenn Sie dieses Buch in der Stille lesen, dann sind Sie diesen Ablenkungen im Moment vielleicht nicht ausgesetzt.

Genießen Sie den Frieden.

Die Stille.

Die Einsamkeit.

Machen Sie sich bereit, hier und jetzt die größte Entscheidung Ihres Lebens zu treffen und sich für eine der drei vor Ihnen liegenden Optionen zu entscheiden – für den Atheismus, für den Agnostizismus oder für den Glauben an Gott.

Atheismus. Ein Atheist ist ein Mensch, der an nichts glaubt. Das sollten Sie wissen, bevor Sie sich dafür entscheiden, Atheist zu werden. Sie werden damit zu einem Gläubigen, der ganz unverfroren ans Nichts glaubt. Hier regiert der Nihilismus. Für einen wahren Atheisten gibt es keinen Gott und kein Leben nach dem Tod. Für einen Atheisten gibt es keine Unsterblichkeit der Seele. Für ihn gibt es kein ewiges Leben, keinen Himmel und keine Hölle, keine letzte Gerechtigkeit und keinen angemessenen Lohn.

Sich für den Atheismus zu entscheiden bedeutet, sich gedanklich der Möglichkeit zu verschließen, dass ein höchstes Wesen existiert oder jemals existierte. Sich für den Atheismus zu entscheiden bedeutet, diese Dinge für absolut unmöglich zu halten und vor aller Welt zu bekennen, dass man letztendlich an das Nichts glaubt.

Der Atheist erklärt:

- Glaube an Gott? Unmöglich!
- Glaube an eine höhere Intelligenz, die über uns Menschen steht? Nicht für mich!
- Glaube an ein ewiges Leben? Auf keinen Fall!

Ein Atheist negiert alle Beweise aus der menschlichen Geschichte und Natur, dass es bereits eine kreative ewige Intelligenz gab, noch ehe diese Erde und unser Kosmos existierten. Der Atheismus negiert alle Möglichkeiten, dass es ein höchstes Wesen und eine höhere, heilige Macht geben könnte. Wenn Sie sich dafür entscheiden, Atheist zu werden, dann sollten Sie wissen: Sie reihen sich damit in die vorderste Reihe der absoluten Negativdenker ein.

Sie nehmen damit Ihren Platz unter den obersten Unmöglichkeitsdenkern dieser Welt ein, die an nichts glauben wollen (jawohl, es ist eine Frage des Willens und der Entscheidung!), bis Sie auf alles eine Antwort gefunden haben.

Scheint das wirklich klug zu sein?

Ich möchte noch einmal an die Worte des großen amerikanischen Physikers Edward Teller erinnern: »Werden Sie Wissenschaftler, aber vergessen Sie Ihr ganzes Leben lang nicht, dass Sie nichts wissen!« Ein demütiger Wissenschaftler schlägt nie die Tür vor der Möglichkeit zu, dass es Dinge gibt, die nicht zu beweisen sind.

Die eigentliche Tragödie des Atheismus liegt aber darin, was damit der Persönlichkeit eines Menschen angetan wird. Es ist unbestritten, dass die Persönlichkeit und das Verhalten eines Menschen durch seine Entscheidung für den Atheismus geformt und in eine bestimmte Richtung gelenkt werden.

Zu was für einer Persönlichkeit wird ein Mensch, der sich auf den Atheismus festgelegt hat? Werfen wir zunächst einen Blick auf Madalyn Murray O'Hair, eine der bekanntesten Atheistinnen unserer Zeit. Sie gründete in den 60er Jahren den eingetragenen Verein amerikanischer Atheisten. Wo ist sie heute? Das weiß niemand. Sie verschwand auf geheimnisvolle Weise zusammen mit ihrem Sohn und ihrer Enkelin. Laut »New York Times« wurden die drei seit September 1995 nicht mehr gesehen. Aber man fand ihre Tagebücher und versteigerte sie, um damit ihre riesigen Steuerschulden beim Finanzamt zu begleichen. In dem Artikel in der »Times« wird berichtet, dass O'Hair vor allem verrückt nach Geld, Macht und einer schlanken Taille war. Ihre Ziele für das Jahr 1973 schließen unter anderem ein: »Sieh zu, dass du einen Nerzmantel bekommst. Und einen Cadillac. Und dass du Billy Graham bezüglich Geld in ein schlechtes Licht rücken kannst.«

Die größten Einsichten, die man durch ihre Tagebücher gewinnen kann, sind vielleicht die Gedanken und Täuschungen eines zutiefst unglücklichen Menschen. Jede Straße führt uns irgendwohin, darum frage ich: Wohin wurde Madalyn Murray O'Hair auf dem Weg des Atheismus geführt? Am 9. Oktober 1956 schreibt sie in ihr Tagebuch: »Was ist denn so schlimm daran, andere zu hassen? Der Hass wird wie ein Aussätziger unter den Emotionen behandelt. Warum, zum Teufel, sollten wir herumlaufen und stets Freundlichkeit verbreiten?«

Der Atheismus formt Unmöglichkeitsdenker zu Persönlichkeiten, die folgende Züge aufweisen:

- Ihre gesunde Demut wird oft durch Arroganz und Überheblichkeit ersetzt
- Ihre Fähigkeit zum Staunen wird oft durch eiskalten Zynismus ersetzt
- Ihre emotionale Fruchtbarkeit wird durch geistliche Dürre ersetzt

Durch den Atheismus geschieht im Unterbewussten etwas sehr Trauriges und Krankhaftes. Der Mutterschoß menschlicher Emotionen – der von Natur aus potenziell warm, freundlich, kreativ und fruchtbar ist – wird für solche Gefühle frigide. Und diese Frigidität führt unvermeidlich zu Unfruchtbarkeit. Das Herz wird unfruchtbar und unfähig, positive menschliche Gefühle zu empfangen oder hervorzubringen.

Den ersten Studenten der Anthropologie, Psychologie und Theologie wurde die Aufgabe gestellt, nach einem Wort zu suchen, um damit eine gesunde, positive, überschwängliche Persönlichkeit zu beschreiben. Sie kamen auf ein griechisches Wort, das klar und präzise definiert werden kann und sowohl im Englischen wie im Russischen benutzt wird. Man nahm die griechischen Wörter en (in) und theos (Gott) und bildete daraus das Wort Enthusiasmus – »in Gott sein«! Atheismus und wirklicher Enthusiasmus oder überschäumende Begeisterung können daher nicht gut nebeneinander bestehen.

Meine tiefste Einsicht in den Atheismus bekam ich 1989, als ich als erster Ausländer die Gelegenheit bekam, mit dem Chef des russischen Fernsehens ein Gespräch zu führen. Er sagte mir: »Wir sind Atheisten und haben das Fernsehen und die Universitäten benutzt, um den Atheismus unter die Leute zu bringen ... Aber nach siebzig Jahren Atheismus erkennen wir allmählich, dass es menschliche Gefühle gibt, die nur mit Hilfe der Religion ausgelebt werden können.«

Sich für den Atheismus zu entscheiden bedeutet, sich für ein schreckliches, zynisches Leben ohne jede Hoffnung zu entscheiden.

Überlegen Sie: Wohin wird mich diese Straße führen, wenn ich mich auf den Atheismus einlasse? Sie führt in den emotionalen und geistlichen Tod. Aber Sie haben alle Freiheit, das Leben zu wählen – ein überfließendes, fruchtbares, ewiges Leben!

Agnostizismus. Der Agnostizismus ist eine weitere Option. »Da ich nicht sicher wissen kann, ob es einen Gott gibt oder nicht, gehe ich lieber auf Nummer sicher und lasse die Tür auf beide Seiten einen Spalt offen. Beides ist möglich, und ich werde mich für keine von ihnen entscheiden.« Das ist die Geistesverfassung eines Agnostikers.

Darin liegt jedoch ein Widerspruch, mit dem jeder Agnostiker leben muss: Keine Entscheidung ist auch eine Entscheidung! Sie haben also die Wahl. Und der Agnostizismus kann unmöglich die richtige Entscheidung sein.

Ich habe einen guten Bekannten, Larry King, der auch in dieser Liga spielt. Seine tägliche Talkshow auf CNN ist die einzige weltweit übertragene Talkshow, in die man sich live telefonisch einklinken kann. Jeder, der etwas auf sich hält, kann in dieser weit verbreiteten Sendung auftreten oder zu Wort kommen.

Auch ich habe jede Woche in der »Hour of Power«, unserem weltweit ausgestrahlten Fernsehgottesdienst, Gäste. Als ich an diesem Kapitel schrieb, hatte ich die Ehre, Larry King anlässlich der Veröffentlichung seines neusten Buches, »Powerful Prayers« (Machtvolle Gebete) zu interviewen. Sein Mitautor ist Rabbi Katsof. Da ich das Vorwort zu diesem Buch geschrieben habe, war es passend, Larry in unserer Sonntagmorgensendung zu einem Interview einzuladen, auch wenn er sich selbst einen Agnostiker nennt.

»Ich habe mich zu diesem Buch entschieden«, erklärte er, »weil ich keine Antwort auf meine Fragen finden kann. Das ist auch der Grund, warum ich kein gläubiger Mensch wie mein Mitautor Rabbi Katsof bin.« Larry sagte weiter: »Der Atheist ist zu dem Schluss gekommen, dass es keinen Gott gibt ... und ein Glaubender hat sich entschlossen, daran zu glauben, dass es einen Gott gibt. Der Agnostiker aber sagt: ›Ich weiß es nicht. Ich enthalte mich der Meinung‹.« Dann schoss es plötzlich aus ihm heraus: »Es muss sich entweder der Atheist oder der Glaubende irren. Als Agnostiker kann ich gar nicht falsch liegen.«

»Aber Larry«, sagte ich, »wer sich nicht irrt, hat deshalb noch lange nicht Recht. Recht hat entweder der Atheist oder der Glaubende. Und darum kann man davon ausgehen, dass jeder, der sich vor einer Entscheidung drückt, die richtige Entscheidung ganz gewiss versäumt! Das aber muss wirklich falsch sein.«

Sich nicht zu irren ist nicht genug! Man kann »nichts Falsches« tun und dennoch nichts hervorbringen. Ein Acker, der kein Getreide hervorbringt, tut damit nichts Falsches. Aber er tut auch nicht das, was er eigentlich tun sollte – nämlich Frucht tragen!

Diese Entscheidung ist im Grunde ganz einfach. Sich für den Glauben zu entscheiden ist eine Wahl, die unbegrenzte positive Möglichkeiten mit sich bringt. Wenn ich glaube, fließen mir ungeahnte Kräfte zu, die durch eine totale Hingabe freigesetzt werden. Ich werde damit zu einem Menschen, der kreative Möglichkeiten zu sehen beginnt. Ich werde in einen Menschen verwandelt, der sich dafür öffnet, dass es unzählig viele kreative Möglichkeiten gibt.

Bei diesem Interview sagte Larry King auch, dass der Unterschied zwischen uns beiden darin liege, dass ich eben einen »Glaubenssprung« gemacht habe.

»Ach, das war eine willentliche Entscheidung«, sagte ich. »Ich habe mich dazu entschieden, an Gott, an Jesus Christus und an die Bibel zu glauben, weil es Sinn macht.«

Larry kam zu dem Schluss: »Ist das also der Grund, dass Sie vom Glauben als einer intelligenten Entscheidung sprechen, weil er im Grunde sinnvoller ist als die Entscheidung, nicht zu glauben?«

»Das ist richtig«, sagte ich. »Denn wenn man diesen Glaubenssprung gemacht hat, um Ihre Worte zu benutzen, fängt man plötzlich an zu sehen, dass es auch angesichts von Leid und Schmerz und Ungerechtigkeit immer noch fantastische Möglichkeiten gibt.«

> Glaube – das ist eine Frage der Entscheidung und nicht der Diskussion!
> Glaube – das hat mit Hingabe zu tun und nicht mit Argumenten!
> Es bleibt zwar immer noch viel menschliches Leid zurück,
> das nicht zu verstehen ist, aber ich erlaube dem Geheimnis
> des Leidens nicht, mir meinen positiven Glauben
> an einen guten Gott zu rauben.

Larry King fragte: »Wie erklären Sie dann all diese schrecklichen Dinge, die Menschen zustoßen, die an einen Gott glauben?«

»Ich kann sie nicht erklären«, antwortete ich, »denn ich bin nicht Gott. Deshalb kann ich sie weder verstehen noch erklären.«

Später dachte ich an die vielen Menschen, die ich kenne, die ihren Glauben an Gott nicht verloren haben, obwohl sie Schreckliches durchlitten haben. Sie sind einigen davon in den Geschichten dieses Buches begegnet. Erinnern Sie sich noch an Elie Wiesel und

Viktor Frankl, die den Holocaust überlebten? Ein anderer Überlebender des Holocaust, der seinen Glauben darüber nicht verloren hat, ist Benjamin Hirsch.

Benjamin Hirsch war zur Nazizeit ein Kind. Er erzählt eine scharfsinnige Geschichte von Rabbi Baal Shem-Tov, der als Begründer der chassidischen Bewegung gilt. Baal Shem-Tov stand mit einigen seiner Schüler oben auf einem Hügel und blickte hinunter auf die Stadt, in der seine Schule lag. Plötzlich kam eine Horde von Kosaken herangesprengt und griff die Stadt an.

Als der Rabbi sah, wie seine Schüler neben vielen Männern, Frauen und Kindern hingemetzelt wurden, blickte er zum Himmel hinauf und seufzte: »Ach, wenn ich doch nur Gott wäre.«

Einer seiner Schüler fragte erstaunt: »Aber Meister, was würden Sie anders machen, wenn Sie Gott wären?«

Er antwortete: »Wenn ich Gott wäre, würde ich nichts anders machen. Ich würde es nur verstehen.«[1]

Wir neigen zu der Erwartung, durch das Lesen der Bibel oder durch Kunstwerke inspiriert zu werden, aber wir erwarten nicht, durch Leid und Schmerz inspiriert zu werden. Doch viele von uns spüren, so wie Hirsch, eine geheimnisvolle Regung in uns. Es ist ein Gefühl, das uns darauf hinweist, dass etwas Größeres als wir selbst am Werk ist. Dieses Etwas erfüllt unseren Geist und inspiriert uns dazu, weiterzumachen.

Wir werden vielleicht nie die Pistole verstehen, die auf ein Kind gerichtet ist, oder die schrecklichen Grausamkeiten des Holocaust. Aber wir können wie Hirsch vielleicht im Nachhinein verstehen, dass Gott sowohl in unseren Segnungen als in unseren Nöten gegenwärtig ist.

Im Buch Hiob ist zu lesen, dass der Mensch einen Geist hat, dem der Atem des Allmächtigen Verständnis einhaucht. Das zu wissen bedeutet auch, unsere menschlichen Grenzen zu kennen. Wir können dieses göttliche Verständnis nicht aus eigener Kraft aufbringen. Wir haben diese Vision nicht aus uns selbst. Wenn wir zu etwas inspiriert werden, sehen oder hören wir einen Augenblick lang etwas, für das wir normalerweise sonst keine Antenne haben. Wir werden über unseren Kummer emporgehoben und dazu befähigt, das Gute zu sehen, das aus unserem Schmerz erwachsen soll.

»Komm mit an den Rand« sagt Gott zu dem Agnostiker! »Komm mit an den Rand! Lass doch zu, dass ich dir einen Schubs gebe, und du wirst fliegen!«

> **Für den Atheisten gibt es keine Hoffnung jenseits des Lebens.**
> **Für den Glaubenden aber gibt es Leben auch jenseits der Hoffnung.**

Das ist der Grund, warum ich mich dafür entschieden habe, an den Rand zu treten. Er schubste mich, und ich flog die letzten 70 Jahre – als Glaubender. Es war zweifelsfrei die richtige Entscheidung für mich.

Aber es ist Ihre Entscheidung. Sind Sie ein Atheist? Oder ein Agnostiker? Oder ein Glaubender? Da es hier um die wichtigste Entscheidung Ihres Lebens geht, sollten Sie nicht vergessen, darüber zu beten. Selbst wenn Sie nicht an Gott glauben.

Mein Gespräch mit Larry King endete damit, dass ich zu ihm sagte: »Larry, lesen Sie das Gebet für Agnostiker. Es ist von mir. Es steht in Ihrem Buch über kraftvolle Gebete. Aber wenn Sie es hier in meiner Kirche lesen, wird man sagen, dass Sie in der *Hour of Power* ganz bewusst Ihr erstes öffentliches Gebet gesprochen hätten.« Ich schlug das Buch an der entsprechenden Stelle auf. Er las es still durch und sagte dann: »In Ordnung! Ich werde mein erstes öffentliches Gebet sprechen.« Und er sagte:

»Guter Gott, ich weiß nicht, wie ich es anfangen soll. Ich will versuchen, mit dir zu reden. Ich weiß nicht, ob ich zu dir durchdringen werde. Wenn ich auf dem rechten Weg bin, dann lass es mich wissen. Und sollte ich nicht auf dem rechten Weg sein, dann lass es mich ebenfalls wissen.«

Ich bitte jeden zweifelnden Leser dringend, dieses Gebet zu sprechen. Geben Sie Gott eine Chance, Ihnen zu helfen, dass Sie zu einem positiven Glauben finden.

Werden Sie zu einem Glaubenden

Ihre letzte Option und positivste Wahl liegt darin, ein Glaubender zu werden und an eine höchste geistliche Intelligenz zu glauben, die gut und wunderbar ist.

Ein Glaubender trifft die Entscheidung, an einen Gott zu glauben, der kreativ, intelligent, liebevoll und wohlwollend ist, auch wenn er diesen Gott weder erklären noch verstehen kann. Gott stellt die höchsten Ebene des Möglichkeitsdenkens dar. Man könnte es auch als einen Glaubenssprung von der soliden, geistlich-wissenschaftlichen Plattform aus bezeichnen.

Eine der unvergesslichsten Erfahrungen meines Lebens machte ich in Japan. Eine Gruppe von japanischen Studenten kam nach einem Vortrag über Möglichkeitsdenken auf mich zu. (Als Vorstandsmitglied des Amerikanischen Instituts für Architektur erweckte ich großes Interesse bei ihnen.)

Sie stellten mir die Frage: »Wenn es wirklich eine höchste Intelligenz gibt, die Gott genannt wird – und wenn wir Menschen wirklich Wesen sind, die nach seinem Bild geschaffen und mit der Fähigkeit ausgestattet sind, sich seine Existenz vorstellen zu können – warum ist Gott dann kein wissenschaftliches Faktum, das man beweisen kann, sondern bleibt ein Geheimnis, das nur im Glauben ergriffen werden kann?«

Ich antwortete: »Sie müssen lernen, die Architektur der menschlichen Persönlichkeit zu verstehen. Der Glaube ist eine wissenschaftliche Realität. Der Glaube ist nichts Anomales oder Unnatürliches. Er ist vielmehr die Erfüllung der im Menschen angelegten geistlichen Möglichkeiten, damit er sich von einem Tier namens Mensch zu einem geistlichen Wesen namens Mensch weiter entwickeln kann.

Die Architektur der menschlichen Persönlichkeit ist um dieses Glaubensfundament herum aufgebaut. Der Sinn unserer Persönlichkeit liegt darin, dass wir zu kreativen Werkzeugen werden. Die Kreativität bedient sich eines Rohmaterials, das man Ideen nennt, und erfindet Dinge, die der Menschheit nützlich sein können. Unsere Ideen werden auf dieselbe Weise miteinander verknüpft und verbunden wie Wände, Böden und Decken beim Bau eines Hauses.«

Der erste Gedanke eines Entwurfs bezieht sich immer auf die Konstruktion. Wie stark muss eine Wand sein, damit sie das Dach tragen kann? Die alten Ägypter haben sich für Pfeiler und hohe Säulen entschieden, die eng genug beieinander standen, um lange, schwere steinerne Balken tragen zu können. Das Ergebnis waren schmale, enge Räume geringen Ausmaßes. Mit dem Anbruch des Stahlzeitalters wurde eine beeindruckende neue Bauweise möglich. Es wurde möglich, Hochhäuser zu bauen. Durch Stahlträger, die weit auseinander liegende Mauern miteinander verbanden, konnte man riesige offene Flächen mit einer Decke überspannen.

Der Glaube hat für die menschliche Persönlichkeit die gleiche Bedeutung wie Säulen für die Architektur der alten Ägypter oder wie Stahlträger für die Wolkenkratzer. Der Glaube ist so etwas wie ein »geistlicher Stahlträger«, der es ermöglicht, Ideen miteinander zu verbinden. Er öffnet unsere Kreativität für Möglichkeiten, die uns dazu befähigen, zu lieben, zu vertrauen und zu hoffen.

Ja, der Glaube ist ein fundamentales Konstruktionsprinzip für die kreative Entfaltung der menschlichen Persönlichkeit. Ohne Glauben werden wir zu Menschen, die geistlich benachteiligt sind. Wir wagen es nie, um es pathetisch auszudrücken, unser riesiges Potenzial als kreative Persönlichkeiten zu entdecken und in Anspruch zu nehmen. Wenn der Glaube nicht unsere menschliche Vorstellungskraft bevollmächtigt, kommen wir vielleicht nie in die Lage, unsere vollen Möglichkeiten zu entdecken.

Kurz: ein Leben ohne Glauben ist ein Leben ohne Hoffnung! Ein Leben ohne Glauben bedeutet im Wesentlichen, dass ein Mensch keine Energie und keinen Enthusiasmus hat.«

Wir können jetzt nach 70 Jahren des russischen Experiments mit dem Atheismus sehen, was dabei herausgekommen ist: Ein Leben ohne Glaube schränkt den Menschen in seinen grundsätzlichen menschlichen Möglichkeiten ein.

Jesus Christus hat es wunderbar ausgedrückt: »Ich aber bin gekommen, um ihnen das Leben zu geben, Leben im Überfluss« (Johannes 10,10; Gute Nachricht).

Leben im Überfluss

Die Kopfsteinpflaster der Straßen Siziliens versprachen uns Romantik und Erholung, als meine Frau und ich im Anschluss an eine arbeitsreiche, aber dynamische Missionskonferenz in den Süden Italiens reisten. Wir freuten uns darauf, in einem der idyllischen Restaurants hoch über dem Mittelmeer essen zu gehen. Wir genossen die Wärme unter dem sonnenverwöhnten Himmel. Was jedoch als ein paar Tage Arbeit, verbunden mit Geschichte und Entspannung, begonnen hatte, fand ein abruptes Ende. Meine Frau Arvella, mit der ich seit 47 Jahren verheiratet bin, kam mit schmerzverzerrtem Gesicht aus dem Badezimmer. »Bob«, sagte sie, »mir geht es nicht gut. Ich fühle mich wirklich krank.«

Ihr Gesichtsausdruck und ihre Stimme, als sie mir von dem starken Schmerz berichtete, der durch ihren linken Arm schoss, alarmierten mich sehr. Ich hatte vier Monate zuvor einen leichten Herzinfarkt gehabt und bestand darauf, dass sie von meinen Nitroglyzerintabletten nahm.

Die Kopfsteinpflasterstraßen sorgten nun für eine holprige Fahrt im Krankenwagen zu einer schmuddeligen, überfüllten Notaufnahmestation. Arvella fand in dieser trostlosen Umgebung Trost und Frieden in ihrem Glauben.

Das Ausmaß ihres Herzinfarkts war nicht bekannt. Sie musste acht Tage in Italien warten, bis ihr Zustand stabil genug war, um nach Hause geflogen zu werden, wo sie sich einem chirurgischen Eingriff unterziehen musste, bei dem sechs Bypässe gelegt wurden. In den kommenden Tagen und Wochen klammerte sie sich an ihrem Glauben an Jesus Christus fest.

Arvellas Herzoperation war erfolgreich, blieb aber nicht ohne ernsthafte Rückschläge. In den frühen Morgenstunden des folgenden Tages fing eine Blutung an, die nicht zu stoppen war. Der Chirurg und der diensthabende Arzt versuchten ihr Möglichstes – aber ohne jeden Erfolg.

Arvella erinnert sich an den Arzt, der mit der Saugkanüle in ihrer Brust kämpfte. Er sah äußerst besorgt aus. »Ich kann das Blutgerinnsel nicht erreichen. Wir müssen sie noch einmal aufmachen«, hörte sie ihn sagen. Dann fragte er: »Ist das Blut schon angekommen?«

Nach einer weiteren Stunde voller Schmerzen wurde sie eilends ein zweites Mal operiert. Das hieß, dass ihr immer noch geschwächter und durch das Öffnen des Brustkastens geschwollener Körper noch einmal malträtiert werden musste, in der Hoffnung, die Blutung zu stillen und das Blutgerinnsel entfernen zu können.

Erschöpft war ich an diesem Abend jedoch nach Hause gegangen. Ich hatte mich ins Bett gelegt, Gott für die erfolgreiche Operation gedankt und für die weitere Genesung meiner Frau gebetet. Darum hörte ich leider den Anruf nicht, als ich am nächsten Morgen vom Krankenhaus angerufen wurde. Arvella wurde ein zweites Mal operiert, ohne dass ich bei ihr sein konnte.

»Als ich das Wort *Blutgerinnsel* hörte, wusste ich, dass ich im Sterben lag«, sagte Arvella. Ein unaussprechlicher Friede und die Gegenwart Jesu Christi erfüllten mich. Ein Satz kam mir in den Sinn: ›Fürchte dich nicht, glaube nur!‹ Ich wiederholte diese Worte andauernd, während ich mich darauf vorbereitete, zu Gott zu gehen. Es war eine gute Erfahrung.«

> Sei tapfer, wenn das Leben großen Kummer über dich bringt,
> und geduldig in allen kleinen Traurigkeiten.
> Und schlafe ganz in Frieden, wenn du die Mühen des Tages
> hinter dich gebracht hast. Denn Gott wird nicht aufhören,
> über dir zu wachen.«
>
> Victor Hugo, Schriftsteller (1802-1885)

Das Aufregende an einem positiven Glauben an einen liebenden und mitfühlenden Gott liegt darin, dass es die Wahrheit ist! Glaubende leben in keiner Scheinwelt. Glaube hat mit Realitätsdenken zu tun. Er sagt:»He! Ich werde mit dir durch das Tal der Todesschatten gehen!«

Nicht gläubige Menschen sprechen nicht gerne über diese Dinge. Sie vermeiden es tunlichst, an Friedhöfe zu denken. Glaubende waren schon immer Menschen, die der Realität ins Auge blickten. Wir wissen, dass wir alle einmal dieses Tal der Todesschatten durchschreiten müssen. Wir sind darauf vorbereitet.

Der Schreiber des 23. Psalms sah diese Realität ganz deutlich: »Und wenn ich auch durchs finstere Tal gehen muss, ich fürchte kein Unheil.« Denken Sie über diese Worte nach – er schreibt nicht von Kriechen oder Krabbeln, sondern von aufrechtem Gehen.

»Und wenn ich auch durchs finstere Tal gehe ...« Es ist die Rede davon, *durch* etwas zu gehen, nicht auf etwas zu oder in etwas hinein. Gott schickt uns nicht in dieses Tal, sondern er geht mit uns durch dieses Tal hindurch. Dieser Teil gehört zum Leben dazu. Der Tod ist nichts, vor dem wir uns länger fürchten müssten. Der Psalmbeter jedenfalls hatte keine Angst davor.

»Und wenn ich auch durchs finstere Tal bzw. durchs Tal der Todesschatten gehe ...« Der Tod war für ihn nur ein Schatten und nichts Reales. Es wird nicht die Realität verleugnet, dass wir Menschen die Erfahrung des Todes machen müssen, aber der Tod ist für uns Glaubende nichts Reales. Er ist nur ein Durchgang, den wir durchschreiten müssen, um ins ewige Leben zu gelangen.

Nur ein Schatten? Das ist ein positives Wort, denn hinter jedem Schatten gibt es auch ein Licht!

Die eigentliche Realität ist das, was jenseits des Todes liegt. Es gibt ein Leben, das den Tod überdauert und es gibt eine jenseitige Welt. Wir leben in einem geistlichen Universum. Das kann man sich gut vorstellen, wenn man hinauf in den Himmel blickt und weiß, wie viele Satelliten es dort oben gibt, die uns Nachrichten übermitteln. Was können wir überall um uns herum hören? Lieder und Musik. All diese Botschaften und alle Musik wird uns durch die Luft und den Raum übermittelt.

John Wimber, einer meiner guten Freunde, ist heute im Himmel. Er war früher ein sehr erfolgreicher Musiker. Als er über Gott und Jesus nachdachte, fand er zum Glauben. Er fing an, in der Bibel zu lesen, und war sehr beeindruckt von den Wundern, die Jesus wirkte. Er heilte alle Kranken, denen er begegnete. John gründete also eine kleine Gemeinde und fing an, für Kranke und deren wunderbare Heilung zu beten. Dieser Dienst ist heute unter dem Namen »Vineyard Ministry« auf der ganzen Welt bekannt.

Als John Wimber selbst an Krebs erkrankte, nahm er auch alle medizinische Hilfe in Anspruch, die es gab. Überall auf der Welt beteten die Menschen um das Wunder der Heilung, das seinen Dienst allgemein begleitete. Aber Gott hat diese Gebete nicht mit einem Ja beantwortet. Der Krebs kehrte zurück, und dieses Mal sollte er zum Tode führen. John konnte zwar auf seine Kanzel zurückkehren, aber er hatte immer noch Krebs. Als er zum ersten Mal wieder predigte, sagte er: »Ich bin in diesem Tal gewesen, und ich kann euch sagen, die Aussicht von dort ist gar nicht so übel.«

Es gibt ein Leben auch jenseits der Hoffnung

Manche unter Ihnen mögen diesen Ausgang nicht. Sie haben gebetet. Sie haben geglaubt. Sie waren innerlich zerrissen. Sie versuchten, weiter zu vertrauen. Aber das Ende war unvermeidlich. Tod. Oder Scheidung. Vielleicht sagen Sie mit einem Anflug von Bitterkeit: »Das Leben ist einfach nicht fair!«

»Das stimmt«, könnte man antworten, »das Leben ist nicht fair, aber Gott ist gut.«

Geben Sie Gott ein bisschen mehr Zeit. Unser Leben ist einfach zu kurz, um alle Rechnungen aufgehen zu lassen.

Es gibt ein Leben auch jenseits der Hoffnung. Das verlangt schon die Gerechtigkeit. Es ist nicht zu akzeptieren, dass jemand wie Hitler Selbstmord begeht und denkt, er könnte sich damit so einfach davonstehlen. Wir können nicht glauben, dass ein gerechter und barmherziger Gott zulassen kann, dass Sünde und Böses es schaffen, sich an einer letzten Gerechtigkeit vorbeizumogeln.

Gott wird nicht zulassen, dass der Tod zu einer Art Schlupfloch wird. Er schlägt die Bücher niemals zu, wenn ein Mensch stirbt. Im

Gegenteil, er schlägt die Bücher der Gerechtigkeit und der Gnade auf. Er wird in Ewigkeit regieren, die Glaubenden angemessen belohnen und für eine letzte Gerechtigkeit sorgen.

Geben Sie Gott etwas mehr Zeit, und die Ewigkeit wird alles wieder wunderbar ins Lot bringen!

Bereiten Sie sich auf die Ewigkeit vor!

Ich glaube, dass die menschliche Seele ewig leben wird. Ich glaube daran, obwohl ich sehr wenig über Himmel und Hölle weiß. Aber es gibt sowohl innerhalb als außerhalb der Bibel Dinge, die uns auf den Himmel hinweisen. Die Jünger berichten von der erstaunlichen Begebenheit, dass sie Zeuge wurden, wie zwei Personen mit Jesus redeten – nämlich Mose und Elia, die beide schon seit Jahrhunderten tot waren. Daran musste ich denken, als ich vor kurzem einen erstaunlichen Bericht las, der dieses Leben nach dem Tod ebenfalls bezeugt.

Dr. Lori Wiener hat sich darauf spezialisiert, sich um Kinder zu kümmern, die an Aids sterben. Doch lassen wir sie selbst zu Wort kommen:

»Wenn man mit Kindern und deren Eltern arbeitet, die an Aids erkrankt sind, kann man nie wissen, wer zuerst sterben wird – das Kind oder die Eltern. Kinder, selbst wenn sie noch sehr klein sind, haben keine Scheu, darüber zu sprechen, wie sie sich den Tod und das Leben danach vorstellen. Wenn eines von ihnen seinen letzten Atemzug tut und ich bin dabei, dann bete ich für einen friedlichen Übergang. Mein Glaube an Gott und an seine Macht verhelfen mir mitten in diesem Sterbeprozess zu innerem Frieden. Mein Glaube hat mich aber nicht zu der Arbeit geführt, die ich mache. Es war vielmehr die Arbeit, die meine Spiritualität zum Wachsen brachte.

Der Grund, dass diese Arbeit meinen Glauben vertieft, liegt meiner Meinung nach darin, dass die Kinder, mit denen ich arbeite, so lebhaft über ihre geistlichen Erfahrungen sprechen. Es gibt eine Geschichte, die mich sehr berührte. Ein kleines Mädchen, das mit seiner Mutter am Tisch saß und Suppe aß, blickte plötzlich auf und sah mit großen Augen in den Raum. Sie bewegte ihre Augen, so als würden diese etwas folgen. Dann hob sie die Hand, winkte und sagte: ›Tschüss, Alan, tschüss!‹ Die Mutter des kleinen Mädchens sagte: ›Was sagst du, mein Schatz?‹ Und das Kind sagte: ›Ich sage

Tschüss zu Alan. Er ist jetzt bei Jesus.‹ Die Mutter erwiderte. ›Alan geht es gut, meine Süße, es geht ihm prima.‹ Eine knappe halbe Stunde später klingelte das Telefon und überbrachte die Nachricht, dass Alan gestorben war.

Viele Kinder und Eltern berichten mir ähnliche Geschichten. Ein Kind sagte: ›Ich hatte einige Male von jemandem Besuch.‹ Und später sieht es in einem Fotoalbum eine Person, die schon lange tot ist, und sagt: ›Das ist die Frau, die mich besucht hat.‹ Oder ein verstorbener Bruder oder eine Schwester kommen zurück und sie unternehmen etwas miteinander.

Ein Junge, damals 14, berichtete, dass er in der Nacht Besuch von zwei Kindern gehabt hätte. Eines davon war ein Kind, das vor anderthalb Jahren gestorben war. Der Junge sagte, die beiden wären durchs Fenster gekommen, und er zeigt mir das Fenster. Er sagte: ›Sie kamen einfach durchs Glas und sagten mir, dass ich nicht aufgeben soll, auch wenn alle anderen denken, dass ich nicht durchkommen werde. Ich werde durchkommen, denn meine Zeit ist noch nicht gekommen.‹ Der Junge war zu dieser Zeit sehr krank, und ich fragte ihn, wie diese Erfahrung für ihn gewesen sei. Ich fragte ihn, ob sie ihm Angst gemacht habe. Das war nicht der Fall. Er sagte, sie hätte ihn getröstet. Er wollte, dass man den Eltern der toten Kinder sage, dass es ihren Kindern gut geht, wie sie aussahen und was sie ihren Worten nach machten.

Ich frage die Kinder immer: ›Wie haben sie zu dir gesprochen?‹ Und sie sagen: ›Ich konnte alles hören, was sie sagen, aber sie bewegten ihre Lippen nicht.‹ Ich stelle diese Frage immer, und in all diesen Jahren gab es keinen, der je gesagt hätte, dass die Person, die zurückgekommen ist und ihn besucht hat, die Lippen bewegte. Ich weiß nicht, was das bedeutet. Für die meisten von ihnen ist es eine sehr tröstliche Erfahrung. Wenn Menschen kurz vor dem Tod stehen, geschieht es oft, dass sie andere Personen im Raum sehen, die bereits gestorben sind. Meiner Erfahrung nach dauert es dann meist nur wenige Stunden, bis sie selbst sterben.

Durch meine Erfahrungen mit diesen Kindern habe ich ein starkes Gefühl für die Gegenwart Gottes entwickelt. Und einen festen Glauben daran, dass es nach diesem Leben noch eine andere Existenzform gibt, in die der Tod hinüberführt. Aus den Geschichten, die ich ständig zu hören bekomme, weiß ich, dass es kein Zeitgefühl zu geben scheint und alles sehr positiv ist. Die Kinder erzählen mir, dass ihnen die Kinder, von denen sie besucht werden, sagen, dass dieser Übergang wirklich schnell zu gehen scheint. Sie hätten nicht das Gefühl, dass er Tage, Wochen oder Monate dauert. Es gäbe also keinen Grund, sich Sorgen zu machen.«[3]

Es gibt Elemente in diesem erstaunlichen Bericht, die Christen bekannt vorkommen. Es ist nichts Neues für sie, wenn sie die biblischen Berichte über die Auferstehung Jesu von den Toten kennen und wissen, dass er durch Wände gegangen und seinen Jüngern erschienen ist und zu ihnen gesprochen hat. Auch ich habe diese Realität akzeptiert und glaube daran, dass das alles wirklich passierte!

Ja, es gibt ein Leben auch jenseits der Hoffnung. Ja, es gibt einen Gott. Er wird das letzte Wort haben – und es wird wunderbar sein. Ja, es gab einen Menschen namens Jesus Christus. Sein Leben ist eine Tatsache. Er starb. Auch das ist eine Tatsache. Er wurde von den Toten auferweckt. Das ist ein Geheimnis. Er ist mein Herr und Erlöser. Das ist mein Glaube. Er hat allen Menschen versprochen: »Niemand, der zu mir kommt, wird von mir abgewiesen« (Johannes 6,37; Gute Nachricht). Wenn ich diesem Versprechen Glauben schenke, dann kann ich dem Tod ins Auge blicken und wissen, dass ich nur dahin gehe, wo Jesus bereits ist!

Das bedeutet Ewigkeit. Das bedeutet Erlösung.

Neulich kam meine Tochter Gretchen, um ihre kleine Tochter Julia wieder abzuholen, die uns besucht hatte. Sie sagte: »Julia, es ist Zeit, nach Hause zu gehen.«

Julia fragte: »Warum, ist es Zeit zum Mittagessen?«

»Nein.«

»Gehen wir irgendwohin?«

»Nein, Julia, es ist einfach Zeit, nach Hause zu kommen.«

»Okay, Mama. Ich komme.« Sie ergriff mit ihrer kleinen Hand die ihrer Mutter, lächelte und winkte mir zu: »Auf Wiedersehen, Opa!«

Für uns alle wird einmal die Zeit kommen, wo wir die Worte hören werden: Es ist Zeit, nach Hause zu kommen.

»Warum?«

Weil es Zeit ist, nach Hause zu kommen.

»Gehen wir irgendwo hin?«

Ja. Wir werden in den Himmel gehen.

So endet das Leben für einen Menschen, der glaubt! Jesus Christus wird kommen, und wir werden miteinander in unsere eigentliche Heimat gehen.

Wenn wir uns für diese letzte Reise bereitmachen, dürfen wir uns an die Wahrheit halten, die im 23. Psalm ausgesprochen wird. Ein weiser Vater wies seinen Sohn einst auf diese Wahrheit hin, als dieser von der Universität nach Hause kam und sagte: »Papa, ich habe meinen Glauben verloren.«

»Mein Sohn, du hast nicht deinen Glauben verloren, du hast nur deine persönliche Verbindung zum Glauben an Gott verloren. Lies den 23. Psalm. Du kannst diesen Worten mehr Glauben schenken als den Worten deiner zynischen säkularen Professoren und negativ denkenden Mitstudenten. Lies diese Worte, Sohn, mit der Betonung auf dieser persönlichen Beziehung. Gott lebt in diesen Worten, und er wird dich segnen.«

Damit gab er seinem Sohn diese Worte zu lesen, die die persönliche Beziehung betonen und dem Glauben wieder zum Leben verhelfen:

Der Herr ist mein Hirte;
darum leide ich keine Not.
Er bringt mich auf saftige Weiden,
lässt mich ruhen am frischen Wasser
und gibt mir neue Kraft.
Auf sicheren Wegen leitet er mich,
dafür bürgt er mit seinem Namen.

Und muss ich auch durchs finstere Tal –
ich fürchte kein Unheil!
Du, Herr, bist ja bei mir;
du schützt mich und führst mich,
das macht mir Mut.

Vor den Augen meiner Feinde
deckst du mir deinen Tisch;
Als Gast nimmst du mich bei dir auf
und füllst mir den Becher randvoll.

Deine Güte und Liebe umgeben mich
an jedem neuen Tag;
In deinem Haus darf ich nun bleiben
mein Leben lang.

Nehmen Sie das persönlich und gehen Sie mit Jesus Christus eine Verbindung ein! Dann werden Sie leben, auch wenn alle Hoffnung vorüber ist. Und Sie werden Ihr Leid und Ihren Schmerz in einen Heiligenschein verwandeln!

Ein Gebet zum Abschluss

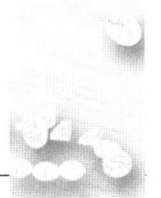

Mary Hayes-Bridges wurde in die Akademie der Luftwaffe aufgenommen, und ihr Mentor Jim Irwin, der als erster Mensch den Mond betreten hatte, dachte, dass sie der erste weibliche Astronaut sein würde. Im zweiten Jahr an der Akademie stürzte sie jedoch so unglücklich, dass sie dadurch nicht nur gezwungen war, ihre Ausbildung abzubrechen, sondern in den nächsten 20 Jahren 56 chirurgische Eingriffe auf sich nehmen musste.

Ich wurde Marys Pastor, nachdem ihr Vater gestorben war. Damals war sie erst 13 gewesen. Ich begleitete sie nach ihrem Unfall durch all diese Jahre, die angefüllt mit Schmerzen und Operationen waren. Ich schrieb ein Gebet für sie auf, mit dem sie zwei Jahrzehnte des Schmerzes lebte. Ich selbst hatte dieses Gebet schon längst vergessen, das ich vor über 20 Jahren schrieb. Als ich dieses Buch beendete, gab es Mary mir wieder, um anderen zu zeigen, wie dieses Gebet ihren Optimismus am Leben erhalten hatte.

Heute ist Mary der erste Mensch in der Geschichte der Medizin, deren Wirbelsäule durch Klammern aus Titan gestützt wird. Sie ist vollkommen schmerzfrei und plant an einem Marathonlauf teilzunehmen! Hier ist Marys Gebet, das sie mit Ihnen teilen möchte:

Herr, du hast mir nie versprochen, mich vor allen Stürmen meines Leben zu bewahren.

Aber du hast versprochen, dass die Sonne alle Stürme überdauern wird.

Wenn du, der Herr über unseren Kosmos, einen Befehl aussprichst, dann werden sich alle unerlaubten Stürme wieder auflösen. Sie werden sich in alle Richtungen zerstreuen und sich wie Gangster in verbotenen Schlupflöchern verstecken.

Dann werden die hellen Sterne wieder herauskommen wie spielende Kinder, die wieder gefahrlos draußen spielen und lachen dürfen. Die Wolken werden sich verziehen.

Und der große Mond wird wieder ruhig und gelassen seine Bahn über den stillen Himmel ziehen.

So wie du nach jedem Sturm wieder Ruhe einkehren lässt, so wirst du auch in meine aufgewühlte Seele wieder neuen Frieden schicken durch deine friedenspendende Gegenwart, von der ich rings umgeben bin.

Dein stiller Friede wird wieder über mich fließen.
Dafür will ich dir danken, Herr.

Gott, ich will dir für alle Gefahren danken, weil sie mich lehren, tapfer zu sein,

für alle Leiden, weil sie mich lehren, geduldig zu sein,

für allen Schmerz, weil er mich lehrt, gütig zu sein,

für alle falschen Freunde, deren Treulosigkeit mich lehrt, meine wahren Freunde zu erkennen,

für alle Krankheit, weil sie mich lehrt, meine Gesundheit zu schätzen, die ich nur allzu oft für ein selbstverständliches Gut halte.

Danke, dass du mich durch alles Schwere hindurchführen wirst. Denn ohne diese Dinge wäre ich wie eine überbehütete Pflanze im Treibhaus, die den Stürmen des Lebens nicht gewachsen ist.

Hilf mir in schweren Zeiten daran zu denken, dass es ohne Schmerz keinen Fortschritt,

ohne Krise keine Bekehrung,

ohne Wehen keine Geburt und

ohne Karfreitag keinen Ostermorgen gäbe.

Schwere Zeiten sind Zeiten, in denen ich mich im Glauben versuchen kann. Darum will ich es versuchen und glauben. Denn du wirst mir helfen.

Dafür danke ich dir, Herr.
Amen.

Anmerkungen

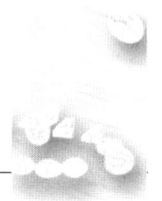

Kapitel 1

[1] Dieses Zitat stammt aus Gloria Gaither, »Because He lives«
(Weil er lebt). Copyright 1971 by William J. Gaither.

[2] Ein Zitat von Helen Keller, in: J. Wallace Hamilton,
»What About Tomorrow?« (Was wird morgen sein?).
Grand Rapids, MI: Fleming H. Revell Co., 1972.

Kapitel 5

[1] Die Geschichte Pee Wee Kirklands beruht auf einem
Zeitschriftenartikel in: Parade, 13. Juli 1997, S. 22–23.

Kapitel 8

[1] Joanna Laufer und Kenneth S. Lewis, »Inspired: The Breath
of God« (Inspiriert vom Geist Gottes). New York: Doubleday,
1998, S. 5.

[2] Robert H. Schuller, »Life's Not Fair, But God Is Good«
(Das Leben ist nicht fair, aber Gott ist gut). Nashville:
Thomas Nelson Publishers, 1991.

[3] Ebd., S. 20–21.

Über den Autor

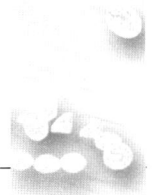

Dr. Robert Schuller ist Pastor, Redner, Motivator und Autor, dessen wöchentliche Predigten für Millionen von Menschen rund um die Welt zu einer Quelle der Kraft und Hoffnung geworden sind. Dr. Schuller ist jeden Sonntag in der »Hour of Power«, seinem einstündigen, weltweit übertragenen Fernsehgottesdienst zu hören, der von schätzungsweise 30 Millionen Menschen gesehen wird.

Dr. Schuller bekam 1955 von der Reformierten Kirche Amerikas den Auftrag, in Garden Grove, Kalifornien eine neue Gemeinde zu gründen. Mit einem Vermögen von 500 Dollar und seiner Frau als Organistin mietete er das »Orange Drive-in Theater«, wo er jeden Sonntag vom Dach der Imbissbude aus predigte. Am ersten Sonntag kamen 100 Personen, die in ihrem Auto sitzend am Gottesdienst teilnahmen. Dr. Schuller ist davon überzeugt, dass ihn dieser Gottesdienst im Freien später dazu inspirierte, eine Kirche aus Glas zu bauen. Er pflegt oft zu sagen: »Es geschah dort, dass ich mich in den Himmel verliebte!«

Dr. Schuller ist leitender Pastor der »Crystal Cathedral«, einer Gemeinde mit über 10.000 Mitgliedern. Er ist Autor von 32 Büchern.

Hour of Power Deutschland

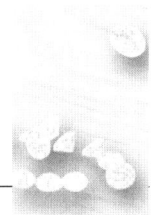

Seit über 30 Jahren ist **Hour of Power** mit Dr. Robert Schuller der meistgesehene Fernsehgottesdienst der Welt. Was ursprünglich mit einem »Open Air« Gottesdienst in einem Auto-Kino anfing, wird heute aus der Crystal Cathedral in Garden Grove, Kalifornien in über 20 Mio. Haushalte weltweit übertragen. **Hour of Power** ist ein 60-minütiger Gottesdienst der Extraklasse mit verschiedensten Elementen. In der Predigt wird lebensnah und alltagsrelevant auf Themen eingegangen, die Menschen auf der Grundlage des Evangeliums und des christlichen Glaubens zu guten Gedanken bewegen sollen, damit sie neue Kraft für ihr Leben schöpfen können. Sie sehen und hören eine der größten Kirchen-Orgeln der Welt, Stimmen eines Chores mit über 110 Personen, ein 60-köpfiges professionelles Orchester sowie prominente und interessante Interviewgäste aus Politik, Kunst, Sport und Gesellschaft.

Abgerundet werden die Gottesdienste mit Beiträgen von namhaften Musikern und Sängern.

Ein Hauptanliegen von **Hour of Power** ist es, das Evangelium zu verkündigen, Gott den Menschen näher zu bringen und sie zum Glauben und zu einem Leben in der Nachfolge Jesu zu ermutigen sowie die Botschaft eines positiven, frohmachenden Christentums zu verkündigen.

Die deutschsprachigen Länder – Schweiz, Österreich und Deutschland – haben sich unabhängig voneinander nationale **Hour of Power** Büros eingerichtet. **Hour of Power** Deutschland wurde 1992 von Nikolaus Enkelmann und einigen Freunden gegründet. Später stießen dann noch Prof. Dr. Jörg Knoblauch, Norman Rentrop und Klaus Gerth dazu. Der Versand von Artikeln und Büchern läuft seitdem über Traudel Knoblauch in Giengen an der Benz. Seit dem Sommer 2001 präsentiert sich **Hour of Power** mit Armin Salzmann als neuem Vorstand und einem Büro in Augsburg/Bayern. Alle Anfragen werden hier entgegengenommen und von hier aus wird der Freundeskreis betreut. In Augsburg werden für die Sendungen auch die deutschen Übersetzungen und Untertitel produziert.

Eine besondere Einrichtung für unsere Zuschauer und Freunde stellt die »Newhopeline« dar. Sie ist eine kostenlose »Telefonleitung zur neuen Hoffnung« und soll für alle diejenigen da sein, die Rat und Hilfe suchen. Mitarbeiter aus dem Bereich Seelsorge, Gemeindearbeit und Psychologie stehen täglich – auch am Wochenende – für hilfesuchende Menschen zur Verfügung

Die **Hour of Power** kann langfristig nur mit Hilfe von Spendern, Sponsoren und Unterstützungsvereinen weltweit gesendet werden. Die Ausstrahlung der Gottesdienstsendungen sind sehr kostenaufwändig, da die Sendezeit bei den verschiedenen Sendern gekauft werden muss. Daher bemüht sich **Hour of Power** Deutschland intensiv um den Aufbau eines Unterstützer- und Freundeskreises. Unser regelmäßig erscheinender Rundbrief und der E-Mail-Infoletter hält alle Spender und Freunde mit aktuellen Informationen auf dem Laufenden. Die Ziele der Unterstützungsvereine von **Hour of Power** in der Schweiz, Österreich und Deutschland sind die komplette Finanzierung der Ausstrahlung und der deutschen Produktion sowie die professionelle Übersetzung und Verbreitung der sehr ermutigenden Bücher von Dr. Robert Schuller.

Informationen zum Dienst von Hour of Power Deutschland erhalten Sie unter:

Hour of Power Deutschland
Steinerne Furt 78
86167 Augsburg
Tel. 0 18 05/70 80 99
Fax 0 18 05/70 80 98
E-Mail: info@hourofpower.de
Internet: www.hourofpower.de
Newhopeline:
Tel. 08 00/55 077 00

Robert H. Schuller:
365 Zeichen der Hoffnung
Andachten für das ganze Jahr.

Gebunden, 380 Seiten
Bestell-Nr. 816 136

Wünschen Sie sich regelmäßig eine Portion Ermutigung?
In diesem außergewöhnlichen Andachtsbuch finden Sie, was
Sie zum Überleben im ganz „normalen" Alltag brauchen!

Mit inspirierenden Gedanken möchte Robert H. Schuller Sie
ermutigen, jeden Tag auf die verändernde Kraft Gottes zu
vertrauen. Und er motiviert Sie, sich immer wieder von der
biblischen Hoffnung anstecken zu lassen.

Als Hauptpastor einer großen Kirchengemeinde in Kalifornien
weiß Robert H. Schuller von langen Durststrecken und dem
tiefen Leid vieler Ratsuchender. Gerade deshalb malt er
seinen Lesern eindrücklich vor Augen, was geschieht, wenn
wir die Lichtstrahlen der Liebe Gottes in unser Leben scheinen
lassen. Denn eines steht fest: Wenn Gott kommt, muss die
Verzweiflung weichen.

Lassen Sie sich von dem unerschütterlichen Glauben an die
unbegrenzten Möglichkeiten Gottes inspirieren.

EINE PACKENDE AUTOBIOGRAPHIE

Robert H. Schuller:

MEINE LEBENSREISE

„Ich wurde am Ende eines Feldweges geboren, der keinen Namen und keine Nummer hatte. Und ich lernte in meinem Leben, dass man von nirgendwo nach überall gehen kann."

Mit diesen Worten beginnt die Lebensgeschichte eines der bekanntesten Gemeindeleiter der Gegenwart: Dr. Robert H. Schuller. Seit über 50 Jahren ist er nun schon in seinem Amt tätig und hat in dieser Zeit Millionen von Menschen auf der ganzen Welt erreicht. In seinem bewegenden Lebensbericht eröffnet er dem Leser die persönlichen Schlüsselmomente seines Lebens sowie die Herausforderungen, die seinen Charakter geprägt und ihm Inspiration und Vision geschenkt haben.

Gebunden, 512 Seiten plus 16-seitiger Bildteil in Farbe
Best.-Nr. 657 531